京の筏

コモンズとしての保津川

手塚恵子 Keiko Tezuka
大西信弘 Nobuhiro Ohnishi
原田禎夫 Sadao Harada
編

ナカニシヤ出版

はじめに

保津川《ほづ》は京の都をつくった川である。現在では嵯峨嵐山《さがあらしやま》までの急流下りの観光航路として賑わう保津川であるが、かつてはこの川なくしては京の都は成り立たなかった。早くから水運の開けた保津川では、川を下る運賃が早くも平安時代の延喜式《えんぎ》に記載されている。これは内陸水運の運賃の記載としては日本で最も古いものである。後には豊臣秀吉が保津川畔《はん》の保津村、山本村に書状を与え、水運に専心するように申し渡している。

保津川が運んだものは木材である。木造建築を主とする日本では、大きな都市周辺にはその主要な建築材である木材を運ぶ水運が発達していた。長岡京《ながおか》、平安京においてその役割を果たしたのが保津川であった。

保津川の公的な名称は、桂川《かつら》（淀川水系、一級河川）である。桂川の源は佐々里峠《さ さ り とうげ》（京都市左京《さきょう》区広河原《ひろがわら》と南丹《なんたん》市美山《みやま》町佐々里の境界）にある。佐々里を流れ出た川は南に下り、花脊《はなせ》（京都市左京区）で西に流れを変えるが、殿田《とのだ》（京都府南丹市日吉《ひよし》町）に至ると東に流れを変え、嵯峨嵐山（京都市右京《うきょう》区）からは再び南に下り、下鳥羽《しもとば》（京都市伏見《ふしみ》区）で鴨川《かも》と合流する。一一四キロメートルの長さをもつ桂川は「く」の字のように流れ、「く」の字の西側に長岡京を東側に平安京をしたがえていた。

桂川という名称は明治二九（一八九六）年に制定された旧河川法によるもので、それ以前は流域全体を示す名称をもたなかった。大まかにいうと、源流域から亀岡《かめおか》盆地（京都府亀岡市）手前までを大堰《おおい》川、亀岡盆地から嵐山までを保津川、嵐山の渡月橋《とげつきょう》までを大堰川、渡月橋以下を桂川と呼んできた。現在でもこの意識は強くあり、人々は地元を流れる川をそれぞれ「大堰川」「保津川」「桂川」とよぶ。府や市の発行する文書類もこれに応じて、「大堰川」「保津川」「桂川」を使い分けている。本書では、上の区分による「大堰川」「保津川」「桂川」を使うほか、前例にしたがって、流域全体を示す場合にも「大堰川」と呼ぶことにしたい。

京都盆地は東、西、北の三方を山に囲まれている。この三方の山並みのなかで、北山《きたやま》山系のみが広く深く連なり、滋賀県や福井県の山並みに続いている。天然のブナ林が点在するのもこの地域である。長岡京と平安京はこの北山の森を基盤にして造られた。大堰川の源は北山山系にあり、「く」の字の上側半分は山間部を流れる。森で切り出された木は筏《いかだ》に組まれ、大堰川を下った。大堰川は保津峡《ほづきょう》を除くと、それほど厳しい川相《かわそう》をもつ川ではない。保津峡は現在急流下りの観光地となっているように、岩がらみの厳しい瀬が連続する川である。大堰川を流れてきた筏は保津峡を無事通過しなければ、京に着くことができない。そのため上流から下ってきた筏士《いかだし》は保津峡の手前にある保津川沿いの村で、この急流を下る技術をもつ筏士と交代しなければならなかった。延喜式はこのような仕組みが平安時代にすでにあったことを示しているのである。

本書はかつて保津川を下っていた筏を京筏組《きょういかだぐみ》（保津川筏復活連絡協議会）が復活させた記録である。二〇〇七年に一連筏《いちれんいかだ》の組み立てから始まった京筏組の活動は、二〇〇八年に保津川上流部で六連筏の川下りを成功させ、二〇〇九年には保津峡での六連筏の川下りを成功させた。これを踏まえて一二連の筏（約五〇メートル）の復活に取り組み、二〇一四年に保津川上流部での川下りを行うに至った。「ほんまもんの筏」にこだわる京筏組では、筏の復活にあたって、木を山で伐《き》り葉枯《はがら》らし法で乾燥させること、カン（筏を連結する金具）を野鍛冶《のかじ》で作ること、川の流れの中で筏を流すことに重きをおいてきた。そのため本書は筏を流した記録以上に、木を伐ること、野鍛冶の作業、筏の組み方についてページをさいている。

本書の第一部第一章では「保津川のコモンズ」と題して、大堰川で筏が流れていた頃に筏が象徴していたものとは何か、筏が流れなくなって流域の人々が失ったものは何か、そして筏の復活プロジェクトによって見えてきたものとは何かについて考察を加えた。

また第二章では、京筏組のプロジェクトの一つである「いかだにのってみよう」について記述している。「いかだにのってみよう」は伝統的筏の復活プロジェクトで確立させた技術を使って筏を作り、地域の子供たちに乗ってもらおうという二〇〇八年以来毎年夏に行っているイベントである。

第二部では、高度成長期以前に大堰川はどのようなかたちで人々の生活と関わっていたのかを、歴史史料・民俗資料および聞き書きによって記述している。主たるトピックは、筏と高瀬船の水運の歴史、保津村における漁労と魚食の文化、川普請《かわぶしん》および川の手入れに関してである。

第三部では、筏復活プロジェクトに先立つＮＰＯの活動について記述している。日本の多くの河川と同じように大堰川もまた、近代化によって人々の生活に密着したものではなくなり、さらにダムができることによって、流域の人々の川への愛着が希薄なものになっていった。このような風潮のなかで、天若湖《あまわか》アートプロジェクトは大堰川中流にある日吉ダムのダム湖でアート活動を通じてダムとは何かを再考するという活動を行い、プロジェクト保津川は保津川の清掃活動を通じて環境問題を考えるという活動を行ってきた。京筏組の筏復活プロジェクトは、流域の人々が再び川に親しみをもってもらえるようにと、天若湖アートプロジェクトとプロジェクト保津川の活動からスピンオフしてできた活動である。

第四部では、筏の作り方、流し方を記述している。京筏組の筏作りは木を伐ることから始まるので、まず山における伐採、皮むき、葉枯らし乾燥、搬出などが記述され、ついで野鍛冶職人のもとでカンを制作した過程が記述される。さらに筏を組むために必要な藤蔓《ふじづる》の採集について記述され、実際にこれらを使って筏を組む方法が記述される。出来上がった筏をいかに川の流れに乗せるのかについては、保津川の難所における六連筏と一二連筏の筏の動き方に焦点をあてて記述している。第四部では前述した筏の作り方とともに、保津川の最後の筏士であった酒井さん、上田さんからの聞き書きをあわせて収めている。

本書は第二部を除いて、実践者が記述するというスタイルをとっている。第一部、第三部の著者は、民俗学、博物館学、ランドスケープ、NPO、環境政策の研究者であり、同時に各々の研究分野に関連するNPO等で実践活動を行っている、研究と実践を往復させながら双方の理解を深めようとしている者である。本書では各自のNPO等の活動について、研究者自身が記述し分析するというスタイルをとっている。研究と実践が分離しがちな日本の人文学研究においては一歩踏み込んだ試みだといえよう。

第四部の著者は基本的には、筏復活プロジェクトで当該活動を実際に行った者である。彼らは保津川下りの船頭（筏組みと筏下りを担当）や、大学生（カン作りを担当）であって、研究しその成果を記述するということに関してはプロではない。日本では職人の技術はノンバーバルなかたちで伝承され、その技術を記録するということがなかった。これにたいして欧米では職人の技術を学び伝承するとともに、自らその技術を記述するという方法がとられている。京筏組では、日本のサバニやたらい舟の技術を学び伝承し記述してきたアメリカの船大工であるダグラス・ブルックスさんと交流するなかから、技術を学ぶ者が記述も行うことの意義を学び、そのスタイルに倣うことにした。日本ではこのようなスタイルの民俗誌はこれまでになかったことから、研究者が支援し、試行錯誤の上、書き上げた。読みにくいところがあるかもしれないが、ご容赦願いたい。

目次

第一部　コモンズとしての川

第二部　大堰川の利用——過去と現在

一二〇〇年の伝統を持つ保津川の筏流しの技術を私たちに伝えてくださった上田潔さん、酒井昭男さんをはじめとする大堰川の川文化を作ってきた全ての人たちに本書を捧げる。

第一部　コモンズとしての川

第一章　コモンズとしての保津川

手塚恵子

第一節　大堰川に浮かぶ小宇宙

高度成長期以前には、人々はさまざまなかたちで保津《ほづ》川に関わっていた。なかでも最も直接的に川と関わってきたのは、保津川の川辺の村の人々である。たとえば保津では夕餉《ゆうげ》のオカズを得るために大人も子供を魚取りにいそしんだ。ゴリはゴリフミで、フナはモンドリで、カマツカは鉄砲ヤスでといった具合に、魚の種類に応じて三二種類の漁法を使い分け、一年中、毎日のように川に入った。こういった非職業的な魚撈《ぎょろう》は誰でも自由にできた。よほどの欲をかかない限り、干渉されることもなかった。日々の暮らしは保津川と共にあったのである。

川辺の村でなくとも、保津川と深く結びついていた人々があった。保津川から灌漑《かんがい》用水を引いていた井堰組《いぜきぐみ》の村の人々である。井堰組では協同して保津川に井堰《いせき》を作り、用水を各村の水田に配水した。井堰組では寄り合いで用水の配分を決め、毎年井堰の補修を行った。井堰組のなかで配水を巡って争うこともあったが、用水の確保という点では井堰組は運命共同体であった。用水を巡って対立する他の井堰組に対抗するために、彼我の井堰の状態を注意深く見守り、改変を発見すればすぐに、旧の状態に戻すように申し入れた。訴訟も辞さなかった。その一方で自分たちの井堰組に有利なように、井堰に手を加えることには積極的であった。保津川の川筋の村々は井堰を巡って常に緊張状態にあった。このようななかで、休戦協定のような「慣行」が川筋の平和を辛うじて保っていた。

　保津川は魚を捕ることや田に用水を引くほかに、筏《いかだ》が流れ高瀬船《たかせぶね》が行き交う水運の川としても使われてきた。上流の広河原《ひろがわら》から下流の嵯峨《さが》まで八五キロメートルある大堰川の水運には、広い地域の人々が携わっていた。上流で筏を組むのは材木の産出者でもあった山主であり、筏を流すのは宇《う》津《つ》、世木《せき》、保津などにあった筏問屋、嵯峨で筏を受け取るのは嵯峨・梅津《うめづ》・桂《かつら》の三箇所材木問屋であった。山主、筏《いかだ》問屋、材木商は時には筏の収益を巡って争いを繰り広げたが、本質的には一蓮托生の仲間内であった。これらの三者が収益を得るためには、上流から嵯峨まで筏を無事に下らせることが求められたからである。筏を無事に下らせるために総代会がもたれ、川の改修や補修が共同で行われた。筏問屋は上流の広河原から下流の嵯峨までの大堰《おおい》川の保全に注力していたが、山主の連合組織であった山方五二村の掌握する範囲は大堰川上流の川筋を中心に京北の山林一帯に及んだ。また嵯峨・梅津・桂の三箇所材木問屋は材木の売りさばき先の京の市中の他、伏見や大阪の動向まで目を配っていた。間接的に関わった人々まで含めると、大堰川の水運は、広範囲の人々を巻き込むことで成り立っていた。

　大堰川から距離的には離れているものの、大堰川の筏流しの存立に深く関わってきたのが京の都であった。平安京《へいあんきょう》の造営《ぞうえい》に京北《けいほく》の木材が使われたのを契機に、それ以降も御所の改修や修繕に用いる材として筏材が貢納されてきた。後には御所《ごしょ》以外の寺社や居宅、町屋にも筏材が使われるようになった。材木の他にも燃料の薪《まき》が、また高瀬船が通うようになると、米も大堰川を通って京の都に供給された。京の人々の生活は、大堰川によって運ばれる物資に少なからず依存していた。

「川辺の村」、「井堰組（川の水を田に引き入れている村）」、「山方五二ヶ村、筏問屋、三箇所材木問屋」、「京の都」は、大堰川を中心に一つの小宇宙をなしていた。筏からみれば、井堰で水を溜めなければ筏は流れず、京の需要がなければ筏を流すことはなく、筏士として働く川辺の者たちがいなければ、筏は保津峡《ほづきょう》を超えることはできなかった。井堰組にとっては、京は米の出荷先であり、筏の運航者たちは共に井堰を維持する仲間であり、また米以外の農産・林産物を京まで運んでくれる存在だった。そして井堰組の多くは非職業的な漁撈を日常的に行っていた。京の都からみれば、筏や高瀬船がやって来なければ、建築材や燃料、米に事欠く事態になるのであった。

いうならば四者が相互にお互いを必要としながら富を循環させていく小宇宙が、大堰川のうえに浮かんでいたのである。

第二節　近代化による小宇宙の終焉

明治から昭和にかけて、大堰《おおい》川に浮かぶ小宇宙を構成する要素が、少しずつこわれていった。

明治維新によって水運の認可を取り扱う主体が幕府から京都府に移り、これに伴って水運の株を管轄し、運上の徴収を代行していた亀山藩《かめやまはん》の宇津根《うつね》運上所《うんじょうしょ》がなくなり、京都府が嵯峨《さが》にて税金を徴収することになった。株仲間が廃止され、山方五十二村、筏《いかだ》問屋、三箇所材木問屋が独占的に営業するという形態はなくなった。

明治二二（一八八九）年に京都・宮津《みやづ》間の車道、三二（一八九九）年に二条《にじょう》・園部《そのべ》間の鉄道が開通したことによって、荷船の運航がなくなった。筏はやがて上流の広河原《ひろがわら》から鉄道駅のある殿田《とのだ》までの区間と、鉄道に積み込む場所のない保津峡《ほづきょう》（亀岡《かめおか》・嵐山《あらしやま》間）の二区間で、それぞれ流されるようになった。輸送手段の近代化によって、大堰川を下る船や筏が減少し、また筏の区間も分断されたことから、筏を流すことによって大堰川の川筋を一つにまとめてきた、山方、筏問屋、材木問屋の緩やかな連合体が徐々にそのつながりを解いていくことになった。

明治時代に粗朶《そだ》沈床《ちんしょう》堰が西洋から伝わると、牛枠《うしわく》による井堰は粗朶沈床やそれを改良した木工《もっこう》沈床《ちんしょう》に作り直されていった。牛枠による井堰《いせき》の時代には、井堰組は共有の柴山《しばやま》から牛枠に差し込む大量の柴を調達するなどして、井堰を自前で作ってきたが、木工沈床に中詰めコンクリートブロックを用いるようになると、井堰組が自分たちで井堰を作ることもまたその費用を賄《まかな》うことも難しくなり、技術と資金を擁する行政が主導して井堰を造ることとなった。

一九五〇（昭和二五）年に天若《あまわか》村の世木《せき》ダムの堰堤《えんてい》が完成すると、大堰川はダムによって分断されてしまい、上流からの筏は流れてこなくなった。保津峡を除いて、大堰川から筏は姿を消した。一九五〇年代末（昭和三〇年代半ば）になると保津峡の筏もなくなり、遊船の運航している保津峡を除くと、大堰川を通る船や筏はほとんどなくなってしまった。

ほぼ同じ頃、京北の山林にも大きな変化があった。昭和三〇年代になると、京都市内に都市ガス、プロパンガスが浸透し、煮炊きの燃料としての薪炭《しんたん》は必要でなくなった。昭和四〇年代になると、京都で消費される材木にしめる京都府産の割合が下がり、外国産材が八〇パーセントを占めるようになっていた。京都は大堰川によって運ばれてきた、京北の材木も薪炭も必要としなくなった。

一九五〇年代以降、井堰にも大きな変化があった。木工沈床による井堰からコンクリート堰に工法が変わり、いくつかの堰をまとめて規模の大きい統合堰に作り直すことが推進された。近代化されたこれらの堰は、建築から維持運営まで行政が担うことになり、井堰組同士が用水を巡って争うこともなくなった。

一九六〇年代になると、保津《ほづ》川で魚を捕って食べようという人が少なくなった。水田に近い保津川の支流の魚に奇形が見つかるようになり、それが農薬のせいではないかと考えられ、支流の流れ込む保津川の魚を食べることが気持ち悪く感じられるようになった。

筏を流す人も船を漕《こ》ぐ人も、井堰の世話をやく人もなく、魚を捕る人も少なくなった大堰川は、川に人の姿が見えない川になった。そのなかで遊船《ゆうせん》の下る保津峡だけが従来の姿を維持し続けた。

このようななかで、日吉《ひよし》ダムが計画され、建設され、完成した。かつては筏の中継地として栄えた天若村が水没し、村の人々は苦渋の選択をし、補償金を受け、いくつかの地域に分散して移住していった。下流の保津川でもダムの補償金を受けた地域がある。ダムができたことによって、川の水が濁るようになった。川自体も悪くなった。それでも補償金ももらっているし、何かものの言い辛いところがある。そのような気持ちをもって川を眺める人がいる川に、日吉ダムより下の大堰川、保津川はなってしまった。

日吉ダムの完成によって、相互にお互いを必要としながら富を循環させていった小宇宙は、大堰川のうえから完全に消えてしまったのであった。

第三節　ダム後

日吉《ひよし》ダムの稼働によって、川筋の人々の関心が大堰《おおい》川、保津《ほづ》川が離れていった時期に、京筏組《きょういかだぐみ》に先立つNPO、「天若《あまわか》湖アートプロジェクト」「プロジェクト保津川」は、活動を開始している。

天若湖アートプロジェクトの中心的なプログラムである「あかりがつなぐ記憶」は、一九九七年に完成した日吉ダムのダム湖である天若湖の湖面の有効活用のアイデアとして採用され、二〇〇五年に始まった。「あかりがつなぐ記憶」はダム管理者の手厚い支援がなければ実施できないプログラムであるにもかかわらず、ダムを本質的に批評していく。ダムの湖面に浮かぶ一個の灯は、そこに一つの家族の生活があったことを示している。灯はそこにあるだけなのに、それを水の底に沈めたのは誰なのだ、何のためだと見る者に問うのである。

「あかりがつなぐ記憶」は水没集落の人たちも見に来るし、下流の亀岡《かめおか》市や京都市の人たちもやってくる。「流域の市民は水系の利水や治水、環境について一定の当事者性をもつのだ」ということを言葉でやりとりするのではなく、湖面に揺らぐ灯を見ながら共に感じるものとして、「あかりがつなぐ記憶」は構成されているのである。八月の夜の湖面に浮かぶ灯は、今はここに亡きものたちを彷彿させる。当事者とは生きている人間だけを指すのではない。そのことがインスタレーションアートである「あかりがつなぐ記憶」に哲学的な装いを帯びさせている。

プロジェクト保津川の中心的なプログラムは保津川流域のごみを拾うことである。二〇〇七年にNPOを設立してから現在まで、毎月一度のごみ拾いを続け八九回（二〇一五年一二月）になった。天若湖アートプロジェクトがアートによって流域の住民の当事者性を思想的に問うたものならば、プロジェクト保津川はごみを可視化することによって流域の住民の当事者性を実生活の側面から問うたものである。ごみを拾うという行為は誰からも非難されるべきものではないと思われるのに、活動の初期の段階では、ごみを拾うこと＝ここにごみがあることを他に知らしめることになるという理由で、ごみ拾いが嫌われたという。それでもごみを拾い続け、やがてごみが少なくなると、ごみの無い環境を維持しようと地元の住民が活動を始めるという、よい循環がみえてきた。ただ拾っても拾っても、ごみは出てくるので、永遠にごみを拾い続けていかなければならない。

天若湖アートプロジェクトは水没した集落を可視化することによって、またプロジェクト保津川は川べりに放置されているごみを可視化することによって、流域の市民が水系の利水や治水、環境について一定の当事者性をもつことを、地域社会に問おうとしていた。

活動を続けるなかでみえてきた課題は、プロジェクト保津川の初期の活動で、ごみの存在することをなかったことにしたいという人たちがいたように、見たくないものはみたくないという思う人たちが一定数（多数）存在するということであった。高瀬船《たかせぶね》の撤退から日吉ダムの稼働に至る大堰川の近代化の中で、川も傷んでしまったが、川筋に住む人々の気持ちもまた疲れてしまっているのである。このような人たちに、再び保津川に気持ちを向けてもらうためには、保津川のことを思い描くときに、わくわくするようなあるいは懐かしいような気分になれるアイコンが必要だった。「天若湖アートプロジェクト」と「プロジェクト保津川」は、かつて大堰川を京北《けいほく》から嵯峨《さが》まで繋いで流されていた筏を、懐かしさとわくわく感を呼び起こすアイコンとして選び出した。

筏は想像以上にアイコンとしての役割を果たした。日吉ダムのサイトで筏を組み展示したときに、見に来ていたおばさんから、「浮かべへんかったらと筏とちゃう」という指摘を受けたのである。そのおばさんは展示された筏の向こうに、大堰川を流れていく筏を思い起こしたのだ。おばさんのお叱りは、関係者が筏に抱いていたある種のあいまいさを一掃し、筏の可能性にかける勇気を与え、ここから両プロジェクトは、筏を動かすための新しいプロジェクトを始めることになった。

展示するための筏を作るということと大堰川を下る筏を作ることは全く別物であった。元筏士が保存していた材木やカンだけでは足りず、それらを新たに調達しなければならないし、筏の組み方も本格的に学び直さなければならない。そもそも六〇年間、保津川に筏が流れていないのだから、筏を流す技術を取得しなければならない。川に筏を流すために必要な行政手続きについてもわからないことがたくさんあった。「実現させる」をキーワードに筏を復活させるためのプロジェクトが始まった。プロジェクトに集合したのは、天若湖アートプロジェクト、プロジェクト保津川の他に、山主さんと共に里山の再生に取り組むＮＰＯの森林環境ネットワーク、丹波《たんば》地域の森林の保全と林産の振興に関わる京都府の機関である南丹《なんたん》広域振興局、地域の伝統文化の保存育成を職務とする亀岡市文化資料館、地元の大学の民俗学の教育研究機関である京都学園大学歴史民俗学研究室などであった。

保津川筏復活プロジェクトはまず、最後まで保津川で筏を流していた元筏士のおふたりから聞き書きすることから始まった。プロジェクトメンバーが一堂に会して、お話を伺うというかたちで、二〇〇八（平成二〇）年に一年かけて聞き書きをおこない、筏の組み方、流し方、筏士の生活などについて、その概要を知ることができた。同じ年の九月には、聞き書きに基づいて筏を組み、保津川遊船乗船場から山本《やまもと》の浜まで三キロメートルを下った。河川の占有許可を得ることや、地元の行政や警察などへの連絡についても、プロジェクト内で必要事項を整理し、亀岡市文化資料館を要としながら協力して実施する仕組みができた。

第四節　ほんまもんの筏

二〇〇八（平成二〇）年に筏《いかだ》は無事保津《ほづ》川を下り、浮かぶ筏としてアイコンの役割を果たした。京筏組《きょういかだぐみ》では、これを次年度以降も継続していけばよいという思いと、いや「ほんまもんの筏」はこんなものではないという思いが交差するなかで、再現した六連筏を地域の子どもたちに体験してもらうイベントを「いかだにのってみよう」として継続すること、同時に「ほんまもんの筏」を探求していくことを決める。

京筏組の中で最も「ほんまもんの筏」にこだわったのは、保津川遊船《ほづがわゆうせん》の船頭でもある河原林《かわらばやし》である。河原林は「伝統的な「ほんまもん」（＝本物）の筏でなければ、保津川の歴史と文化は語れず、またその上に新たな歴史と文化は構築できない」と言う。河原林の言う伝統的なほんまもんの筏とは、船頭の先輩でもある元筏士《いかだし》の酒井さんや上田さんが流していた筏のことである。酒井さんや上田さんが筏を流していた時代には、すでに京北《けいほく》からの筏は流れてはこなかった。京北の筏は材木の両端に穴をあけネソを結ぶことによって材木を連結させるめがち筏であるが、酒井さんや上田さんの筏は金属製のカンで連結させるカン筏である。さらにこのカンは和歌山県から伝わったことが明らかになっている。大堰川《おおい》で長らく使われてきた筏はめがち筏であってカン筏ではない。河原林のいう伝統的なほんまもんの筏は、単にオーセンティックな筏という意味ではない。

保津川下りの船頭でもある河原林は、筏流しには「川の流れを熟知する現役の船頭衆の存在が不可欠であり、川の流れを知らぬ素人では実現不可能である」と言う。何千回と保津川を下ってきた船頭の矜持《きょうじ》なのであろう。しかし筏流しでは河原林でさえ、コテンパンにしてやられているのである。

二〇〇九（平成二一）年の保津峡《ほづきょう》（落合《おちあい》・嵯峨《さが》嵐山《あらしやま》間）を下る六連《れん》筏の復活プロジェクトで、河原林は筏士の仕事が筏の操船だけではないことにようやく気づく。山から川へ木材を落とすのはかつての筏士の仕事であった。酒井さんや上田さんは保津峡内の鵜飼《うかい》ヶ浜《はま》で、一二連の筏を五人程度で八時半頃から組み始め、二時頃に組み上げたという。二〇〇九年は六連の筏の材木を二二名で川に落としたが、難渋《なんじゅう》を極めた。二〇〇八年の筏流しでは規格の整ったよく乾燥した材を使用したが、山から伐りだした間伐材は不揃いで、また乾燥も筏流しをするにはまだ充分とはいえなかった。聞き書きには、木材を落とす、木材を選別する、木材を筏に組む作業も語られていたのだが、自分でやってみて、上田さんたちの言っていた筏組みを終えると「やれやれ」という気持ちになったという言葉を改めてかみしめたのである。六連筏は落合・嵐山間を無事に下り終えるのだが、その途中の奥の段では、筏の行くべきコースを選び取ることができずに、あわや直角カーブで岩場に激突するところであった。二〇一四年一二連筏の復活プロジェクト（保津川遊船乗船場・山本浜《やまもとはま》間）では、ふだん船頭として下る際には気にもとめない小さな瀬《せ》である保津小橋《こばし》下で、やはりコース取りに失敗し、座礁《ざしょう》してしまう。河原林を始めとする平成の筏士は、六連筏の前に保津川の流れをビデオに撮り、それを上田さんとともに見ながら、筏がこのような状態になったらこう対処するという指導を受けていたにもかかわらず、川の流れのなかでは対応ができなかった。頭ではわかっていても身体が場に応じて反応しないのである。知識が身体化していなかったということになろう。一二連筏の復活プロジェクトでは山本の浜から保津に帰る車中で、いつもは快活な船頭衆《せんどうしゅう》がだれ一人言葉を発しなかった。

だからといって、平成の筏士が筏の操船を嫌ったとはいえない。一二連筏復活プロジェクトの翌月、保津川遊船の事務所に河原林を訪ね、保津小橋下の写真を見せたときに、たまたま同席していた大森（復活プロジェクトに筏士として参加していた）氏が、私たちの話の輪に加わり、保津小橋における技術的な問題を九〇分余りも熱心に語ってくれた。筏が保津小橋下から座礁するまで五分もかからなかったのにだ。「むずい」、「むずい」と連発しながら、座礁の原因を語り、またあるべき対処法を語る姿には、先輩の技術を尊敬し、自分もそれを身につけたいという熱い気持ちが滲《にじ》み出ていた。河原林は奥の段のことを昨日のように語る。保津小橋の話も語り出したら長くなる。河原林のいう「伝統的な「ほんまもん」（＝本物）の筏」とは、単なるオーセンティックな筏という意味ではなく、「こうなったらこうするもんやて、体が勝手に動く」筏と筏士が一体化した筏、身体知に裏付けされた筏という意味なのである。京筏組の「いかだにのってみよう」は地域のこどもたちに筏に乗るどきどき感ゆらゆら感を体で感じてそれを覚えておいてもらおうというプロジェクトであるが、誰よりも筏に対してどきどき感わくわく感をもっているのが、河原林を始めとする平成の筏士なのである。二〇一五年の春になると河原林は「今年は一二連筏やらないの」と言った。やる気充分である。

ほんまもんは人を惹き付ける。そのもう一つの例は野鍛冶《のかじ》の片井さんである。ほんまもんの筏を探求する京筏組では、二〇〇九年の六連筏復活に向けてカンの製造をしてくれる野鍛冶さんを探していた。地縁をたどっていくと昭和の筏のカン（金具）を作っていた片井さんが鉄工所の傍ら細々と鍛冶も続けていることが判明し、三〇〇個のカンを作ってもらうことになった。そのカンの制作の記録を取るために、歴史民俗学研究室では、一週間片井さんの仕事場に通うことになった。調査の助手として学生が動員され、学生もまた片井さんの仕事場でカン造りをつぶさに観察することになった。カンはシンプルな金具ゆえに、作り手の力量が露呈《ろてい》する。学生は片井さんの作るカンとカンを作る片井さんの姿に惚れ込み、片井さんに弟子入りをし、自分たちもカンを作りだし、やがて他の道具も作るようになった。片井さんは「見て覚えること、技を盗むことを実践してきた職人なので、言葉だけで説明するということはない」。「難しいと判断した工程は片井さん自身が打ってみせ、手本をみせる」。学生は片井さんの動きを真似し、それを自分のものにしていく。身体知化していくのである。学生は片井さんがいてくれるから自分の作りたいものにチャレンジしようと考え、鍛冶という技術に対する熱は冷えることはないという。ここにも先輩の技術を尊敬し、自分もそれを身につけたいという熱い気持ちをもつ後輩が生まれたのである。

京筏組にはもう一人「ほんまもんの筏」に強くこだわる人物がいた。プロジェクト保津川の原田である。原田は筏材は京都で売れなくてはいけないという。金を儲けようというわけではない。かつての筏材が京の都で必要とされ、その代金が丹波《たんば》に行くことによって、循環的に両者が共に利益を得たように、平成の筏材もまた京都の人々に必要とされる存在になってほしいと考えているのである。しかし京筏組が調達できる筏材が間伐材である制約もあって、なかなか引き受け手がみつからない。原田はあくことなく働きかけ、筏材を京都の人々の目につくところに使ってもらえるように努めている。京都ではほんまもんではないものは猫またぎされてしまう。京都で受け入れられるためにも、京筏組の筏材は葉枯し法で乾燥させ、カンと藤蔓《ふじづる》で組み上げ、筏士が保津川を流す材となった。そしてそのことは同時に、筏やカンと身体知を結ぼうとする平成の筏士や鍛治屋倶楽部の学生たちの望むところでもあった。

第五節　コモンズ

かつて大堰《おおい》川流域には、川を共有して使うための仕組みをもつ集団がいくつもあった。川辺の村では村の成員であればだれでも自由に魚捕りができた。井堰組《いぜきぐみ》は一村のこともあれば複数の村から構成されることもあったが、村の成員であることが井堰《いせき》の水を利用する要件であった。筏《いかだ》問屋と山方五十二村は村や村落連合に基礎をおく株仲間であった。これらの集団の成員権をもつ者によって、慣習に従う形で大堰川は占有的に使用されていた。限定されたメンバーが共通するルールに従って資源を共有するということからみれば、これらの集団をコモンズということができよう。さらに筏問屋と山方五二村は、三箇所材木問屋と共に大堰川八五キロメートルに筏を流すために、それぞれのコモンズを内在させながら、より大きなコモンズを形成していた。大堰川の川筋は、禁裏《きんり》、大名《だいみょう》、旗本《はたもと》、寺院の領地が細分化された形で広がっていたため、広い視野を持って河川政策をとることは難しかった。川筋を俯瞰《ふかん》して眺めることのできたのは筏のコモンズだった。

近代化によって大堰川のコモンズが解体した後に、「実現させる」をキーワードに、京筏組が筏の復活プロジェクトを始めた。実現に必要な人に声をかけメンバーに加えていくと、官民の山関係の職能者、川関係の職能者、あるいは山や川に関心がある個人が集まることとなった。筏流しを実現するために、皆それぞれが異なる集団に属しながら明文化されず、しかも緩い、しかし存在する共通するルールに従って協働していく集団（プラットフォーム）が生まれたのである。かつての筏コモンズがそうであったように、川筋を俯瞰して眺めることのできる可能性のある集団が生まれたのだった。

日吉ダムは平成にできた新しいダムである。今すぐに不要にするわけにはいかない。できるだけ長く使えるダムであってほしいと願うが、それでもいつかは耐用年数を超える日がやって来る。それは当初予定していたより早くやって来るかもしれない。その時に私たちはまたダムを造るのだろうか。それを造れるだけの経済力はあるのだろうか。ダムを支えられるだけの自然環境があるのだろうか。未来は不明である。その時にダムを造らなくとも川を維持管理していく方法を示せることができれば、少なくとも我々は川を維持する方法を自分たちで選択することができる。

ダムに頼らないで川を維持管理していく方法を見いだすためには、川について知識をもち、久しく行政任せにしてきた川の維持管理事業に積極的に関与していく姿勢が求められるだろう。まずは「川のことなど考えたくない」から「川に行ってみよう」である。

大堰川を通して上流と下流域が相互にお互いを必要としながら富を循環させていく小宇宙が再び出現することを夢見ながら、京筏組はこれからも筏を流していくだろう。

【コラム1】コモンズとは

コモンズ（commons）とは、もともとイギリスにおける住民の共有の放牧地（common）を意味する言葉である。今日では、共同で利用される資源と、その管理や利用の仕組みをコモンズと呼んでいる。人々が資源を共同で管理し、利用してきた例は、イギリスのみならず世界各地にみられる。日本における山林などの「入会地《いりあいち》」もその一つである。

近代化の過程でコモンズは過去の遺物とみなされ、解体される運命にあった。その流れを決定づけたのが、アメリカの生物学者G・ハーディンが一九六八年に発表した「コモンズの悲劇」であった（Hardin, G.（1968）. The Tragedy of the Commons. *Science*. 162）。ハーディンは「誰のものでもない、みんなのもの」という状態は、無秩序な利用を招き、資源を荒廃させるとした。しかし、むしろコモンズは持続的な資源の保全に大きな役割を果たしている、という批判や反論が相次いだ。なかでもE・オストロムは世界各地の事例を詳細に研究し、人々による自治的な管理が長期にわたってうまく機能する条件をまとめ、その功績により二〇〇九年にノーベル経済学賞を受賞した。

川は「誰のもの」なのだろうか。日本では、川は「公共用物」とされている（河川法第二条）。すなわち、川は行政機関の管理のもと「公の用」のために供されるものなのである。しかし、古くから人々は、漁撈《ぎょろう》や利水、水運のために川を「みんな」で利用し、そのためのルールを育んできた。保津《ほづ》川でもそれは同様であり、灌漑用水をめぐって、また水運をめぐって、人々は時には文字通り血を流す争いも起こしつつ、結果としてアユモドキに代表されるここだけにしかない豊かな生態系をもつ川を育んできたのである。

今日の日本では、豊かな川を再び取り戻そうと、市民参加型の河川管理を目指す試みが全国各地で進められている。まさに、川を再び「みんな」のものにすることが求められているのである。保津川が歩んできた歴史は、これからの川のあり方に大きなヒントを与えてくれるのではないだろうか。

（原田禎夫）

第二章　いかだにのってみよう！

プラットフォームにおける博物館の役割

黒川孝宏・原田禎夫

第一節　いかだにのってみよう！

一　楽しく・おもしろく・安全に！

二〇一四（平成二六）年九月一三日（土）午前九時過ぎ、秋晴れのもと亀岡《かめおか》市内を流れる保津川《ほづ》の川面に、三連筏《れんいかだ》を二組つくるため筏材を繋ぐ金具（カン）をたたく音が響いた。平成の筏士《いかだし》である保津川遊船《ほづがわゆうせん》企業組合の船頭たちの指導により、京都府林業大学校の学生たちが野外実習の一環として、長さ約四メートル、太さ約二五センチの筏材八本を一連分として並べ揃え、コウガイ（樫の木）と藤《ふじ》ツルを使用してカンで繋ぎ止める。次に一連を三連に繋ぎ組み合わせていく。正午前には幅約二メートル、全長約一二メートルの三連筏二組が完成した。

筏組みの作業を行なう河原は、保津川下り（保津川遊船企業組合）の船乗場の対岸で、目の前に保津川下りの船が何艘《そう》も係留されている。角倉了以《すみのくらりょうい》による保津川開削《かいさく》から四〇〇年以上の歴史をもつ川舟と、平安京造営から一二〇〇年以上の由緒を有する三連筏がともに保津川の流れに揺れている。気持ちよい風が吹き抜け、川船は観光客を、三連筏はこれから始まる筏イベントの参加者を待ち受けていた。同じ川原では会場づくりも進められ、受付・休憩・展示場所などの野外テント八張りの設営作業、ライフジャケット配付準備などには、京都学園大学の学生たちが中心となって協力した。

午後一時、簡単なセレモニーを行い受付が始まり、通算五回目（内一回は嵐《あらし》山《やま》で開催）となる恒例のイベント「いかだにのってみよう！」がスタートした。この日は午後四時までに三〇八名もの人が筏に試乗した。一時間あたり約一〇〇名の来場者、という大盛況であり、なかには諦めて帰る人も見られ、全体としては約四〇〇名の市民の参加があったと思われる。

二　ドキドキ・ユラユラ・気持ちいい！

「百聞は一見に如かず」という言葉があるが、「いかだにのってみよう！」ではただ見るだけではなく、「体験してみよう！」がコンセプトである。六連や一二連で実際に川を下る伝統的な筏流しを再現するプロジェクトでは、残念ながら人々が筏を見ることのできる機会が限定されていた。保津川の歴史や文化、そして自然環境への関心を高めるには、実際に川と親しむ機会が不可欠であり、筏流しを懐かしく感じる世代や物珍しく思う世代へのアプローチを通じて、あまり関心の高くない層にも踏み込める可能性があると考えている。イベントで特にターゲットとしているのは保護者に連れられて参加した子供たちである。ふるさとの豊かな自然と由緒ある歴史の原体験・原点として、筏流しが次世代を担う子供たちの心に刻まれることを強く期待している。

このイベントにはリピーターの人もいるが、初めてという参加者も多く、ライフジャケットを着

図2・1　いかだにのってみよう！の様子（2011年）

て「ドキドキ」しながら順番を待ち、いざ筏に乗って「ユラユラ」と浮かぶ感触を楽しみ、川の流れで不安定に動く筏の上でのバランス確保に苦心し、かつて上流から流れてきた筏が係留されていた川岸に沿って約一〇〇メートルを行き交う「ミニ筏流し」を体験する。中にはバランスを失って川に落ち「気持ちいい！」という人や、楽しさのあまりに川に飛び込む子供たちもいた。もちろん三連筏の左右には、川に入った船頭衆や学生たちがいて安全を確保している。

　市民向けの体験イベントとはいえ、三連筏にも方向舵《ほうこうだ》の役割をする梶棒《かじぼう》が取り付けられている。積極的に梶棒の操作を教わり、必死に棹《さお》を流れに差し筏流しの実体験をした親子も多く見られた。親子で一緒に筏を操縦した体験は貴重な思い出となっただろう。（図2・1、図2・2）

　参加者の感想には「初めて筏を見ました。乗れて感動でした」、「もっと長く筏に乗りたかった」、「思ったよりも揺れて、子どもたちも楽しそうで良かったです」、「水流の勢いが弱くても、かなりの揺れがありスリルがあった」、「落ちそうで怖かったがとても楽しかった」、「また乗りたい」などがあった。中でも「三連筏でもたいへんだが一二連筏（約六〇メートル）を嵐山まで流していたとは驚きだ」という感想があったことも印象的だった。

　日本環境教育フォーラム理事長の川嶋直氏が提唱する「紙芝居プレゼンテーション（ＫＰ）法」のキーワードに「聞いたことは忘れる」、「見たことは覚える（思い出す）」、「やったことはわかる」が示され、さらなるキーワードとして「言わせたことは覚えてもらえる」、「見せたことは思い出してもらえる」、「やらせたことはわかってもらえる」を掲げている。いずれも体験の大切さを説いたものである。これまでの五回にわたる「いかだにのってみよ

図２・２　いかだにのってみよう！の様子（2011年）

う！」では多くの参加者がミニ筏流しを実感したことになるが、この体験だけを通じて、保津川の筏流しに関わる民俗技術や歴史文化、保津川流域の自然環境問題への理解が一気に進むとは考えていない。しかし、筏という歴史遺産のもつ多面性を活かし、たとえ牛歩のあゆみであっても、その裾野を広げる体験イベント「いかだにのってみよう！」を展開しながら、亀岡市文化資料館として、さまざまな分野で地域づくり・まちづくりに取り組む市民団体や企業、行政機関などの連携に関わる扇の要の役割を果たすことが重要だと考えている。

第二節　保津川流域に関する亀岡市文化資料館の事業について

亀岡《かめおか》市文化資料館（以下、資料館）は、一九八五（昭和六〇）年一一月の開館以来、考古・歴史・民俗などの各分野のバランスに考慮しながら、地域との関連・連携性を重視してさまざまな事業を展開してきた。地域とは、単に亀岡市の行政エリアのみを意味するのではなく、南丹《なんたん》・口丹《くちたん》・丹波《たんば》などと呼ばれる、隣接している地理・歴史的に関わりの深く広い範囲を意識しているため、事業の内容としてさまざまな企画が可能である。ここでは、特に資料館が「いかだにのってみよう！」という事業に関わった経過について簡単に説明することとしたい。

一　保津川流域に関わる事業——特別展・企画展など

いうまでもなく「いかだにのってみよう！」は資料館の単独事業として展開されたのではない。それに至る前提として、まずは資料館がどのように地域と関わり、保津《ほづ》川流域につながる取組みをしてきたのかを紹介したい。なぜなら、こうした事業の積み重ねがあって「いかだにのってみよう！」への展開が可能となったといえるからである。

資料館では開館以来、保津川流域に関する歴史・民俗・考古等の各分野で調査研究を行い、その成果を主に特別展や企画展などの展示会として市民に公開してきた。表2・1はこれまでに実施してきた保津川筏復活プロジェクトに関連する事業の実施年度と企画内容である。

資料館としても保津川の特別展四回、企画展五回の合計九回の展示会を開催している。紙幅の都合で、展示会ごとの具体的な趣旨と内容は割愛するが、資料館の企画意図について少し解説したい。開館以来、歴史・民俗分野を中心とした展示会が七回（①番・②番・③番・⑤番・⑥番・⑧番・⑨番）あり、流域における水運・水害・水利・治水・魚撈《ぎょろう》・信仰など、保津川をめぐる歴史と暮らしに密着したテーマが多いことを示している。

二〇〇二（平成一四）年度以降から自然・環境分野の展示会を企画した。（④番・⑦番・⑨番）特に、⑦番の特別展は、亀岡市におけるアユモドキ（国天然記念物）保護事業に連動した展示会で、資料館として初めて琵琶湖博物館から借用したアユモドキを

表2・1　保津川流域に関連する展示

	年度	会　期	種　別	展示会名	分　野
①	1987	11/1-12/6	第３回特別展	大堰川の歴史 ―母なる川のうつりかわり―	歴史／民俗
②	1997	11/1-12/7	第 24 回企画展	大堰川探検 ―歴史を知り、自然を感じる―	歴史／民俗／自然
③	2001	8/4-9/9	第 31 回企画展	川からもらったもの ―魚撈・水利から―	民俗／歴史
④	2002	11/9-12/8	第 18 回特別展	みんなでしらべた ―亀岡の生きものたち―	自然／環境
⑤	2006	10/28-12/3	第 22 回特別展	角倉了以・素庵の業績 ―保津川開削４００年の歴史―	歴史
⑥	2007	2/3-3/11	第 42 回企画展	川船 ―大堰川の舟運と船大工―	歴史／民俗
⑦	2008	11/2-12/7	第 24 回特別展	保津川サカナのハンドブック	自然／民俗
⑧	2011	7/3-10/2	第 50 回企画展	災害から防災へ ―祈り・学び・つながる心―	歴史／自然
⑨	2012	8/4-9/9	第 52 回企画展	ごみを捨てるべからず ―KAMEOKA からのメッセージ―	考古／歴史／民俗／環境

約一ヵ月飼育展示した。二〇〇九（平成二一）年には「亀岡市保津地域アユモドキ保全協議会」が設立され、亀岡市による本格的な保全回復・生息保護活動が始まり、資料館として二〇一一～二〇一四（平成二三～二六）年の夏期に、ロビーで琵琶湖博物館から借用したアユモドキの飼育展示を実施した。二〇一五（平成二七）年五月からは、環境省による生息域外保全事業の一環として、人工繁殖された亀岡産のアユモドキの常設飼育展示を開始している。

二〇一一（平成二三）年は、一九五一（昭和二六）年七月に亀岡市で発生した平和池《へいわいけ》水害から六〇周年にあたり、資料館として初めての災害・防災展⑧番の企画展を開いた。二〇一二（平成二四）年の⑨番の企画展は、八月に第一〇回海ごみサミット亀岡保津川会議が、内陸部では初めて亀岡市で開催されたのに合わせ、流域の環境や景観の維持・保全と密接に関係するごみ問題をテーマに、積極的に連携した展示会を開催した。以上が資料館による流域に関わっての展示事業の概要である。

二　保津川流域に関わる事業――木造船・筏の復活

筏関係事業を中心に、資料館が関わった事業を時系列に沿ってまとめたものが表2・2である。

二〇〇五（平成一七）年の一二月には、「ガレリアかめおか」で、府民水辺環境ネット事業の一環として「亀岡地域の水とのくらし、むかし～いま～これから」をテーマに「桂川流域シンポジウム」（主催／桂川流域ネットワーク・京都府）が開催された。多くの一般市民の参加も得て、有意義な情報交換と熱心な意見討論をすることができた。これが、保津川筏復活プロジェクトへと続く一連の取り組みの最初の一歩であった。

二〇〇六（平成一八）年度は、角倉了以《すみのくらりょうい》による保津《ほづ》川開削《かいさく》四〇〇周年という記念すべき年に当

表２・２　保津川筏復活プロジェクトの経緯

年度	事業内容
2005	桂川流域シンポジウム
2006	保津川開削 400 周年記念事業
2007	「保津川の世界遺産登録をめざす会」による木造船復活と綱道再現
2007	「天若湖アートプロジェクト 2007」 日吉ダムサイトでの３連筏づくり（8/19）
2008	保津川筏復活プロジェクト連絡協議会（京筏組）設立
2009	保津川での約 60 年ぶりの６連筏での筏流しの再現（保津大橋～山本浜 3km）（9/10）
2010	ラフティングボードによる筏流しの可否を検証する河況調査（寅天堰～保津大橋）（5/27）
2010	保津峡での６連筏流しと見学ツアー（落合～嵐山 5km）（9/10）台風により中止
2010	保津川河畔から山本浜まで６連筏流し（10/23）
2010	保津川筏復活プロジェクトシンポジウム「筏がつなぐ山、川、そしてまち」（2/28）
2011	第１回いかだにのってみよう！（保津大橋）（9/10）
2011	第２回いかだにのってみよう！（嵐山河畔）（10/26）
2012	第３回いかだにのってみよう！（保津大橋）（9/15）
2012	シンポジウム・ワークショップ「ちいきの大切なものってなんだろう？」（9/16）
2013	保津峡谷内の植林材切り出しの事前調査（6/13）植林材利用は台風のため断念
2013	第４回いかだにのってみよう！（保津大橋）（9/7）
2014	12 連の筏づくり　（保津大橋）（2/16）　山本浜までの筏流しは悪天候中止
2014	３連筏・６連筏での筏流しの練習（保津大橋～山本浜 3km）（7/23）
2014	第５回いかだにのってみよう！（保津大橋）（9/13）
2104	12 連の筏による約 60 年ぶりの筏流しの再現（保津大橋～山本浜 3km）（12/20）
2015	筏にのってみよう！（保津大橋）（9/12）大雨により中止

たり、行政・市民参加の保津川開削四〇〇年記念事業実行委員会による事業が展開された。保津川下りの四〇〇年にわたる歴史をみれば、丹波と京都を結ぶ一大物流ルートを担った木造船の役割が大きく、木造船の造船技術がいかに重要かを強く認識した。同年、⑤番の企画展で木造船技術の映像ＤＶＤ『川船—大堰川の舟と船大工』を制作した。開削四〇〇年の記念事業のうち保津川の水運文化の伝承活動については「保津川の世界遺産登録をめざす会」が引き継ぐ形で発足し、木造船の復活や現在に継承されている操船技術、河川管理技術などの記録化、さらに船頭による保津峡《ほづきょう》の綱《つな》道《みち》での曳舟《ひきぶね》の再現などに取り組んだ。

資料館が筏《いかだ》の復活に関わるようになったのは、二〇〇七（平成一九）年八月、天若湖アートプロジェクト二〇〇七実行委員会の事業の一つとして行われた日吉《ひよし》ダム直下での三連《れん》筏組みである（図2・3）。保津川下りの船頭たちが企画・提案し、亀岡市保津町在住の元筏士《いかだし》の指導・助言を受けて実現した。残念ながらこの時は川面に浮かべて流すことはできなかったが、この間の経緯については第八章で詳しく述べているが、これが契機となり、二〇〇八（平成二〇）年九月に再び元筏士の協力を得て、保津川で保津川下りの船頭たちによる六連の筏づくりと、保津大橋から保津峡谷の入口にあたる山本浜までの筏流しが復活した。ここに平成の筏士が誕生したのである（図2・4）。

ついで、二〇〇九（平成二一）年九月には、保津峡の清滝《きよたき》川合流点近くの落合《おちあい》から嵐山《あらしやま》までの約五キロメートルの区間で、六連の筏による筏流しを再現した。さらに、二〇一〇（平成二二）年九月にも、再度、落合から嵐山までの六連の筏流しを予定し、観光資源としての可能性を探るために

図2・3　天若湖アートプロジェクト2007での筏組みの様子

見学ツアーも計画したが、この時は残念ながら台風接近により中止となった。その代替事業として一〇月には、保津大橋から山本浜の間で六連の筏流しを行なった。三回にわたり、本来の一二連筏の半分の長さの六連ではあるが保津川での筏流しを復活させ、平成の筏士としての筏組みと流筏技術の蓄積に努めた。

また、一般市民向けのイベントとして、二〇一一（平成二三）年九月に保津川河畔《かはん》で「第一回 いかだにのってみよう！」を、また一〇月にも国民文化祭と連携して嵐山河畔で「第二回 いかだにのってみよう！」を開催した。その後、毎年九月に「いかだにのってみよう！」を開催し、計五回にわたり二組の三連筏を組み、試乗イベントを展開し、数多くの市民が参加している。なお、二〇一二（平成二四）年九月に亀岡市役所市民ホールで京筏組の関係者を中心とした「ちいきの大切なものってなんだろう？　歴史・文化・自然でまちおこし」シンポジウム・ワークショップを開催している。

二〇一三、二〇一四（平成二五、二六）年には京都学園大学共同研究「保津川の筏下り技術の記録と再現―亀岡と京都をつなぐ自然・文化・経済の回廊の再興―」がスタートした。この研究プロジェクトは、これまでの筏流しの再現と記録に加えて、鍛冶や林業など筏にまつわる周辺技術の記録、そして筏流しに用いた材木の有効活用をめざすものである。また二〇一三（平成二五）年六月には保津峡谷内の植林材切り出しの事前調査を（株）アオキカヌーワークスの協力で実施した。結局、峡谷《きょうこく》内で伐採・搬出された材木の利用は夏の台風による被害もあって断念したが、二〇一四（平成二六）年二月には初めて一二連筏を製作した。ただ、この時も増水のため筏流しは中止となっている。二〇一四年七月には三連筏

図2・4　2008年に60年ぶりに再現した保津川の筏流し

で一回、六連筏で一回の計二回、保津大橋から山本浜《やまもとはま》までの練習の筏流しを行い、一二月に初めての一二連筏による山本浜までの筏流しを実施した。

第三節　いかだにのってみよう！二〇一四

京筏組《きょういかだぐみ》（保津川筏復活プロジェクト連絡協議会）は、多様な組織、団体が集うプラットフォームである（表2・3）。ではなぜ、「京筏組」がこのようなイベントを継続することができているのだろうか？

一つ目にその理念が挙げられるだろう。京筏組の「京」とは京都を意味し、保津《ほづ》川の筏が行き着く先が京都、すなわち平安京であったことと深く関係している。環境問題が世界的なテーマとなった今日、求められている循環型の地域づくりの実践の場として、「筏《いかだ》」が大堰《おおい》川（保津川）の上流から下流までの産業・歴史・文化・環境・自然・観光をつなぐ象徴、あるいはキーワードになりうると考えている。「川の流れが山とまちを結び、人と人をつなぐ。よみがえれ！　京の筏」が京筏組に集う人々の共通の理念なのである。

二つ目にその精神性が挙げられる。すなわち、冒頭に紹介した「楽しく、おもしろく、安全に」というモットーと、さらに「みんなで、できることを、できる人がやろう！」という意識が京筏組に集う人々の間で共有されているのである。特定の個人に作業が集中することなく、みんなで協力して、無理な負担を避けて、それぞれがもっている得意分野を活かしてやっていこうという精神である。もちろん、実際にはそれなりの負担が生じていることはいうまでもない。しかし、納得した上での分担であれば、楽しく、おもしろく従事できるのである。そのために不可欠なのが情報の共有化であろう。実際、私たちは定期的に打ち合わせを、関係者が集合しやすい時間帯（午後七時から九時）で原則として毎月一回の頻度で資料館で行っている。そしてこの打ち合わせは仕事や家庭の事情で参加できない人には無理強いを決してしないことが暗黙の了解となっている。こうした運営方法の根底には、負担金はもとより会則や代表もあえて置かない、ゆるやかな関係性の構築があり、だからこそ信頼関係と連携を深めることができたと言えるのではなかろうか。

三つ目には助成金の存在が挙げられる。高い理念と強い精神性があっても、どんなイベントにも資金は必要であり、それをどう賄うのかは大きなポイントである。負担金のない協議会であるからこそ、各団体の予算をできうる範囲で寄せ集めて実施してきた。ただ、それは決して強制されるものではなく、理念が共有されているからこそ、予算確保でもまた補完しあう意識がお互いにあってこれまで継続できてきたのも事実である。さらに、京都府の「地域力再生プロジェクト支援事業交付金」を始め、京都大学や京都学園大学、大阪商業大学などの研究資金、そして花王・コミュニティミュージアム・プログラ

表２・３　京筏組の構成団体（原田（2012）をもとに作成）

	協議会メンバー	これまでの協力団体・助成団体
行政	京都府南丹広域振興局、亀岡市文化資料館	
企業	アオキカヌーワークス、保津川遊船企業組合	南丹運送、嵐山通船株式会社、片井鉄工所、嵯峨野観光鉄道、京都おはし工房、琴ヶ瀬茶屋、京福電気鉄道、クリップ、株式会社 BAL
NPO 等	NPO 法人プロジェクト保津川、天若湖アートプロジェクト実行委員会、桂川流域ネットワーク	保津川漁業協同組合、亀岡市篠町自治会、NPO 法人間伐材研究所、森林環境ネットワーク、車折神社、南丹森のエコミュージアム、保津川の世界遺産登録をめざす会
学校等	京都学園大学歴史民俗学専攻、京都大学東南アジア研究所・生存基盤科学研究ユニット、京都府林業大学校、（公財）生涯学習かめおか財団	亀岡市立保津小学校、京都府立南丹高等学校、大阪商業大学経済学部原田ゼミナール、同志社大学キャリアセンター
助成団体	——	京都府地域力再生プロジェクト支援事業交付金（2008-）、花王コミュニティミュージアム・プログラム（2008-）、（財）リバーフロント整備財団（2009）、平和堂夏原グラント（2014-2015）、河川環境財団（2014～2015）

ムや平和堂《へいわどう》財団夏原《なつはら》グラント、河川環境財団、公益財団法人京都地域創造基金の「母なる川・保津川基金」といった各種助成金を有効活用している点も大きい。自治体の厳しい財政状況もあって資料館からは予算措置はほぼゼロであるが、その分、人ともの、そして場所を提供するというスタンスで積極的な協力体制を敷いており、そのことが地域で何よりも重要な「信用」、「信頼」をこのプロジェクトが獲得することにつながっている。

「できることを、できる人がやろう」の具体的な事例をいくつか紹介したい。毎年九月「いかだにのってみよう！」などのイベント開催に当たって必要な手続きのうち、最も煩雑なものは当日の河川占有《かせんせんゆう》許可申請である。会場となる河川敷にはテント八張を張るなどするため、占有面積や事業内容などを詳細に記して河川管理者である京都府南丹《なんたん》土木事務所に申請する。イベントは管理者の許可が取れてこそ開催可能となるため要の行政的手続きであり、ここでは資料館や京都府南丹広域振興局などの行政サイドが対応してきた。さらに、河川管理行政は国・府・市がそれぞれに分担している場合が多いので、こうしたイベント情報の行政関係者への周知は重要で、資料館長名で教育委員会内では教育長、教育委員、部長、各関係課長、市役所内では市長・副市長から各関係部課長などに、一斉連絡報告書を活用して開催案内と事後報告を行っている。また、開催直前には地元の亀岡警察署地域課庶務係と亀岡消防署警防課へ、開催日時と事業内容を確実に知らせるために資料館長が毎回必ず挨拶訪問している。会場の保津川河畔の上流には日吉《ひよし》ダムがあり、独立行政法人水資源機構日吉ダム管理所への連絡も欠かせないことはいうまでもない。当日の緊急連絡体制の確立と徹底は当然であるが、こうした連絡通知は安心・安全の確保の大前提である。

イベント広報については、資料館では亀岡市内に全戸配布される「キラリ亀岡おしらせ」への掲載と、ＮＰＯ法人プロジェクト保津川が制作を担当しているチラシ約三〇〇〇枚の市内全戸回覧の回覧板への挟み込みを担っている。さらに、亀岡《かめおか》市や京都府南丹広域振興局のもつ各新聞社などへの一斉広報のルートを用いたプレスリリースへの資料配布も実施しているほか、資料館が関係する行政関係の会議（教育委員会・校園長会・部内課長会・市役所や各種協議会などの会議）にタイミングがあえば必ず資料配布することでPRに努めている。また、問い合わせ先は、資料館に統一することで市民からの質問が混乱しないように対応している。

九月初旬には残暑厳しい日が多く、八張の大型テントを保津川の河川敷に設営している（図2・5）。テントはすべて京都学園大学から無償で貸与されており、設営や撤収作業には京都学園大学歴史民俗学専攻の学生たち約二〇名が毎年参加してくれている。また、受付・休憩・展示用テントなどに必要な長机や、イス、各種備品類（放送機材・案内看板・筆記用具など）は資料館が現物提供している。こうした物資を資料館や京都府南丹広域振興局の公用車と関係者の車両で運搬している。

三連二組の筏組みは、平成の筏士である保津川遊船《ほづがわゆうせん》企業組合の二名の船頭が指導者となり、約二〇名の京都府林業大学校の学生が、正規の授業「人・里山交流実習」の一環として毎年参加している。限られた時間内での作業であり、彼らの力には多いに助けられているが、林業を担う次世代の若き学生にとっても、筏組みを実際に見て、作業することは林業の過去と現在を知る上で貴重な体験であろう。毎年使用している筏材約五〇本は資料館敷地内に保管しており、保津川河畔《かはん》までの搬出と資料館への搬入作業は、NPO法人プロジェクト保津川の人脈を通じて、材木輸送の経験が豊富な地元の運送会社や製材所に依頼している。

図2・5「いかだにのってみよう！」で保津川河川敷に設営されたテント（2014年）

イベント当日の会場では京都学園大学生の内、学芸員資格課程の受講生が筏流しの歴史を紹介する展示を、鍛冶屋《かじや》倶楽部の学生が筏用具のカン（金具）に関わる鍛冶屋道具と自作作品を展示している（図2・6、図2・7）。展示準備にあたっては、筏流しの歴史では関係資料や古写真、展示用具などは資料館が提供したが、事前に資料館で担当教員と学生による模擬展示実習を行い、展示構成・展示品配列を決定した上で本番をむかえる段取りを組み、鍛冶屋倶楽部へは展示手法の助言をした。これらの資料の搬出や返却は資料館で行っているが、現地の展示作業・解説・監視は学生が担当している。

イベント当日は、午後からは一般市民も参加しての筏の試乗体験が行われる。この「ミニ筏流し」では、約一〇〇メートルの距離を往復して実施しているが、中でも筏の引き戻し作業が一番体力を必要とするため、京都府林業大学校と京都学園大学の学生が輪番で主担当となり、休憩を挟みながら実施している。毎回、終了近くには学生たちはへとへとになっているが、彼らがこのイベントを支える縁の下の力持ちだと感謝している。筏に乗る際のライフジャケットは保津川遊船企業組合からの借用品と資料館が調達したものを使用している。さらに、流域下流には（株）アオキカヌーワークスへラフティングボート一艘の配置と安全確認を委託している。

会場での受付係や放送係、撮影係、アンケート係、記念品配布係、ライフジャケット着用案内係、筏試乗指導係、カキ氷係など、当日の業務も多岐にわたるが、これらも京筏組の関係者に加えて京

図2・6　京都学園大学博物館学芸員課程の学生による展示　（2014年）

都学園大学生にも分担してもらっている。暑さ対策で無料のカキ氷を提供しているが、筏試乗者の行列よりもカキ氷待ちの行列の方が長くなることもあり、カキ氷係は学生に人気があるものの、ひんやりした氷のそばで汗をかき、腕が痛くなるほどの作業は結構たいへんとのことであった。

筏試乗者でアンケート回答者には、筏材使用のコースターと子ども向けのマンガをプレゼントしている。コースターは京筏組のシンボルデザインと筏試乗修了証をレーザー加工したもので、京都府南丹広域振興局の斡旋を受けて格安で作製したものである。マンガは二〇一一（平成二三）年三月に刊行された『里山どんぐり―京都保津川編』（作画、つやまあきひこ）で、保津峡の落合から嵐山まで実施した六連の筏による筏流しが題材となっている。ともにNPO法人プロジェクト保津川による制作物を記念品として活用しており、参加者のよき思い出のため、そしてリピーターとなってもらう期待を込めて渡している。

最後に、イベント参加者には記憶として、しっかりと心にとどめていただくことが肝要である。と同時に、京筏組の活動記録も大切である。これまでの「いかだにのってみよう！」のデジタル写真は資料館で集約保管している。また京都府南丹広域振興局にも協力いただき、二〇〇八（平成二〇）年九月の保津川河畔での六連の筏組みと山本浜まで筏流しを映像記録として『保津川筏復活プロジェクト』（DVD）を制作した。また二〇一〇（平成二二）年二月には京筏組の活動を紹介するリーフレット『よみがえれ！ 京の筏』を作成

図２・７　京都学園大学鍛治屋倶楽部による展示（2014年）

している。二〇〇九（平成二一）年九月の保津《ほづ》峡《きょう》落合《おちあい》から嵐山《あらしやま》までの六連の筏流しは、NPO法人プロジェクト保津川が獲得した助成金などを活用して、京都学園大学歴史民俗研究会が映像作品として『保津川筏復活プロジェクト二〇〇九—激流を越える平成の筏』（DVD）にまとめた。

木造船や筏など、保津川流域の歴史を象徴する遺産を復活させる事業には、まさに「温故知新」として、古き物から昔の人々の思いと知恵を知り、地域づくりの新しい発想の源となる可能性が秘められている。このプロジェクトは資料館単独ではなく、市民やNPOをはじめとした各種団体、企業、行政機関などとのネットワークを駆使して取り組むことが不可欠であると同時に、資料館が地域・流域とのつながりを強くするための実践の場でもあると位置づけている。今後も地域・流域に活きて支えられ、地域・流域ともに発展し成長する資料館をめざすべく京筏組との連携を積極的に展開したいと考えている。

【引用・参考文献】

原田禎夫（二〇一二）「水運文化の伝承を通じた流域連携再生—保津川筏復活プロジェクトを事例に」『実践型地域研究最終報告書—ざいちのち』

第二部　大堰川の利用——過去と現在

第三章　大堰川の筏流し

手塚恵子

第一節　筏流しの歴史――奈良時代から高度成長期まで

大堰川《おおい》（保津川《ほづ》、桂川《かつら》）の上流にあたる丹波《たんば》地方は、古くから豊かな森をもつことで知られていた。正倉院文書《しょうそういんもんじょ》[1]には、七六二（天平宝字《てんぴょうほうじ》六）年に、法華寺阿弥陀浄土院《ほっけじあみだじょうどいん》の金堂《こんどう》が造営されるにあたって、その用材のおよそ半分が、丹波の山々からもたらされたこと、またその材は山川津から八三枚の筏《いかだ》によって葛野井津（嵐山《あらしやま》付近）まで運ばれ、さらに泉津《いずみつ》（京都府木津川《きづがわ》市）まで運ばれたと記されている。丹波の材木は大堰川を保津川、桂川と下り、淀《よど》から木津川を遡って平城京の港であった木津で荷揚げされ、陸路で平城京まで運ばれたのである。

七八四（延暦《えんりゃく》三）年桓武天皇は長岡《ながおか》京に遷都し、七九四（延暦一三）年には平安京に遷都した。言うまでもなく、長岡京も平安京も、ともに大堰川の下流にあたる。遷都にあたっては、丹波地方の産出する良材とそれを運ぶ水運が考慮されたのであろう。山国庄《やまぐにのしょう》（京都市右京《うきょう》区京北町、左《さ》

［1］「天平宝字六年造金堂所解」（『大日本古文書』十六巻所収）

京《きょう》区広河原《ひろがわら》）の由来を示した文書[2]によると、桓武天皇が平安京に遷都されるにあたって、山国庄を御杣御料《みそまごりょう》に定められ、官人一六名を派遣されたことが、山国庄の三十六家の始まりになったという。また丹波の人々は御杣として用材を貢納《こうのう》するだけでなく、丹波国《たんばのくに》としても命を受け、七九三（延暦一二）年に大内裏《だいだいり》の偉鑒門《いかんもん》を造営している。[3]

山国庄に伝わる『古家撰伝集《こかせんでんしゅう》』[4]には、平安京の大内裏の造営にあたって、御杣料として良材を筏にして大井川（大堰川）を流して以来、山国庄は大嘗会《だいじょうえ》の度に、悠紀《ゆき》、主基《すき》の両殿の材を貢納してきたと記されている。禁裏《きんり》側の記録である『お湯殿《ゆどの》の上《うえ》の日記』の「山くにのさいもくまいる[5]（山国の材木が届けられた）」「さいもくけふもまいる[6]（材木が今日も届けられた）」「新大すけとのへ山くにより月ことにまいる物をまいらせらるゝ[7]（新しい典侍さまへ、山国より月ごとに届けられる物が届けられた）」などの記載からみて、山国庄からの貢納が頻繁に行われていたことがわかる。

このように山国庄の材は造営時だけではなく、恒常的に禁裏で用いられてきたが、それらの材は

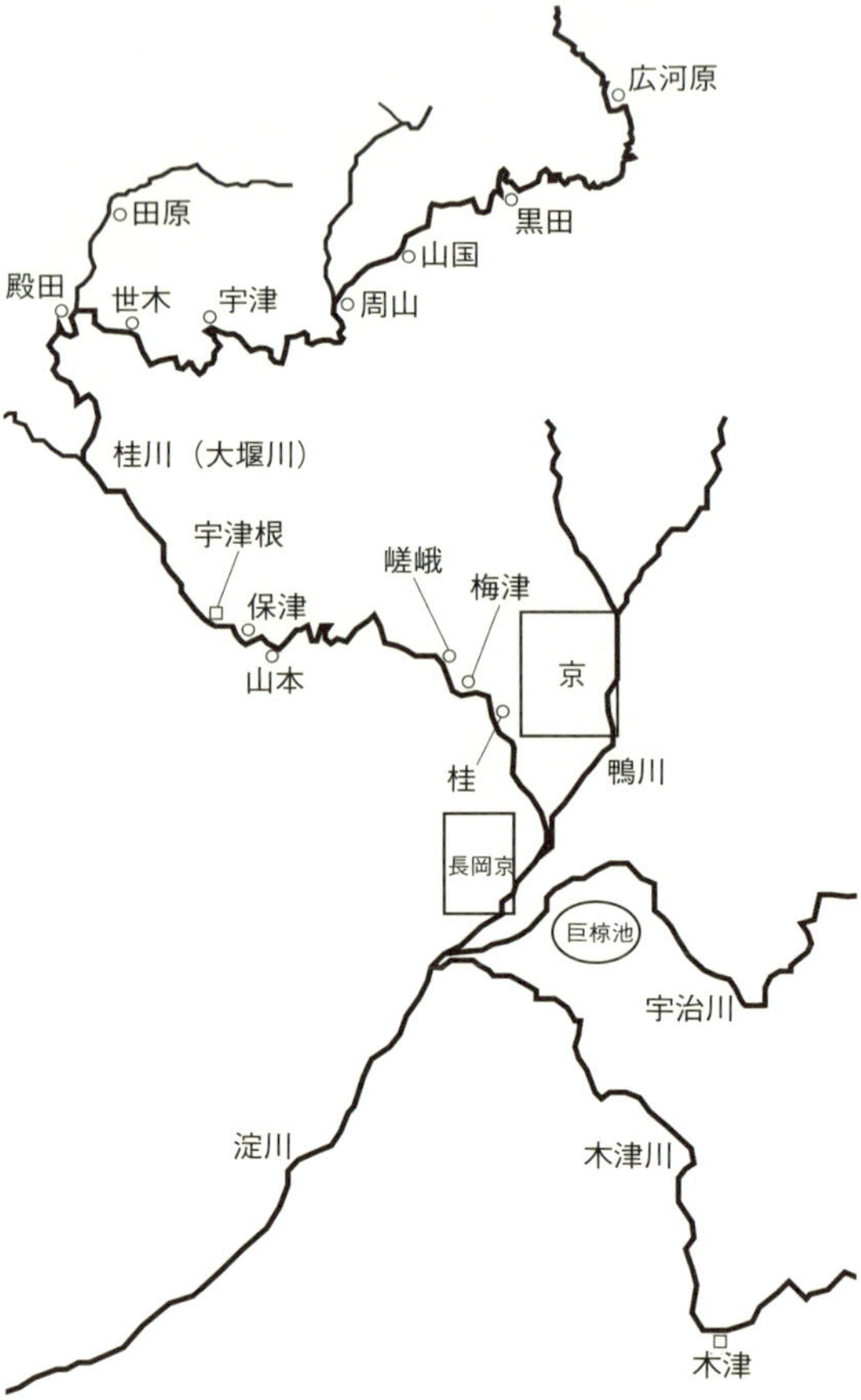

図3・1　筏関連地図

主に大堰川の水運によって京まで運ばれた。大堰川流域でも厳しい瀬が連続することで知られる保津・嵐山《あらしやま》間には、早くから専業の筏士《いかだし》がいたようである。「延喜《えんぎ》式巻三十四木工寮《もくりょう》」は、滝額津（亀岡《かめおか》市保津町）から大井津（京都市右京区嵯峨《さが》もしくは梅津《うめづ》）間の筏の運賃を次のように定めている。

凡丹波國滝額津雑材直并桴銭者　五六寸歩板　一丈四尺柱直各卅七文　簀子一丈二尺柱直廿二文　榑一材直七文　自同津至大井津　榑一材桴功一文半[8]（丹波国の滝額津における材木の値段と筏の料金は以下の通りである。五、六寸の歩板と一丈四尺の柱の値段は各々三十七文。簀の子の一丈二尺の柱の値段は二十二文。榑一材の値段は七文。滝額津より大井津に至る榑一材の筏の手間賃は一文半。）

山国庄から京に下る材木は、当初は御月次分《おんつきなみ》という禁裏への貢納材が大半を占めたが、徐々に商用である売買分が目立っていくようになった。材木の運搬量が増えてくると、その輸送や保管を担

[2]「山国庄三十六名八十八家私領田畑配分并官位次第」一二〇〇（正治二）年（藤田、一九七三：三六－三七）
[3]「日本逸史」延暦十二（七九三）年六月庚午条（『新訂増補国史大系』第八巻所収）
[4]『古家撰伝集』（藤田、一九七三：五〇－五一）
[5]『お湯殿の上の日記』文明十二（一四八〇）年八月九日の条（『続群書類従・補遺三』）
[6]『お湯殿の上の日記』文明十二（一四八〇）年八月十二日の条（『続群書類従・補遺三』）
[7]『お湯殿の上の日記』文明十五（一四八三）年六月十七日の条（『続群書類従・補遺三』）
[8]「延喜式巻三十四木工寮」『新訂増補国史大系』第二十六巻所収

う問丸《といまる》が現れてくる。大堰川でも一三世紀には、複数の地域で問丸を営む者が現れている。またそれにともなって、実際に筏を操る者が職能集団として認識されるようになっていく。筏士に免状を与えたり[9]、筏士の集住する村の帰属を巡って訴訟が行われたり[10]といったことがみられるようになった。

古代からの伝統を引き継ぎながらも、緩やかに変化してきた山国庄の林業と大堰川の筏による水運業は、豊臣秀吉の出現によって激変する。秀吉は産地である山国庄、消費地である京・大坂、水運を担う職能集団の三者に対して、これまでとは異なった政策を実施した。禁裏御料であった山国庄を、一五八五（天正《てんしょう》一三）年ごろに施薬院《せやくいん》に宛行《あておこない》するなどして禁裏領から離脱させ[11]、さらに一五八七（天正一五）年、一五九六（文禄《ぶんろく》五）年に、山国庄に太閤検地《たいこうけんち》を行い、従来の木年貢《きねんぐ》制度を廃止した。消費地である京・大坂においては、大坂城築城、東山《ひがしやま》の大仏造営、聚楽第《じゅらくだい》造営、淀城、伏見《ふしみ》城築城と大規模な土木工事を次々と実施し、材木の需要を高らしめた。さらにこれらの土木工事の用材を丹波の山林から京・大坂に運送するために、天正年間に数次にわたって大堰川流域の宇津《うつ》、世木《せき》、田原《たわら》、篠《しの》、山本《やまもと》、保津の各村に書状を与え、諸役《しょえき》を免じる代わりに、筏業に精進するように命じた。

秀吉以降、山国庄の材木は禁裏への貢納材ではなく、主として商用材として流通するようになり、宇津、世木、田原、篠、山本、保津は商人筏材の中継地として、大堰川の筏の輸送権を独占していくこととなった。また筏の終着地である嵯峨、梅津、桂には材木商が立ち並び、大いに繁盛した。

江戸時代になり、材木の輸送量が増大するにつれて、筏による水運はその運用体制を整

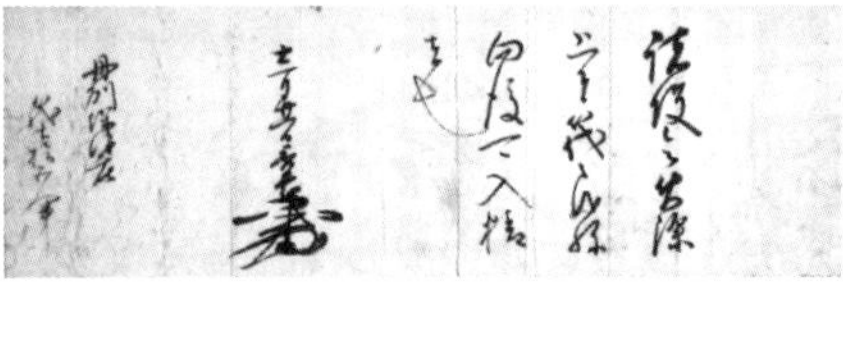

諸役令免除上者、筏之
儀弥向後可入精者也
十二月廿一日　秀吉
丹州保津庄
筏士拾五人中

図3・2　秀吉判物　天正十一（1583）年
（五苗財団資料　亀岡市文化資料館寄託）

えていく。筏の中継地であった村には、長百姓《おさびゃくしょう》のみで構成された筏問屋が出現し[12]、その支配のもと、それ以外の村人は筏士（指子《さしこ》）として水運に携わるようになった。またこれらの筏問屋は、大堰川の筏による水運を管轄していた藩との間で、丹波材の円滑な流通をはかり、運用木の徴収と輸送に対して責任をもつ代わりに、藩がこれらの筏問屋を公認するという取り決めを結んでいた。

明治維新となり、大堰川の管理権が藩から京都府に移管されると、藩と筏問屋との間で取り交わされていた取り決め（株の承認、筏税）も、京都府との間で結ぶことになった。一八八九（明治二二）年に京都・宮津《みやづ》間の車道、一八九九（明治三二）年に二条《にじょう》・園部《そのべ》間の鉄道の開通によって世木・嵐山間の荷船が衰退した後も、筏による水運は維持された。

一九五〇（昭和二五）年に、世木《せき》ダムの堰堤《えんてい》が築かれ川が塞がれると、山国などの上流から筏が流れてこなくなり、山国・保津間の筏流しは終焉した。その後も水《みず》尾《お》や愛宕《あたご》山周辺、鴎谷《かもめだに》から運ばれてくる木材を扱う保津峡《ほづきょう》（山本・嵐山間）の筏流しは、一九五五年頃（昭和三〇年代の初頭）まで続けられたが、一九六〇年代になると、それも見られなくなった。一二〇〇年の伝統をもつ大堰川の筏流しの歴史は、ここに閉じられたのである。

図3・3　筏（亀岡市文化資料館蔵）

[9]『丹波国山国荘史料』史料番号108（野田、一九六二）
[10]『大日本史料』観応二年五月二十六日の条
[11] なお山国庄の一部は、一七〇五（宝永二）年に徳川綱吉によって禁裏に献じられた。
[12] 保津村の筏問屋十四軒の申し合わせである「筏問屋掟」（藤田、一九七三：二二八‐二二九）には「下人共若問屋仕候ハハ所ヲはらい可申候」とある。

第二節　筏流しの実際

一　筏流しの区間

大堰《おおい》川の筏《いかだ》は広河原《ひろがわら》（京都市左京《さきょう》区）から嵯峨《さが》（京都市右京《うきょう》区）までの区間で流されていた。八四・五キロメートルの行程である。豊臣秀吉が川筋の宇津《うつ》、世木《せき》・田原《たわら》、篠《しの》、山本《やまもと》、保津《ほづ》の各村に諸役を免除する朱印状を与えたことが契機になり、川筋を広河原から宇津まで、世木から保津まで、保津から嵯峨までと区間を切って、筏を流す仕組みが整えられた。

二　筏流しの季節

大堰川を筏が下るのは旧暦の八月一五日から四月八日までの間のみであった。保津峡《ほづきょう》を除けば、大堰川は農村地帯を通っていたので、米作の農繁期である四月から八月までの間は、川の水は井堰《いせき》で農業用水として取られてしまい、筏を流すほどの水量はなかったのである。筏は春先に集中して流される傾向があったので、期日までに流し終えることができないこともあった。そのような場合は、川仕舞いまでに願い出て負担金を支払い、延長することもできた。

三　筏を流した人々

大堰川の筏流しの主要な関与者は、山方《やまかた》、筏問屋《いかだどんや》、三カ所材木屋、次いで亀山運上《かめやまうんじょう》、筏士《いかだし》であった。この三者（五者）が時には対立したりあるいは協力したりしながら、筏流しの歴史を作ってきたのである。

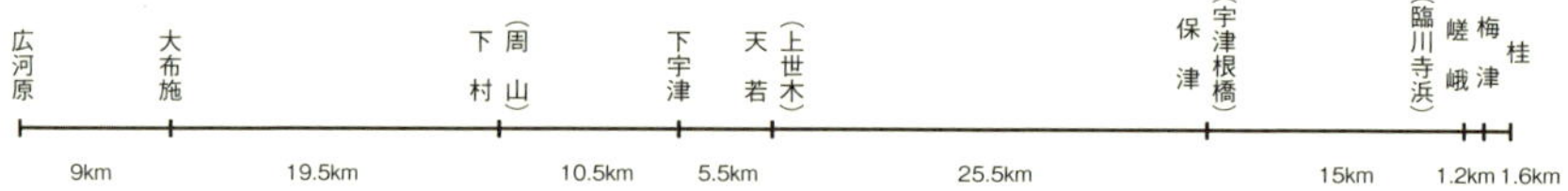

図３・４　筏流し里程図

四　山方

筏で流される材木の多くは、大堰川上流の山国《やまぐに》、黒田《くろだ》地域の村、あるいは支流の川筋の村から切り出された。山方とは山林を所有し、木を切り出す産地材木商人（の住む村）のことである。これら山方の村では、「五十二ヶ所村」（後に山方八十四ヶ所となる）という共同体を作り、材木を筏に流す権利を独占するとともに、下流の保津、山本の筏問屋との交渉にあたった。なかでも山国、黒田地域の村から構成される「大川組」[13]は、山林の売り買い、山仕事の日雇いの雇用、三カ所材木屋に筏を流す権利などについて規約をもつ株仲間として機能していた。

五　筏問屋

筏問屋は上流から、産地材木商人から材木を預かり筏に組んで世木の筏問屋まで運ぶもの（広河原・宇津間を担当）、上流から流れてくる筏を受け取り、「平川造《ひらかわづくり》」に組み替えて保津や山本の浜まで運ぶもの（世木・保津、山本間を担当）、保津や山本の浜で筏を受け取り、「荒川造《あらかわづくり》」に筏を組み直して嵯峨まで下り、三カ所材木屋に引き渡すもの（保津・嵯峨間を担当）に分けられていた。

筏問屋は筏士を雇い、筏の流送をさせたほか、筏を滞りなく流すために川の整備を行う「川作《かわさく》」[14]を立案し、その施工を担った。産地材木商人や三カ所材木屋と交渉し、筏の運送料を決めるのも大切な仕事だった。ただ三区間の特色に応じて、担うべき役割や重要度は異なっていた。

たとえば広河原・宇津間は材木の産地で、筏問屋の所在地は五十二ヶ所村の構成員でもあった。

[13]　五十二ヶ所村はその内部で小域村落ごとに組を形成していた。
[14]　筏が流れやすいような川にするための土木工事とその補修。

五十二ヶ所村には産地材木商人を代表する惣代《そうだい》という役職があり、惣代が荷の送り状を書き、筏士への立て替え払いをし、他村との交渉なども引き受けることがあったため、筏問屋の力は弱く、産地材木商人に従属した存在であった。

これに対して、保津や山本の筏問屋は、運上筏役を村としての公役であり、これを果たすために、長百姓《おさびゃくしょう》（郷土的地主層）の補佐により筏問屋が代行していると考えていた。長百姓の独占する筏問屋は、亀山《かめやま》藩から認められた株仲間でもあり、政治力もあったため筏の規格を巡って、山方五十二ヶ所村と争論を繰り返した。

六　三カ所材木屋

嵯峨、梅津、桂には、上流からの筏材を買い取り、さらにそれを京都市中、伏見《ふしみ》、大坂の材木小売り商に売りさばく、筏材を独占的に扱う材木商が建ち並んでいた。嵯峨、梅津、桂の材木商（三カ所材木屋）は山方と、材木商は山方の木材を現地で直接買わない、また山方は市中に出て木材を第三者に直接売らないという協定を結んでいたのである。

山方から大堰川を下ってきた筏は保津峡を抜けて嵐山に着き、渡月橋《とげつきょう》の上手にある一《いち》の井堰《いせき》を通り、大堰川に平行に流れる二の井堰を通って、臨川寺《りんせんじ》浜で係留され、材木商から筏改めを受ける。その後筏は水門をくぐり桂川本流に合流し、梅津、桂に下っていく。また京都市中向けの筏は、近世末期以降は西高瀬《にしたかせ》川を通って、千本《せんぼん》の木場まで下った。

臨川寺浜には数多くの筏が係留されていたが、それは一時的なものであって、材木商が自前の浜

図3・5　嵐山（亀岡市文化資料館蔵）

を用意するものとされた。材木商の中には、自前の大型の保管場[15]をもっているものもあった。嵯峨、梅津、桂の材木商は、嵯峨組、梅津組、桂組のそれぞれで株仲間を構成し、山方の者が株を持たないように牽制していたが、景気の後退もあって、山方の産地材木商人が株を持つことを許すようになった。一七四三（寛保《かんぽう》三）年に、嵯峨組、桂組に、山方五十二村の経営する店が開業すると、次第に山方系あるいは川筋の出身の材木商が見られるようになった。

七　亀山運上

大堰川を下る商用材の筏が増えると、幕府は今津《いまづ》村（亀岡《かめおか》市）に運上所を設け、材木商人から運上（雑税の一種）を徴収することとなった。その後幕府は運上所の業務を亀山藩に委託し、やや後に運上所も今津村から宇津根村に移転した。

上流から流されてきた商用材の筏は、宇津根《うつね》の浜にある運上所で、筏材の二〇分の一の量の材木を、現物で徴収された。徴収された材木は運上材木揚場に置かれ、シーズンごとに入札された。たとえば、一七五八（宝暦《ほうれき》八）年の秋から一七五九（宝暦九）年のシーズンに徴収された運上材木は三一、六八三本であり、その落札金額は銀二二貫《かん》三百匁《もんめ》であった。これらの落札された材木は、保津・山本の筏問屋が筏を組み、諸役免除の特権と引

図３・６　産着に描かれた宇津根浜
（保野家資料　亀岡市文化資料館蔵）

[15] そのうちの一つである「ホカンジョの池」は後に埋め立てられて嵯峨美術大学・嵯峨美術短期大学となった。

き替えに、無料奉仕で嵯峨・梅津・桂の材木商に送り届けた。宇津根の運用所は一八六九（明治二）年に廃止されるまで、その任務を担った。

八　筏　士

大堰川の水運は筏士の卓越した技術によって成立したものである。早くも平安時代にはその技術は対価を支払うべきものだとみなされ、近世になると諸役を免除するに値する技術だとみなされた。その一方で、その技術を保持している筏士そのものは、その技術の評価と同じように、社会的に評価されていたとはいえない。筏士は筏問屋に雇用される、筏問屋に従属した存在とみなされてきた。川筋で最も栄えた筏士の村であった保津、山本でもその状況は同じであった。

保津、山本の村では、筏問屋は長百姓によって営まれ、実際に筏に乗る筏士は、田のない者か、あっても僅かばかりな小百姓であった。筏に関する取り決め事は、村で評議の上決められたが、小百姓である筏士には、その寄り合いに参加することは許されていなかった。このような状況にあって、保津、山本の筏士たちは賃金値上げを要求し、申し合わせて筏流しを停滞させたり、共同で奉行所に切れ筏賃金に関する願書を提出したりした。徐々に力を蓄えた筏士たちは、一八二六（文政《ぶんせい》九）年には、筏問屋の寄り合いに参加し、発言できる権利を得た。

筏は秋から春先にかけてのみ流されていた。そのため、筏士の多くは春から秋にかけては農作に従事していた。筏士の賃金は山仕事の二倍はあり、シーズン中は月に一〇日から二〇日、ハイシーズンには毎日のように仕事があったので、実入りのよい仕事として、人々を惹き付けた。筏士は大正時代までは、村の花形的な職業であった。筏士を志す者は一五、六歳で師匠につき、筏の組み立て方や流し方を覚えていき、四、五年かけて一人前になる。筏士を退くのは五〇歳から六〇歳であった。

第三節　筏で運んだもの

一　筏材の種類

表3・1は一八六一（文久《ぶんきゅう》二）年に、大野《おおの》村[16]で組まれた筏《いかだ》の材質別内訳である。

この表から、この年に大野村から出荷された筏数が三五三乗であること、出荷された木材には杉、檜《ひのき》、松、栗、椴松《とどまつ》、档《あて》があり、そのうち最も出荷数の多いのは杉材で、杉筏が筏の出荷総数の五五パーセントを占めていたことがわかる。藤田叔民によれば梅津《うめづ》組（三カ所材木屋の一つ）の問屋の仕入れ材種別の割合においても、杉材が過半を占めているという（藤田、一九七三）。『日吉ダム水没地区文化財調査報告書』（日《ひ》吉《よし》町、一九八八）の聞き書きにおいても、筏材として切り出された木の種類は、杉、檜、松、アテであり、杉や檜が大半をしめるとあるので、近世から近代まで、同じような種類の木を、同じような割合で筏材としていたのだろう。

表3・1　大野村から出荷された筏の種類
（文久2（1861）年）（藤田（1973：154）を基に作成）

筏種類	秋筏（乗）	春筏（乗）	計（乗）
杉筏	90	104	194
檜筏	8	6	14
松筏	25	6	31
栗筏	4	0	4
椴筏	3	2	5
档筏	8	1	9
混載筏	5	7	12
種類不明	23	61	84
合計	166	187	353

[16] 山国・黒田地域で最も多く筏を出してきた村。

二　筏　数

表3・2は一七七五（安永《あんえい》七）年から一八七四（明治七）年までのおよそ一〇〇年間に、保津《ほづ》の筏問屋が扱った筏数を整理したものである。表3・2から、保津川の筏問屋で扱った筏には、丸太を組んだ材木筏、製材した板を組んだ板割物筏、竹筏があったことがわかる。竹筏は山国《やまぐに》、黒田《くろだ》地域ではなく、川筋の竹藪から切り出され、切り出し地から近い適当な浜から運びだされていたようである。

筏数は保津の筏問屋の取り扱い量だけで、一七七五（安永七）年に一五五四乗あった。取り扱い量は、その二四年後の一七八九（寛政《かんせい》元）年（天明《てんめい》八年の京都大火災の翌年）に三三四六乗と倍増するが、その後は一八七四（明治七）年まで二〇〇〇乗プラスマイナス二〇〇乗で推移している。保津川の筏は保津の問屋だけではなく、山本の問屋も扱っており、その取り扱い量の比率は、保津と山本で、六対四とされている。保津の取り扱い量にその比率を乗じて、保津川を下る筏数を概算した数が、一七七五（安永七）年に二五九〇乗、一八七四（明治七）年に三七三七乗である。明治中期から晩期にかけての大堰《おおい》川の筏数は『京都府山林誌』に記されており、それによると少ない年で一八九六乗、多い年で三〇三二乗となっている。

再び表3・1に戻るが、大野村の筏は秋筏と春筏に分けて集計されている。筏のシーズンは旧暦の八月一五日から翌年の四月八日までであった。広河原《ひろがわら》・世木《せき》間では四月中旬（新暦）から川仕舞いまでの期間を「春川」と呼んでいた

表3・2　保津村筏問屋の中継筏数（亀岡市史編さん委員会（2004：705）を基に作成、保津・山本合算推計は、藤田（1973：51）の推定比率に基づき筆者が概算したもの）

年代	材木筏（乗）	板割物筏（乗）	竹筏（乗）	計（乗）	保津・山本合算推計（乗）
安永7（1775）	985.5	209	360	1554.5	2590
寛政元（1789）	1751.5	586	1008	3345.5	5576
文政6（1823）	1531.9	86.09	224	1841.99	3070
寛永3（1850）	1961.85	91.26	222	2275.11	3792
明治7（1874）	1908.2		334	2242.2	3737

ことから推察すると、大野村だけで春の一ヶ月間に一八七乗の筏が流されていたことになる。『大堰川の筏をめぐる民俗技術』（地域資源活用実行委員会、二〇一二）の聞き書きには、筏流しが本格的に始まるのが一月で、最後の一ヶ月に集中して筏が流れるとあること、また保津、山本でハイシーズンには、筏士が連日筏を流していたことなどから考えると、四月から五月の大堰川には夥《おびただ》しい数の筏が流れていたことになる。

筏で下った丸太の数量は、筏規格協定[17]に従えば、二八六本×年間に下った材木筏の数となる。しかし保津川の筏の材木運上に関する藤田彰典の分析（藤田、一九九五：二一六）では、木材の種類や大きさにもよるだろうが、一乗の筏を構成する木材は三三〇本から四三〇本であったようである。

三　上　荷

ガスや石油が普及するまで、薪や炭は炊事の燃料として、欠かすことのできないものであった。また酒造や陶磁器製造などの工業が発展するにつれて、燃料としても多くの薪が求められた。豊富な森林資源と大堰川の水運に恵まれた丹波《たんば》地域は、古くから京都市中の薪や炭の供給地となっていた。

大堰川流域の把物《たばもの》（薪、炭、柴、割り木）の主な産地は、世木、宇津《うつ》、五ヶ荘《ごかしょう》であった。なかでも世木、五ヶ荘（旧日吉町域）の村々は把物組を結成し、上流の宇津を強く牽制し、把物を筏に乗せないようにさせた。山国から下ってくる空荷の杉筏に宇津で把物を乗せられてしまっては、世木の把物が搬出できないからであった。宇津の牽制に成功すると、把物組の四十五村では、把物に適

[17]一六八一年に山方と筏問屋の間に結ばれた筏の規格に関する申し合わせ。

した成長の早い雑木の育成に励み、山の植生も上流地域とは異なるものになった。

棹《さお》を挿しながら筏の上を歩くことによって筏を操る筏士にとっては、上荷はある程度あった方が都合がよい。しかし積み過ぎるのは問題だった。山方《やまかた》五十二ヶ所は、多量の上荷を積むと、筏の材が川底の石に削られて傷がつくといって、把物業者に救済措置を求めた。

把物は嵐山《あらしやま》まで下ると、嵯峨運上所《さがうんじょうしょ》で二〇分の一の薪運上を徴収され、臨川寺《りんせんじ》浜で下ろされると、嵯峨、梅津、桂の「木屋《きや》（薪商）」に引き取られ、京都市中に運ばれた。

第四節　筏の流し方

一　広河原・世木間

広河原《ひろがわら》から世木《せき》にかけての地域は山方《やまかた》五十二ヶ所村にあたり、筏《いかだ》材の主要な産地であった。この区間を流れる大堰《おおい》川は、源流域であることから、川幅が狭く、水量もそれほど多くはない。

山方五十二ヶ所村では、筏を流すことは、筏を作ることから始まる。まず山から切り出された木材を、川辺（浜）まで運び、筏を組む。メヨキを使って材木に穴をあけ、ネソで組むのである。筏の種類はさまざまである。杉や檜の筏が大部分であったが、松の筏もあった。また档《あて》の木は鼻木《はなぎ》筏にとして、細木はアオアミ筏として組んだ。[18]

大堰川の支流からは、正規の筏規格の半分の幅のカタゴ筏が流れてくる。カタゴ筏を二つあわせて大川筏（正規の規格の筏）に組み直すことも大切な仕事であった。

世木より下流では筏を組む仕事は筏士《いかだし》の仕事であったが、この区間ではその仕事を、筏士、筏問《いかだどん》屋《や》、搬出業者、材木商人の誰が担当するのかは決まっておらず、その場に応じて、柔軟に対応していた。

広河原・世木間の大堰川は水量が少ないため、工夫しなければ筏を流すことはできない。その工夫として、この地域ではトメという装置を使ってきた。トメとは川を一時的に堰《せ》き止める建造物である。大堰川本流に作られたトメは農業用の井堰《いせき》も兼ねていたものが多い。大正の頃、この区間には少なくとも、原地《はらち》、大布施《おおぶせ》、灰屋《はいや》の上の草原《くさはら》、黒田《くろだ》、井戸《いど》、下村《しもむら》にトメが造られていた。支流にもトメはあったが、本流より小ぶりで、筏専用であった。

たとえば、大布施（京都市左京区花脊《はなせ》大布施町）のトメは八メートルの間口を、高さ二メートルの板を連ねて、水を堰き止めたものである。大布施から筏を流す場合は、まず組み上がった筏を、トメの後方に繋留《けいりゅう》しておく。水量が適量な日になるまで待ち、その日がくれば、トメの中央から板を一枚ずつ引き上げる。すると水が勢いよく流れるので、この水と共に一気に筏を下らせる。通常の水位であれば、筏に乗るのは二人の筏士である。

広河原・世木間は川幅が狭く、岩がらみの難所が数多くあった。なかでも「立岩《たていわ》」「ねりと」は、下るのが難しいところであった。また四月から五月にかけては雪解け水のために水量が増え急流になるので、筏が扱いにくかった。そのため春先は熟練者が主に筏を流したという。

広河原・世木間には明治末から大正にかけて、下村《しもむら》、魚ヶ淵《うおがふち》、中地《なかち》、下浮井《しもうけ》、下宇津《しもうつ》に筏問屋があった。出発地が大布施、目的地が下村の場合だと、大布施を八時に出発すると、午後三時には下村に着いて、筏を問屋に引き渡すことができたので、徒歩でもその日の内に大布施に帰ることができた。

[18]筏の規格は幅が一間二尺、長さが三〇間であった。

二　世木から保津の間

世木には、オオバという長い淵があって、上流からの筏の中継地となっていた。上流から来た筏を中継して、保津まで流すのは、天若村《あまわか》にある筏問屋の役目であった。大正時代には、旧天若村の上世木《かみせき》、宮村《みやむら》、楽河《らくが》、世木林《せきばやし》、沢田に筏問屋があった。

上流から来た筏は、世木の浜で「筏改め人」に送り状を渡し、筏改め人によって、筏材の材質、規格、本数を点検された。上流からの筏の多くは杉や檜の筏であったが、档（あすなろ）の木の鼻木編みの筏もあった。天若村の筏士は、上流から来た筏を「荒川《あらかわ》造り」から「平川《ひらかわ》造り」に組み替えた。組み替えに必要な「ネソ」は筏問屋が人夫を雇って採集し、筏士に支給した。

上流からの筏を中継するほかに、上世木や中世木《なかせき》では、周辺の山々から切り出された木で筏を組んで保津まで流した。また美山《みやま》から海老坂《えびさか》を陸路で越えて木を運び、それらを組んで流した田原《たわら》川の筏を受け取って、本流に流した。

世木から保津までの間は、筏一乗につき、二人の筏士が乗り込んだ。筏士は水量の多いときは三人のこともあれば、水加減のよいときは一人のこともあった。水量によっては、一日で保津まで流して帰ってくることもあれば、二、三日かかることもあった。筏士の賃金は保津までの定額であったため、（標準は二人で二泊）、一人で流せば、より多くの賃金を得られた。

世木にはトメがあり、それをはずすと、一度に一〇乗の筏が出て行くことができた。朝の九時に世木を出発して新庄《しんじょう》まで下り、水力発電所の横に繋留した後、峠を越えて帰宅し、翌日、歩いて新庄まで行き、新庄から保津まで筏に乗って下り、亀岡《かめおか》から汽車で帰ると夜になった。遅くなった時は保津の筏問屋で泊まることもあった。雪解け水で増水する二月末から三月以降になると、日も長くなり、朝七時までに出ると、その日のうちに世木まで戻ってこられた。

オオバから保津の宇津根《うつね》橋までが天若村の筏士の担当区間であるが、この間は水田が広がる亀岡盆地であり、上流のように狭く急な流れはなかった。しかし、川幅が広く、砂地が多いという特性から、上流とはまた別の技術の難しさがあった。世木村の小道津《ことづ》の浜や保津の出会いなどが難所として知られていた。

三　保津から嵯峨の間

宇津根《うつね》の橋の下にショウニンブチという大きな淵があり、上流から来た筏はそこに繋留されていた。淵には中央に筏が通れるだけの幅があけてあり、筏は川の両岸に繋留されていた。上流から来た筏は、保津の浜の「改め人」により、材木の本数が送り状と違わないか改められる。世木の筏士は送り状を保津、山本の筏問屋に渡した。

筏問屋は送り状の筏の種類と保津川の水量を見て、筏を流す前夜に筏士に翌日の流しを依頼した。筏一枚に乗り込む筏士は、水量によって一人から三人と幅があった。筏士は朝七時に宇津根の浜で仕事を始める。筏を「平川造り」から「荒川造り」に作り替えるのである。

筏は宇津の浜から、保津峡を通って、臨川寺浜を経て嵯峨《さが》の保管場へ、あるいは臨川寺浜《りんせんじはま》を経て梅津《うめづ》の横堤《よこづつみ》までくだったが、保津峡は川幅が狭く流れが急な上に、いくつもの岩が行く手を塞いでいた。たとえば、落合《おちあい》では、川の流れが曲がるところに壁岩があるので、コース取りがうまくいかなければ、筏が岩にもたれて横向けに立った状態になり、次々と積み重なってしまう。筏士は筏を岩に当たらないようにするだけではなく、水量によっては、水の中の岩の上を通過させるかどうかの判断もしなければならなかった。またこの区間は筏だけでなく、遊船、荷船も通っていたため、これらの船舶とのすれ違いや追い越しに注意深く対応しなければならなかった。

保津、山本の筏士は、上流からの筏を中継するだけでなく、鴎谷《かもめだに》、水尾《みずお》（京都市右京《うきょう》区）、清滝《きよたき》川などから産出された材木を、保津峡で筏に組み、嵐山まで流すこともやっていた。

保津・嵐山間には井堰が存在しないため、筏流しの時期について限定はなかったが、上流からの筏は三月以降に集中した。筏に乗るのは平均で一〇日から二〇日、カワジマイの前は三〇日、連日の筏流しとなった。

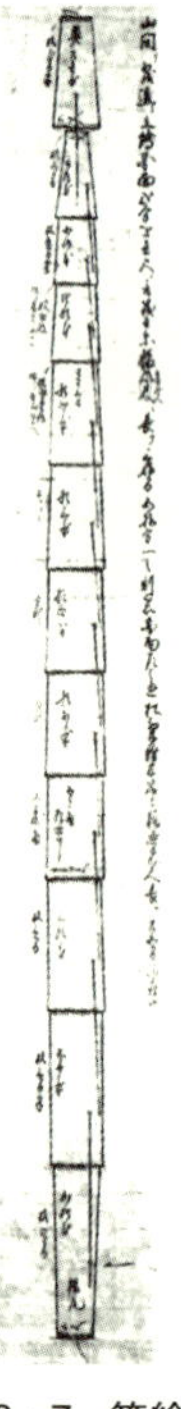

図3・7　筏絵図
（五苗財団資料　亀岡市文化資料館寄託）

四　筏における地域間の対立と協調

山方の在地材木商人は、筏に組んだ材木を嵯峨、梅津、桂の材木商に無事届けて、はじめてその代金を受け取ることができた。筏問屋もまた無事に材木を次の筏問屋に引き継ぐか、三カ所の材木商に届けて、はじめて筏の運賃を受け取ることができた。この共通の目的を達するために、両者は大堰川を無事に筏が下れるように環境を整える仕組みを共同でもっていた。

その代表的なものが総代会《そうだいかい》である。総代会とは、毎年筏流しが始まるまでに、山方の各筏組の惣《そう》代《だい》と保津を含めた川筋の筏問屋が会合を開き、「川作《かわさく》」についての費用負担や実施方法などを協議したものである。

また山国、黒田地域では、商用材の筏流しが本格的に開始されるに伴い、大きな浚渫《しゅんせつ》工事（一五九七（慶長《けいちょう》二）年、一六〇五（慶長一〇）年、一六三〇（寛永《かんえい》七）年、一六六四（寛文《かんぶん》四）年、一七〇八（宝永《ほうえい》五）年、一七一三（正徳《しょうとく》三）年）が繰り替えし実施されたが、その費用分担は、筏の数や産地材木商人の株数に応じて割り当てられるだけではなく、旧名主や山国、黒田地域の十ヶ村の村々にも割りあてられた。川の整備は直接的に筏事業に携わっていなくとも、材木の出荷に川を利用するという人々をも含む形で、行われていたのである。

一方、山方と筏問屋の間で、あるいは同じ地域で筏に携わっていた人々の間で、厳しく対立することも往々にしてあった。先に挙げた宇津と世木の筏の上荷を巡る争いもその一例である。

このような対立の中で、最も激しかったのは、山方の産地材木商人と保津、山本の筏問屋との争論である。山方材木商人は材木を嵯峨、梅津、桂の材木商に引き渡すまでの全ての費用（樹木の伐採、筏の組み立て、筏流し）を負担しなければならなかった。筏流しの費用は筏一乗ごとに運送費が決められていたので、一乗の筏で運ぶ材木数を増やすことで、その費用を軽減しようとした。筏問屋にすれば、一乗で運ぶ材木の量が増えれば、取り扱う筏の数が減るから、収入が減ることになる。保津峡を筏で下る保津や山本の筏問屋は、山方の求める大きな筏では無事に保津峡を下ることはできないと、これに異を唱えた。三カ所の材木商の仲介で、一六八一（天和《てんわ》元）年、山方の主張に沿った形で、筏の規格が幅一間二尺と長さ三〇間に定められた。その後も山方はさらに筏の大型化を進めようとし、これに反対する保津、山本の筏問屋と筏の規格と筏料金について訴訟を繰り返したが、筏士と共同で訴訟に臨んだ筏問屋の主張が通り、天和六年の筏の規格通りに筏の幅や長さを戻すことなどが定められた。これ以降、大堰川の本流を下る筏は十二連筏と定まり、大堰川から筏が消えるまで、その規格は変わることはなかった。

五　高瀬船

筏に遅れること八〇〇年余り、大堰川にも船による水運が始まった。一六〇六（慶長一一）年春、嵯峨で土倉《どそう》を営んでいた角倉了以《すみのくらりょうい》が幕府の許可を得て、大堰川の亀岡・嵐山間（保津渓谷）の開削工事を始め、同年秋に完成させた。これにより、大堰川上流の世木村（南丹《なんたん》市日吉《ひよし》町）から、下流の嵯峨まで高瀬船《たかせぶね》が通ることになった。高瀬船とは船底が平らで浅造りの船で、角倉了以が保津川開削《かいさく》の前年に岡山県の吉井《よしい》川で視察した艜船《たかせぶね》を改良したものである。

　高瀬船の船着き場は世木、殿田《とのだ》、中《なか》、上河内、鳥羽《とば》、広瀬《ひろせ》、川関《かわぜき》、宇津根、保津、山本、嵯峨にあり、角倉家は川筋全体で六六艘《そう》の高瀬船を運航していた。高瀬船の運航期間は筏と同様、旧暦八月一五日から翌年の四月八日までと定められていた。荷の主なものは米であり、年間一四〇〇〇石《ごく》余りが運ばれた。その他に把物《たばもの》、柴、木炭なども運ばれた。

　上流から下ってきた高瀬船は、宇津根の浜で角倉家によって荷を点検された後、保津の下浜の角倉船番所《ふなばんしょ》にて荷を下ろし、帰路につく。荷は保津の浜で、保津や山本の小ぶりの高瀬船に積み替えられ、嵯峨の角倉船番所まで運ばれて荷揚げされた。保津より上流の高瀬船は長さ七寸《すん》、幅五・八寸、側高一・六寸、積載量三四石であったが、保津より下流の高瀬船は長さ六・六寸、幅四・九寸、側高二寸、積載量二〇石であった。角倉了以の開削工事を経てもなお、小ぶりの船しか保津峡を下ることができなかったのである。

曳き手と船の間の巨石などに曳綱が引っ掛かる時はツナハジキという仕掛けを使った。
急流や湾曲した場所では、船長が船を降り、船が岸に当たらないように棹やハナボウを使いながら押した。
先綱、中綱、後綱に分かれて曳綱を曳く典型的な曳舟
川岸を歩けない難所では対岸へ渡った、ワタシの様子。

図3・8　曳船のいろいろ（作図：よろずでざいん）
（『保津川船頭の民俗技術・曳船・川作』（保津川船頭曳船川作技術映像記録等作成実行委員会　平成21年）から転載）

高瀬船は角倉家の監督の下、世木から山本までの各船着き場に預けられ、船預かり主によって運用されていた。各船が得る運賃の四九パーセントが角倉家に納められ、五一パーセントを水主《かこ》と船預かり主で分かち合った。角倉家では高瀬船の新造や補修、河川の補修を担ったほか、運上金として幕府に毎年上銀二〇枚を納めた。

筏と違って、宇津根や嵯峨まで下った船は、再び出航した船着き場まで、川を遡って戻って来なければならなかった。この曳船《ひきふね》に対応するため、保津・嵯峨間では、高瀬船の船頭《せんどう》は四人となっていた。嵐山から保津まで、舵《かじ》持ちが船に残って舵をとり、三人の船頭が船から伸びる五〇メートル程の綱を持って、岸を走り、船を引き上げていくのである。岸が途切れれば、船で対岸に渡って、再び走った。嵐山から保津まで一二回、対岸に移らなければならなかったという。保津峡には瀬が多く、また流れが湾曲している。その岸辺は狭く、岩が多い。これに対処するために、棹《さお》やハナボウを使って船を岸にあてない技術や、岩に曳き綱が引っかかるのを防ぐツナハジキという仕掛けが使われていた（図3・8）。保津から嵐山までは二時間で下ることができるが、遡るのは四時間以上かかった。曳船は過酷であった。

六　筏と船の対立

大堰川における水運を筏と高瀬船の両者が担うようになって以降、秋から春にかけて、世木から嵯峨までの大堰川では、船と筏が行き交う姿が日常的な風景となった。しかしその裏側では、筏と船の間で争いが繰り広げられていた。高瀬船の船着き場の上流にあたる園部《そのべ》藩領では筏と高瀬船の上荷を巡って、下流の保津や山本では、流路を巡って、筏と船は対立していたのである。

筏の本来的な荷は筏そのものでもある材木であり、高瀬船の主要な荷は米であった。濡らしてはいけない米を筏に積むことはなく、重くて嵩張《かさば》る材木を高瀬船に乗せることはない。ここでは筏と高瀬船は対立する要素はなかった。問題となったのは筏の上荷として川筋の村々が出荷してくる把物であった。筏問屋は上荷を運ぶと利益が上がるので、把物を積極的に積みこんだ。高瀬船も遮水材として少量の把物を船底に積む必要があったことから転じて、積極的に把物を積むようになっていく。筏に乗せた把物は大量運送ができることもあって安価であったが、高瀬船に乗せた把物は乾燥する手間がなく高値がついた。しかし流下数の上であるいは積載量の上で船を圧倒的に上回る筏が把物を多量に積載してしまうと、高瀬船に積載する把物が足りなくなるのであった。時には争議を経て、把物の総出荷量を筏と高瀬舟で折半する取り決めが結ばれたこともあった。

保津と山本の筏と高瀬船が対立していたのは、保津峡の下り方に関してであった。高瀬船の方が筏より早い速度で下ることができたが、保津峡では限られた地点でしか、高瀬船が筏を追い越すことはできなかった。また高瀬船が嵐山からの帰路に曳き船をしていて筏に出会った場合、止まることのできない筏が優先され、船は筏の通過を待たねばならなかった。筏の上に船が乗り上がってしまうような事故も生じた。このようなことから同じ村の者同士でも筏士と船頭は口も聞かないと言われていた。とはいうものの、同じ川で働く者として、船頭は筏士の技量の高さを認めていた。

七　遊船のはじまり

一八八九(明治二二)年に京都・宮津《みやづ》間の車道が開通し、一八九九(明治三二)年に鉄道が二条・園部間まで開通するなど、大堰川の上流域と下流域を結ぶ水運以外の交通が発展すると、大堰川の水運の拠点であった保津と山本では、高瀬船を物資輸送ではなく遊覧の用途に切り替えることを模索した。

一八九九年に保津村の有志が遊船《ゆうせん》の会社をはじめ、これが一九〇七（明治四〇）年に保津村の村営の保津川遊船株式会社となって、保津川の舟運《うん》が遊覧主体に切り替わっていく。

夏目漱石の『虞美人草《ぐびじんそう》』（夏目、一九〇七）は、この頃の保津川下りの様子を、生き生きと描き出している。

「當《あた》るぜ」と宗近君《むねちかくん》が腰《こし》を浮《う》かした時《とき》、紫《むらさき》の大岩《おほいわ》は、はやくも船頭《せんどう》の黒《くろ》い頭《あたま》を壓《あっ》して突《つ》つ立《た》つた。船頭《せんどう》は「うん」と舳《へさき》に氣合《きあひ》を入《い》れた。舟《ふね》は碎《くだ》ける程《ほど》の勢《いきほ》いに、波《なみ》を呑《の》む岩《いは》の太腹《ふとばら》に潜《もぐ》り込《こ》む。横《よこ》たへた竿《さを》は取《と》り直《なほ》されて、肩《かた》より高《たか》く兩《りやう》の手《て》が揚《あ》がると共《とも》に舟《ふね》はぐうと廻《まは》つた。此獣《このけだもの》奴《め》と突《つ》き離《はな》す竿《さを》の先《さき》から、岩《いは》の裾《すそ》を尺《しやく》も餘《あま》さず斜《な》めに滑《すべ》つて、舟《ふね》は向《むか》ふへ落《お》ち出《だ》した。

（『漱石全集』第三巻：九〇）

『虞美人草』は、若きインテリが住む東京と、彼らが観光に出かけた京都の二箇所が舞台となった小説で、保津川下りは嵐山と並んで洛西《らくさい》を代表する観光地として取り上げられている。小説では、若き旅人は、瀬を下るスリルを楽しみ、船頭の瀬を乗り切る技量や空舟《からぶね》を牽《ひ》きあげる技術に感嘆している。漱石は、保津川下りを保津峡の渓谷美を観賞するという静的なものとしてではなく、瀬を下るスリルを楽しむ動的なものとして描いた。

保津や山本では、日本人観光客の他に、外国人観光客の誘致もはかった。船頭は「英語発音通辯自在法《えいごはつおんつうべんじざいほう》」をテキストにして英会話の取得に努めた。一九〇二年から一九〇六年にかけて断続的に日本に滞在したハーバート・ジ

図3・9　舟下り（亀岡市文化資料館所蔵）

ヨージ・ポンティングは、保津川下りの様子を次のように記している。

舟は滝の落ち口に盛り上がった青い水の上で、一瞬の間ためらったかと思うと、左側の絶壁めがけて大変な速度で突っ込んでいったので、今度こそ絶対に助からないと思った。しかし、直次郎は巧みな手捌きで竿を構え、岩のある一点にじっと目を注いでいた。まさに絶好の瞬間に竿が繰り出され、まっすぐに岩の小さな裂け目をとらえた。彼は全身の重みを竿にかけて、岩から舳先をかわした。舟は絶壁をすれすれに通って、再び渦巻く流れの真ん中にうまく戻ったので、彼の動作を注意して見ていなければ、惨事を未然に防いだ彼の熟練した技術に気がきかずに、見過ごしてしまったかもしれない。（ポンティング、二〇〇五：一一九）

ポンティングは船頭たちの技術を賞賛し、保津川下りを何回も楽しみ、お気に入りの船頭さえもっていた。船頭たちは外国人観光客を送り出してくれる京都のホテルに感謝の意を込めて、クリスマスになるとホテルの玄関に立てる大きなしめ飾りを作って贈った。

八　明治から昭和へ、昭和から平成へ

保津に保津川遊船株式会社が、やや遅れて一九一九（大正八）年に山本に山本浜嵐峡《やまもとはまらんきょう》遊船株式会社が誕生した。保津の荷船の船頭だった者は保津の遊船に、山本の荷船の船頭だった者は山本の遊船に属することになっていたが、筏士が遊船の船頭に転職する際には、永年に渡って船頭と筏士が反目してきた経緯から、保津の筏士は山本の遊船に、山本の筏士は保津の遊船に属することが多かったという。

明治末から大正期にかけては、荷船《にぶね》、遊船、筏の三者が保津川を下っていたが、第二次世界大戦中、遊船は営業を停止していた。一九四七（昭和二二）年ごろに、遊船が再開されると、進駐軍の格好のリクリエーションとなった。

保津村では中学校を新設する費用を捻出するために、保津浜の川下りの権利を京聯《きょうれん》自動車に売り渡し、やがて京聯の事業が行き詰まると、川下りの営業権利は阪急に売り渡された。船頭と会社の対立が激化する中で、京都府の指導を経て、阪急が営業廃止を決め、船頭たちが、一九七〇（昭和四五）年、企業組合として保津川遊船企業組合を組織し、保津川下りを再開した。この間、一九四八年より曳き船は廃止され、トラックよる回送となった。また一九七二年以降、木造船からＦＲＰ船に替わった。

現在の保津川遊船は、百三〇人余の船頭が、保津三支部、山本一支部の計四支部に所属し、運営されている。紛争の遠因となった農業との兼業の可否や船頭株の有無に関しては、現在も農業と兼業の船頭が一定数存在する一方、従来の保津・山本の者のみが船頭職につくことができるという慣習はなくなり、地元以外の出身の船頭も増えてきている。

今日では保津川下りは京都を代表する観光地となり、二〇一五年度の売り上げは約九億円となった。明治以来の伝統を引き継ぎ、海外でも評価の高く、ミシュランのグリーンガイド三つ星の観光地として、多くの外国人観光客を引き寄せている。

【引用・参考文献】

亀岡市史編さん委員会（一九九五）『新修亀岡市史本文編』第一巻

亀岡市史編さん委員会（二〇〇四）『新修亀岡市史本文編』第二巻
亀岡市文化資料館（二〇〇七）第四二回企画展図録『川船』
京都府山林会・京都府林業組合連合会（一九〇九）『京都府山林誌』
京都府日吉町（一九八八）『日吉ダム水没地区文化財調査報告書』
京北町（一九七五）『京北町誌』
『新訂増補国史大系』第二十六巻、吉川弘文堂
小谷正治（一九八四）『保津川下り船頭夜話』文理閣
『大日本古文書』第十六巻、東京大学史料編纂所
『大日本史料』（第日本史料総合データベース　0201000989990）、東京大学史料編纂所
地域資源活用実行委員会（二〇一一）『大堰川の筏をめぐる民俗技術』
塙保己一（一九五七）『續群書類従補遺三（お湯殿の上の日記）』続群書類従完成会
保津川船頭曳船川作技術映像記録等作成実行委員会（二〇〇九）『保津川船頭の民俗技術・曳船・川作』
保津川の世界遺産登録をめざす会（二〇〇九）『保津川下りの今昔物語』
日吉町誌編さん委員会（一九八七）『日吉町誌』上巻
藤田彰典（一九九五）「近世の保津川筏と保津川筏問屋」田畑　要・梅木　晃・藤田彰典等『口丹波地域の産業と経済』
同文館出版
藤田叔民（一九七三）『近世木材流通史の研究』新生社
ポンティング・H・G（二〇〇五）『英国人写真家の見た明治日本』講談社
夏目漱石（一九六六）『漱石全集』第三巻、岩波書店
野田只夫編（一九六二）『丹波国山国荘史料』史籍刊行会

【コラム２】「保津川のながれ山崎の長者」

「ある時、山崎《やまざき》の宝寺《たからでら》（宝積寺《ほうしゃくじ》）のあたりに住み、油のうけ売りをして、丹波《たんば》の山家《やまが》通いをしている行商人が、この保津《ほづ》川の舟に乗って川を下ったところ、猿飛《さるとび》という険阻《けんそ》なところを、群猿《むらざる》が数限りもなく渡っていたが、その中に二疋《ひき》づれのこけ猿が栗の梢を伝って、この川を渡ろうとして、渡りかねている様子であった。ちょうどそこへ猟師がやって来て、鉄砲で狙い寄った。先に立った猿がこれを見て、身もだえして鳴き叫び、後の猿を指さして教えるので、猟師は笑って、『なんでお前をのがすものか』と、火蓋を切った。かわいそうに二疋ともに木から落ちてしまった。近寄って見ると、一疋は弾丸に当たり、もう一疋は無事だったが、手に一尺あまりの木切を持っていた。不思議に思って、よく見ると、かわいそうに盲目の猿であった。涙を流して、殺された猿のことを嘆いている様子をみると、殺されたのはこの猿の子猿らしかった。その子猿は親に心を尽くし、長年親を養って来たのであろうと思われ、人々は早船をさしとめてこれを悲しんだ。」（麻生磯次・冨士昭雄『対訳西鶴全集』十四、明治書院：ルビは執筆者による）

『西鶴織留』巻２（国立国会図書館蔵）

　現在も残る、保津川の名所、猿飛での井原西鶴《いはらさいかく》が書き留めたエピソードである。この盲目の猿も打ち殺そうとする猟師を止めて、引き取った山崎の行商人が、その猿のおかげで運が向き、長者にまでなるという物語だ。

　山の富が保津川を伝って京に流れて行き、それに気がついた行商人が長者になるという事柄を象徴的に表しているようにも読むことができる。

（堀田　穣）

第四章　保津の漁労

大西信弘・吉田　実

第一節　はじめに

保津《ほづ》では、大雨の後に川から魚が入ってくる水田を「じゃこ田《だ》」と呼び、水田漁労の場でもあった（保津町自治会保津町まちづくりビジョン推進会議、二〇一一a）。一九七五（昭和五〇）年頃は、現在の高水敷《こうすいじき》のあたりは水田で、保津川の川辺いっぱいまで水田が広がっていた（保津町自治会保津町まちづくりビジョン推進会議、二〇一一a）。だからこそ、「じゃこ田」が成り立ちえたのだろう。水につかる土地も活用して稲作をしていたのかと思うと、いかに米を作ることに力を注いでいたかがよくわかる。

本章は、保津町のNさん（八四才）、Fさん（八一才）、Kさん（七五才）、Sさん（七二才）、Tさん（六七才）（年齢は聞き取り時）の五名から、保津の漁労と魚食文化について聞き書きしたものである。

第二節「じゃこ田」（魚のとり方・食べ方）

［じゃこ田《だ》では］ごいた［五寸板をならべた堰板《せきいた》］を並べて、用水路の水位を上げて田に水を入れていた。普通は、ごいたを閉めておく。魚をとるときは、水口を閉めて、下もすこし閉めて水が入らないようにして、ごいたのところの一メートルほどの落差で水を抜く。

六〇坪くらいの田んぼで一〇キログラムくらいとれる。二五センチくらいのコイ、人差し指太さのウナギ、六〇センチメートルくらいのナマズなどがとれる。田植えをして濁った水があると、ナマズが二匹も三匹もいる。ヤスでは、一匹しかとれない。残りは、たたいてとる。五月の末でも良い雨が降ったら、ナマズがあがってくる。

［魚をとるには］電池［懐中電灯］を持っていく。溝にもよるけど、田のこしらえしてなくても、畝《うね》になっているところにあがってくる。田植えした後やったら広くてとりにくい。畝立てして、代掻きした後、良い雨が降って、産卵期だったら、とりにいく。電池でなく「がんどう」でとりにいった。竹に油を一五センチくらい入れて、布をきつくつめた。松の根、松根《しょうこん》。松の根を削って束ねて松明にする。これは長持ちする。昭和三〇年代頃までこのようなこ

図4・1　じゃこ田と呼ばれていた八ノ坪周辺の水田の様子（1975年（昭和50年））。写真の住宅と保津川に囲まれた区画割りの大きな水田一帯をじゃこ田と呼んでいた。出典：国土地理院のウェブサイト（http://mapps.gsi.go.jp/maplibSearch.do?specificationId=945688）を部分的に拡大した。

とをやっていた。

田んぼだったらいろいろ生き物がいて、田んぼの魚はそれを食べて大きくなっていく。田んぼで魚を大きくするには、ヌカもいい。昔は山の木、柴を刈ってきてそれとワラと杉を混ぜて炊いて発酵させておいて、それを田の中に入れていく。一番草、二番草、三番草いうてね。三番草ぐらいまでかな。それを入れて魚を大きくするんです。その次に田の草でガーッとかき回して、平面にする。それと人が入りますので、初めは代田《しろた》ですけど足跡が入りますね。水が減っても魚は足跡に死なんとおる。

秋、ある程度になってきたら水を切ったり入れたりする。そういう時でも死なんと残ってます。稲刈りしとったら足跡の魚がようけ死んだん残ってます。

田の加減で、魚は水落とす時に上手いこと全部流れいく。奥のほうが引っかかって残ってしまうこともある。それを考えて田植えせなあかんねんけどね。自分とこの田も雑魚田《じゃこた》いうてたんやけど……。

第三節　保津の漁法

保津《ほづ》には多くの漁法がある。今回の聞き書きでは、三二の漁法が語られた。一人で一九の漁法を知っている人もいた。以下はその代表的な漁法である。（表４・１）。

たま・もんどり・す

大川から水の来る溝や田で魚が大きくなる。田では、水を落とすときに、たまとか、もんどりをかけて魚をとった。

針ノ木新田。ここに水路があるんですけど、その水路がこんな水路で、こんな幅です。片側は石垣になっています。草がいっぱい生えてるような溝です。

この辺は案外高くないので、素掘《すぼ》りやね。水の入り口、水口と言いますね。［あるいは］落としと言いますね。その差がほとんどないんです。だから溝にいる魚が非常に田んぼに入りやすいんです。田によっては入り口があって、落としがどんと下がって、下から入れへん田もあります。八ノ坪もそうですわ。その両端。こっちの方で簀《す》を当てまして、まだ水があるさかい、この広い所で魚を受けるということです。まだ溝に水がある時に下から出てきます。そこに溜まります。

それを適当に上げては家に持って帰って、長いこのぐらいの火鉢。幅が二〇センチメートルぐらい、一七から一八センチメートル。横が五〇センチメートルぐらいかな。深さが一〇センチメートルぐらい。そこへ火を入れて、全面火を起こします。魚を、たとえばフナやったら竹の細いのを串にして、並べるんです。それでちょっと上に置く。それをぺらぺらと並べていく。うちわであおいで火を起こしてできたら、順番に起こしていく。串も太い方と細い方があって平たくて。両方とも尖らしとく。こっちの先はほんまに針のように尖らす。こっちは刺していきますわね。それで一応焼いて乾燥させるのに、麦わらを、今焼いた魚を順番に放射状に並べて。こっちの方に煙があったらこっち側に一間ぐらいの幅で壁に煙がいかんように下に、上手いこと下のけむりでよう乾くんです。ぱりぱりに乾きます。

今でいうたら煙いぶしの燻製《くんせい》やで。こうした燻製は、だしに利用もしたけど、フナはだしにはもったいない。

また、それを炭火で、もういっぺん乾燥させる。それをすり鉢に入れて粉にするんです。［家で］ひよこをかえしてましたんでね。卵から、巣入りさせて、抱かせて。［その］ひよこにそれを食わしたらものすごいよう育つ。

かいどり

溝の水が減ったときに、組んで、二〇メートルなり三〇メートルなり水が入らないようにせん

表4・1　保津で見られた漁法

漁具のタイプ	名　称
筌（うけ）	ごりふみ（まんの）
筌	どじょうもんどり
筌	もんどり：ウナギ用（長い、餌はミミズ）
筌	もんどり：ナマズ用（餌はつぶしたタニシやミミズ）
筌	もんどり：他にも丸いもんどりや四角いもんどりもあった
筌	田の落とし：ドジョウ用
筌	簗（やな）
釣り	あゆかけ
釣り	かがしら
釣り	くだ　一本釣り
釣り	どぼん釣り
釣り	長糸
網	あほまち　網を入れてフナが入るのをまつ
網	かい取り　水を干上がらせてとる
網	かんじゃごし
網	しゃで（網、竹２本を使う）
網	たま
網	むこおし　半円形の網
網	四つ手
網	大敷き網
網	追い取り
網	電池
網	投網
網	鈴網
手掴み	にぎり　素手で握る
手掴み、筌	せぼし　瀬干、ひぼし　日干
ヤス	ヤス
ヤス	鉄砲ヤス　子どもがヤスを使ってとる
集め方	かいつけ

水をかいだすことをして、水をかいだした。杭を打ち、肥桶《こえおけ》のたんごを持っていって、水をかいだす。はやいこと水をかいださないと、上から水がはいってくる。はたには、麦が植えてあって、おっさんが麦刈りに来ると、麦畑が水浸しになっていて、おっさんにしかられ、魚はとれず、道具が流されたなんてこともあった（笑）。

水が減るとウナギが出てくる。水が減っても、ナマズやウナギは生きている。［何もしてなくても］ナマズは出てくるけど、ウナギは出てこない。しょんべんをかけるとウナギが出てくる。［だから］ちびがいたら、しょんべんせいと言ってしょんべんさせた。

水が落ちるときに、石が水の流れをじゃましているかなと思っても、石に触ったら、魚が警戒して下がらなくなってしまうから、むやみに触ってはいけない。へたしたらみんな上に残って死んでしまう。

かいつけ

自分とこの田に魚をいれなきゃならん。カイツケというんです。飼うというのと付けるということ。秋の彼岸に稲打ちやから、それまでにこの中へヌカを炒って団子にして、ここへ放り込んどくんですわ。これが流れで香ばしい臭いが出てくる。魚がそこへ上がってくる。上がってきてそこへ魚がたくさん入るから、収穫が多いということです。

かがしら

瀬があって、深みに魚がいる。魚は虫を食いに上にあがってくる。虫を食べ終わると上の浅いところで寝る。三人並んで、魚があがってくるのを待つ。下の物から釣れ始めて、上の人が釣れなくなるとおわる。一〇分から一五分くらい。途中、人が通ると魚が散って釣れなくなるので、三人でやっているときには、他の人は後から入ることはできない。川は西に流れるので、東から風が吹くとだめ。どこに何匹おるかくらい読んどかないと釣れない。

かんじゃごし

カンジャごしは、川に入らんと釣る捕り方、魚は冬は大体じっとしてますやろ。浮かんと。T字の上に行って、このぐらい入っとる。そこでしこふむねん。その振動が魚は嫌いらしいわ。おる魚がにゅーっと地上に顔を出す。行きよんなという所に二間ぐらいの餌つけて、待つねん。そうしたら上がってきて、だんだんこっち向きますわな。パッとあげたらシュッと捕れる。そこの場所で一回だけできる捕り方やね。

大敷網

漁業組合員が三人いたら、大敷網ができた。川を仕切ってしもうて、追い込むところを作っとく。そしたらいっぱい魚が寄ってくるので、そこで投網を打つか、いろんな方法でとる。その場で天ぷらにしたら、それはもう醍醐味。五、六人よく知っている人でやらないとできない。網を敷くにしても、眼鏡掛け持って、石をとおしていかないと、魚がみんな逃げてしまう。アユもとれる。お盆すぎないとできない。魚をすっかり獲ってしまうさかいに、他の漁業組合員が怒る。保津橋より上に行かないととれなかった。

上にいってもとれない。二番網が一番いい。水がちょっと巻いているところで網をかける。もう一つ上に捨て網いうて作っとくねん。そうしたら捨て網を越えた魚は、やれやれ越えたというので真直ぐ、とんと行きよんねん。みんな引っかかる。こう川が流れとるやん。ここに網入れる人は一番ええやろと思うねん。ここからちょっと離して、三メートルほど離して。これを越えた魚は一発でかかるに決まっとるんや。これはもう絶対かかりますわ。

以下は魚別の漁法である。

ゴリ（ヨシノボリ類）

一番子どもが作ったのはゴリフミ。本ではマンノというんですね。マンノ。あれもちょっとした加減で、ゴリが溜まるか溜まらへんかが決まります。ゴリフミも普通のこうするのと、それから石をガラッと傾けて、そうしたら濁りますね。そこへゴリが入ってくるのがある。

ゴリが集まるのは大水の時。ガラガラとしますね。流れるのは澱みに寄るんです。一番効率のええ捕り方でっせ。

大水の時は雑魚が現れて端寄ってますね。それが水が引いていく時、雑魚がどっとどっと水辺に並ぶんですよ。そろっと行って一回やったら三〇匹から五〇匹入ります。最高一升七合捕ったんや。イトコイを持って行って草やからごみはあらしまへんやろ、足でしたらもう入るねん。暗いうちに行くんです。人が行くと散らかすさかい捕れへん。誰も人が行ってへん暗いうちに行ってそろっと捕る。

むしろを敷いておいて、瀬の両側から、二軒ほどの鎖でがらがら音を立てていく。シュロの縄で石をおどすと、そこにいるゴリが一合、二合とれる［それは禁止やと、笑いながらつっこむ方もいた］。

捕ったゴリは川にかごに入れて、夏の瀬虫をはかせてから食べる。普通は殺さないようにして、持って帰って、置いておく。

ゴリを炊くのは醤油。醤油をぐらぐらにかえらして、温度が下がらない程度にゴリをちょっとずつ放り込んでいく。温度が下がるとおいしくなくなる。長いこと煮込まなくても、炊けるのはすぐ炊ける。仮に一升入れようと思っても、いっぺんに入らない。ちょっとずつ放り込んでいくというような感じで炊く。炊いたら醤油がしみこみ、醤油が少なくなるまで煮込む。好みで砂糖、山椒、からし、ショウガなどを入れた。ハチミツを仕上げに入れる人もいた。ゴリがおいしい。高級品。おじいさんが酒を呑みながら食べていた。一度さまして、もう一度炊くのがおいしい。春の子持ちのゴリがおいしい。

フナ

フナはね、水が減ってきたら、息がでけへんのと一緒で下へ下へ下がってくる。それでモンドリに入るんですね。

八ノ坪であほまち［表4・1参照］をしていたら、けっこうフナがはいった。田の溝から自動的に入るように囲った。フナは不思議に群れで下りてきたな。一〇匹ぐらいの群れで。ちぃっちゃい方が美味い。

堀のフナの大きいのをもって帰ったら、おばあがこんなもん焼けへん言うて。大きいて、あかん言うた。

ハエジャコ（オイカワ）

保津橋の入り江になっている所は、湧き水があって、この頃［三月］やったらぬくい。魚はみんなやってくる。船着き場も、水がじっとしているから、魚が寄って来やすい。水道管が凍るような日に朝早く船だまりにいってみると、ハエジャコ［図4・2、3］が口あげしている。そーっと鈴網をかけて、最後さっとなげて、二重に鈴網をかけると、まっしろ、浮きがひっぱられるくらい。

物干にかけると脂がでてきて、ぺんぺん［尾っぽが反るくらい］に炒ってみんなにくばっていた。炊いてから、冷蔵庫に入れてさまして、煮こごりがつくようにして、歯でかんで身がしまっているくらいがいちばんうまい。

夏の暑い晩に電池持って、こんな網を持って年谷川に行ってみ、魚がおったらふーっと浮いとる。ぽかーんとしとるわ。下からすくい上げたら捕れるやろ。それからぺっと上から伏せんの。大概の人は下からこういかはんねん。けど、そうしたらぴゅーっと逃げんねん。上から伏せたら逃げられへん。簡単なもんや。電池一つ持っていったらええねや。一番簡単に捕れる。

ハエジャコ捕りは、農業をやらずに専門に営業でやっている人もいて、お米と交換していた。昭和三〇年代後半か昭和四〇年近くの頃［一九六〇年代］。小さな船を片手で漕いで、片手で網を入れるほどの技量の持ち主がいて、兄弟して上手だった［図4・4、5］。その兄弟のおばちゃんが上手に腹ぬくねん。指で。爪で腹切ってちょっと押さはったらプチュッと出る［図4・6］。俺らやったら腹を包丁で切ってにゅーっと出すところやけど。尻のは中の方から出さはるんやと思うで。爪でなんぼほど……。腹キュッと押したら尻から出てくる。あんなようけ捕れた奴を、皆、腹抜こう思たらそうせな出せへん。それに見てる間に一キログラムぐらい腹を抜いてしまう。

図４・２　ハエジャコ（オイカワ）

図４・３　漁獲されたハエジャコ。

図４・４　NPO 法人プロジェクト保津川主催の環境教室で、川漁師の林正夫さんらにお願いして鈴網を使ってハエジャコを獲っていただいた。

図４・５　ハエジャコの群れを囲うようにして網を張ると、写真のようにたくさんのハエジャコが獲れる。

図４・６　網からはずしたハイジャコは、その場で内臓と浮袋をとる。
腹側が上になるように両手で持ち、親指で胸鰭の後ろから腹腔を圧迫して
内臓を押し出すと、肛門付近が割れて内臓と浮袋をとることができる。

モロコ

食べられるんやったらモロコが一番美味しいわな。焼いて食べた。油のって、ほんま美味しい。それとから揚げでも。さっき言うたはったムコオシで、すくうか押して捕る。ほんなら草ごと捕れるさかい、寒い時は、モロコはそん中におんねん。

ウナギ

ウナギは保津川のどこにでもいる。ウナギのつかみ方は、エラの後ろ一〇から一一センチメートルのところを持つ。上からキュッと持つの。

昼間の間に、アユが藻を食べる道筋を見ておき、その道に夕方モンドリをかけると、ウナギがとれる。昼はウナギはみんなテトラに入っている。石を見るとアユがはんだ［アユが餌となる藻類を食べることを「はむ」と言う］あとがあり、それをみるとどれくらいいるかがわかる。船頭さんが川を下るときに、どこにどれだけアユがはんだあとがあるかを見て知っているので、その場所を教えてもらっていた。

アユモドキ

八ノ坪用水があったから、七谷川にアユモドキはたくさんいた。アユモドキは、あたまのとげをつかんで引き出せばとれる［素手で取る「にぎり」］。

ドジョウ、ホトケドジョウ

雨が降るとドジョウを捕った。ドジョウはいったん土に入る。夕立が来ると、割れてた土から全部ドジョウがでてきて下るので、うけでとれる。堆肥のよけはいっとるとこにドジョウが多い。プランクトンが多いということやね。

ドジョウは生命力が強い。水が切れても土にもぐっている六月に水を入れると一斉にでてくる。冬に親父が唐犂で田をすくとき、後をついていくと、一五センチメートルくらいある青いよぅ肥えたドジョウが出てくるので、とっていた。それはウナギよりうまい。ホトケドジョウは粘土層のところにいる。Iさんのところのドジョウと、下の所のドジョウとはちがう。Iさんところは赤土で、自分のところは粘土やった。かみよしはものすごいドジョウがいた。でも金気が多くてドジョウがほそい。

ドジョウは、かならず枝豆のつぶをいれて泥をはかせないといけない。運動会のドジョウつかみのときはかならず豆を入れていた。障害物リレーでドジョウつかみをやっていた。皆、つかまれへん。運動会のときは、地べたに出して、砂まみれのドジョウをつかむずるをしていた。障害物リレーは始めにいくと、元気なドジョウばっかりなので、損になる。後の方はドジョウが弱って掴みやすい。リレーは「のこぎりがま」が景品だった。その時だけ、「のこぎりがま」がもらえると思って、ものすごいようけ人が来た。運動会がすむと稲刈りだった。昭和三〇［一九五五］年代より前の頃の話。

カマツカ

カモツカっちゅうんか。あれも最近は見やへんな。ちょっと水がようなって来て、ちょこちょこおるみたいやけどな。頭だけ、目だけ出しとるんや。目だけ出して砂かぶって。この藻がだーっとするとこをすーっとヤスでのけるんや。そしたらそこに目玉が二つあんねん。ここに隠れてけつかんねん。紐、糸にくくって。先にも誘導する竹をつけといて。腰に下げといて、子どもが五、六人横に並ぶねん。横に並んで、順番にみんな上がっていくねん。みんな同じだけ捕れるねん。あれ不思議や。逃げたかて。子どもがヤスつくねん。必ず百発百中つくさかい。自転車のスポークでつくった鉄砲ヤスの的だった。カレイと一緒や。目玉だけ出して。

本人は隠れとるつもりや。だから逃げへんねん。炊いて食べた。あいつは身が硬いさかいな。背骨からぱっと二つに分かれる。キスみたいな格好してるやろ。白身でおいしい。

しかし、亀岡《かめおか》では、一九六〇年代（昭和三〇年代後半から昭和四〇年代にかけて）、水田周辺での漁労活動が下火になっていったという。当時、毒性の強い農薬を使い背骨の曲がった奇形の魚が捕れるようになり、気持ち悪くて食べなくなっていったそうだ。

【引用・参考文献】

保津町自治会保津町まちづくりビジョン推進会議（二〇一一a）保津川すいたん農園前河川敷基本計画地域住民提案じゃこ田ミュージアム

保津町自治会保津町まちづくりビジョン推進会議（二〇一一b）保津町のまちづくりと産品づくり

【付　記】

本章は、大西信弘・吉田実（二〇一三）「亀岡の農業と自然（一二）―保津川の川魚漁と魚食文化（一）」『ざいちのち』六二、大西信弘・吉田実（二〇一三）「亀岡の農業と自然（一三）―保津川の川魚漁と魚食文化（二）」『ざいちのち』六三、大西信弘・吉田実（二〇一三）、亀岡の農業と自然（一四）―保津川の川魚漁と魚食文化（三）『ざいちのち』六四に加筆、修正したものである。また、聞き取りをまとめるに当たって、口語体の語りを一部文語体に置き換えた。

第五章　川を手入れする

井堰と水寄せ

手塚恵子

大堰《おおい》川、保津《ほづ》川は、農業、漁業、水運などに広く用いられてきた。職種によって、川の利用法は異なるため、その目的に応じて、さまざまな構築物を川中に作っていた。本章ではその中でも組織的に運用されてきた、農業と水運に関する構築物について述べることとしたい。

第一節　井　堰

大堰《おおい》川の川筋では、水田で米を、その裏作に麦などを作っていた。その水田に水を引くために、川筋には多くの井堰《いせき》が築かれていた。

大堰川川筋で井堰が始めて築かれたのは、嵯峨《さが》（京都市右京区）付近の「葛野大堰《かどのおおい》」で、五世紀末のことである。秦《はた》氏の創建によるものだという。その後は、鎌倉時代には越方《おちかた》（南丹《なんたん》市園部《そのべ》町）に「新庄堰《しんじょうせき》」が築かれ、室町時代に千代川町川関《ちよかわまちかわぜき》（亀岡《かめおか》市と南丹市八木町《やぎちょう》との境）に「寅天堰《とらてんぜき》」が築かれるなどし、一九〇三年に世木《せき》村から保津までの間に、二一の井堰を数えるに至った。

『大堰川の井堰』（京都府、二〇〇〇）によると、大堰川、保津川の井堰は、牛枠《うしわく》・石などによる堰から、粗朶沈床堰《そだちんしょう》へ、さらに木工沈床堰《もっこうちんしょう》へと変遷し、現在では、固定堰、起伏ゲート堰、ゴム堰（ゴム引布製起伏堰）となっている。

昭和以前の大堰川の井堰についてはわからないことが多いが、牛枠《うしわく》による堰については、『近世木材流通史の研究』（藤田、一九七三）に聞き書きによる復元図があり、また『大堰川の井堰』（二十一世紀農業農村整備企画会議亀岡・南丹ブロック企画、二〇〇〇）にも概略図が記載されている。木工沈床堰については、牡丹餅《ぼたんもち》堰、勝林島《しょうりんじま》堰、上中島《うえなかしま》堰の昭和九年の改修時の写真、寅天井堰の木工沈床堰図（昭和一〇年）が『大堰川の井堰』に収録されている。

これらの井堰は農業用水を引くためのものであったが、水田に水を引かない秋から春先（旧暦の八月一日から四月八日まで）にかけては筏（船）を通す必要があったため、そのための仕掛けが施してあった。大堰川の上流域の牛枠による井堰には堰の中央に二間《けん》幅の水戸が設けられており、この水戸の溜板《ためいた》をはずして筏を流した。平野部の木工沈床による井堰には流筏路《りゅうばつろ》が設けられていた。

大堰川の水は川筋の村の米作りには欠かせないものであったため、村と村の間でたびたび水争いがおこった。そのなかでも千代川町川関にある寅天堰をめぐる水争いは激しいものだった。そしてその水争いには図らずも筏が関係していたのである。

川関周辺の大堰川は水量が少なく、筏を流すのが難しかったので、水流を調整するために、筏問屋が川の中に石礫《せきれい》で登り堰（張り出し）を築いていた。この登り堰は寅天堰に接続するように左岸

図５・１　牡丹餅堰　昭和９年
（中央は流筏路（田中善平家文書　亀岡市文化資料館寄託））

にあった。この登り堰があることで、渇水時に水流が右岸に向かい、そのことは寅天堰を利用する寅天井組（川関《かわぜき》、金岐《かなげ》、千原《ちはら》、小川、小林、高野林、土田の各村）には都合がよかったが、左岸側の馬路《うまじ》、西田の村には都合が悪かった。さらに寅天井組が登り堰を修理するときに、慣行で禁止されていた蛇籠《じゃかご》やムシロを使い、赤土を塗り込んで頑丈な堰にしていたためこのことによって取水に影響を受ける馬路村が一八〇〇（寛政《かんせい》一二）年に寅天井組を訴えている。寅天井堰をめぐる水争いは近代になっても続いていた。京都日出新聞《きょうとひのでしんぶん》（一九二四（大正一三）年七月一日夕刊）には、馬路村と千代川《ちよかわ》村の水騒動の代表が京都府庁に押し寄せた事件が報じられている。

寅天堰を巡る争いは、唐突に終焉を迎える。一九五九（昭和三四）年八月一三日にあった「口丹波《くちたんば》水害」と同年九月二五日の「伊勢湾《いせわん》台風」の来襲により、亀岡盆地にあった寅天堰、馬路堰、江川《えがわ》堰、神田《かんだ》堰、堀越《ほりこし》堰、牡丹餅堰、上中島堰の七堰が壊滅的な被害を受け、これを個別に復旧するのが困難であったため、七堰を統合した井堰（上桂川《かみかつらがわ》統合堰）を最上流の寅天堰下に建設することになった。一九六三（昭和三八）年に、転倒ゲート六門、油圧式ローラーゲート四門をもつコンクリート造り（最大取水量右岸二、三四七トン／秒、左岸二、四九三トン／秒）の上桂川統合堰（これを地元では「寅天堰」と呼ぶ）が完成し、左岸は寅天堰から保津町まで、右岸は寅天堰から篠《しの》町までの水田（これは亀岡市の水田面積の三分

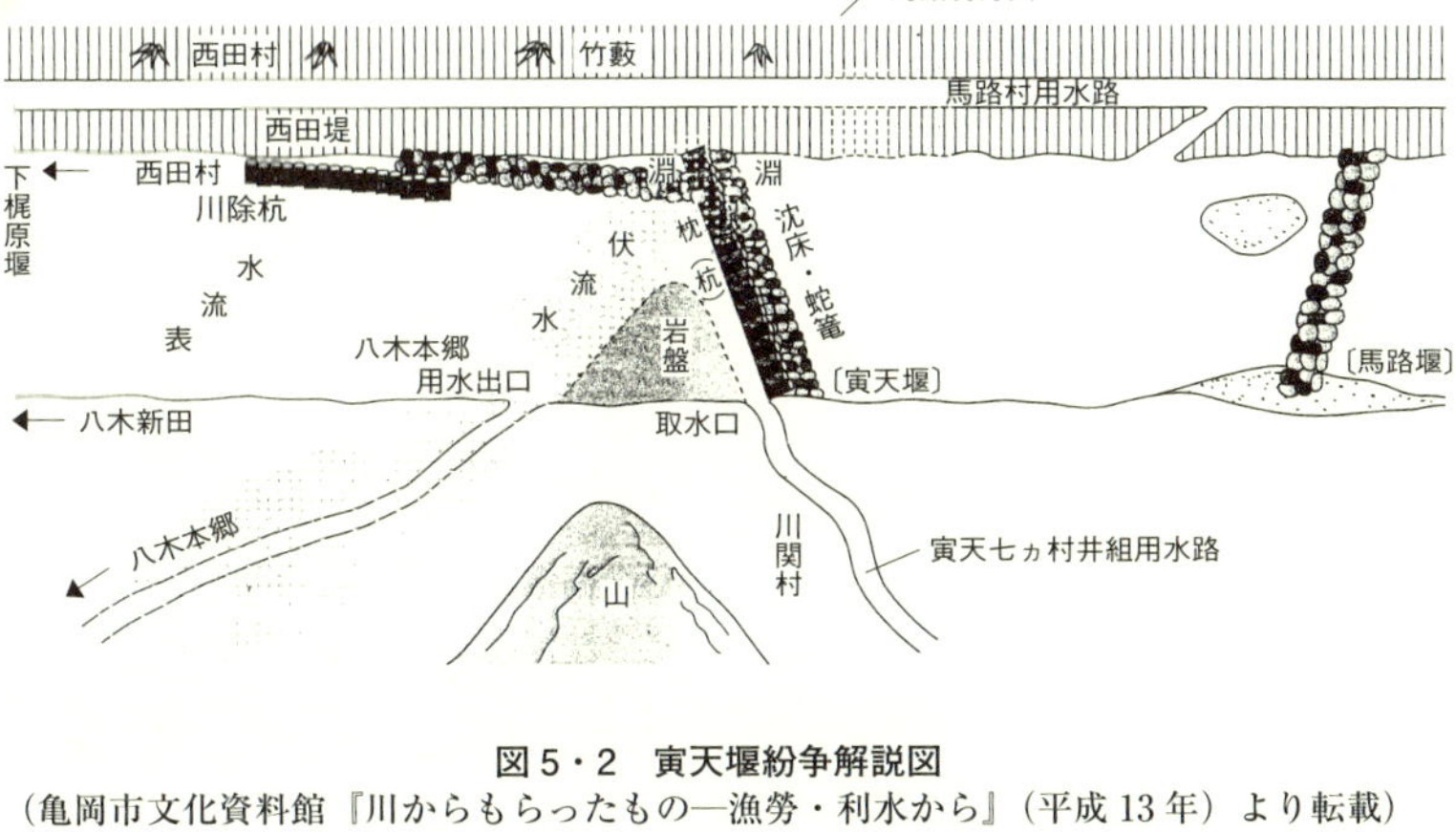

図5・2　寅天堰紛争解説図
（亀岡市文化資料館『川からもらったもの―漁労・利水から』（平成13年）より転載）

の一にあたる）を潤すことになった。これによって馬路村は寅天堰組と争う必要はなくなったのである。

第二節　新旧の井堰

大堰《おおい》川には世木《せき》村から保津《ほづ》までの間に、二一の井堰《いせき》（一九〇三年時点）が築かれていた。世木村から上流の井堰については、『北桑田郡誌』に山国の八箇所に井堰があったとのみ記述されている。現在では六ヶの堰、大戸《おおと》の堰などの近代的な井堰の他に、石組みだけの簡素な堰を幾つかみるだけになっている。

図５・３　大戸井堰（京都市右京区京北大野町）
（京都府立総合資料館　京の記憶アーカイブより）

世木村から保津までの間の井堰は、二〇〇〇年には七箇所となっている。大堰川井堰概略図（図５・５）は、「大堰川井堰一覧」（京都府、二〇〇〇）を参考にして、昭和以前には存在していた井堰と、二〇〇〇年現在の井堰の場所を記したものである。

世木村から保津までの間の井堰は、九箇所の井堰が統合されて二箇所の井堰となり、四箇所の井堰が、ダム（天若湖）に水没している。一方、五箇所の井堰（大西《おおにし》、瀧《たき》、新庄《しんじょう》、大高《おおたか》、廿町《はつか》）は現在も使用されている。

図５・４　上桂統合堰

大堰川の川筋の井堰は、井堰によって用水を得る村、あるいは井堰組によって築かれ、運営されてきた。洪水で決壊すれば、村や井堰組で修復し、毎年水田に水を引く前には、補修作業を行った。田植え前には各集落の水守人《みずもり》［1］が寄り合って、各集落に水を引く日を決めた。

大西や滝井《たきい》などの井堰には、管理運営費用の一部が領主より給付されていたが、畑田《はただ》、葦原《あしはら》、宮島《みやじま》、澤田《さわだ》など堰には給付はなく、村や井堰組の自弁で管理運営されていた。寅天井堰より下流の井堰にいたっては、村や井堰組の力が強く、領主や幕府は大堰川の用水を巡る村と村の争いを自身では裁定できず、訴えを地元に差し戻す他なかった。水争いに関しては慣例に従うことが重要視されていたので、実力行使で土木工事を行い新しい慣例を作ろうとする村と、そうはさせまいとする村の間で、争いが絶えることがなかった。

これにたいして現在の井堰は、京都府もしくは京都市の管理下にあり、井堰の管理運営を用水を

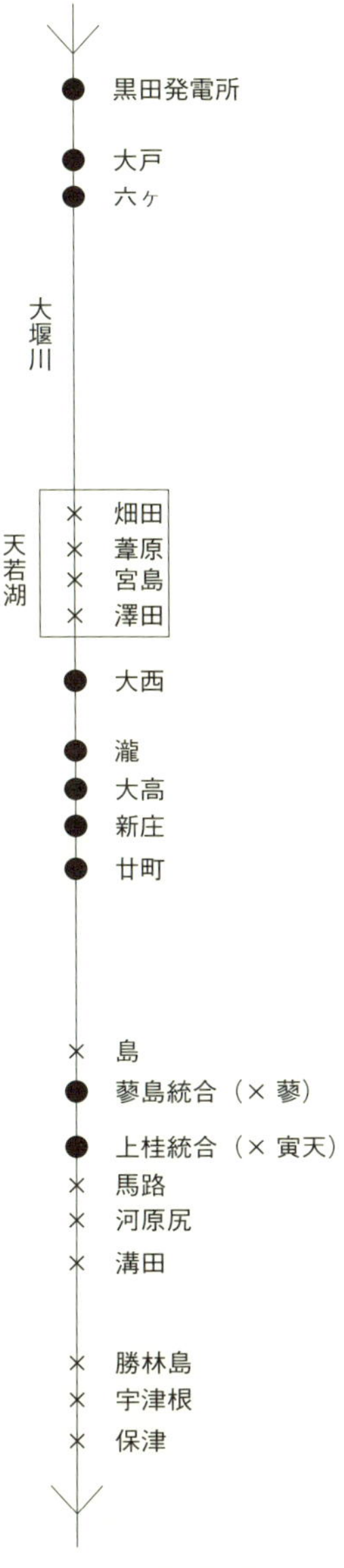

図 5・5　大堰川井堰概略図

●：現存する堰（2000 年現在）
×：昭和以前には存在したが現存しない堰

［1］　樋の開閉や水門の調整など用水に関する一切の責任を負う村役。

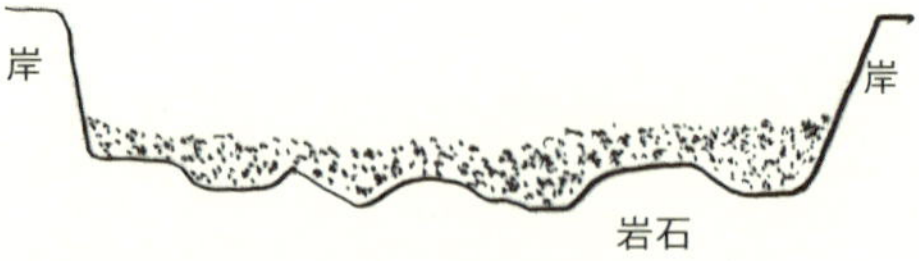

図5・6　両岸の強固な場所を選び、川底の岩石層が現れるところまで土砂を取り除く。

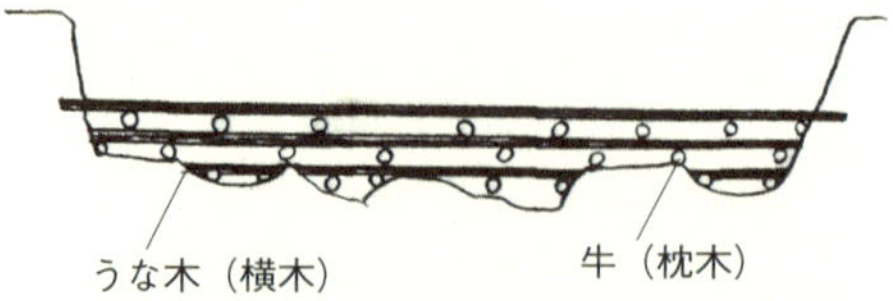

図5・7　川底を平らにするため「牛」と呼ばれる枕木を上流に向けて沈める。牛の上には「うな木」という横木を置く。牛に斧を入れて切跡を作り、うな木を固定させ、両方を結び合わせて安定させる。これを三回繰り返す。

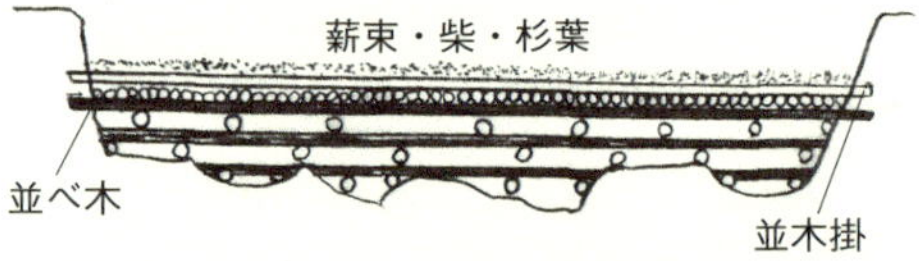

図5・8　水止め材として並べ木を置き、上から掛け木によって固定する。並べ木の上に、薪把、柴、杉葉などを交叉するように一面におく。

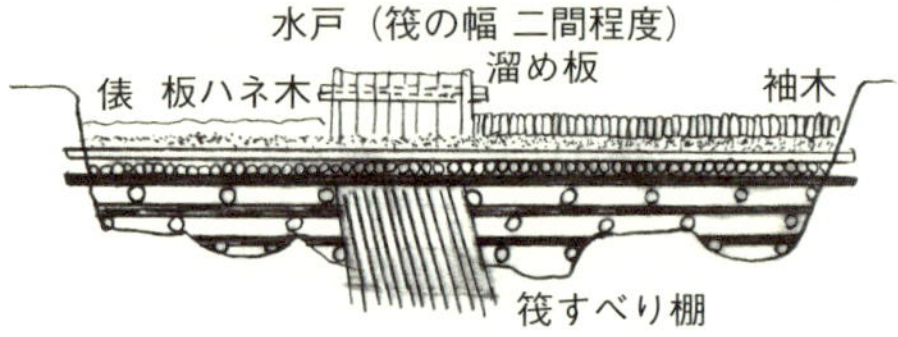

図5・9　図5・8の上に俵＝土嚢を積み、土砂を俵の上に一面に盛る。土嚢ではなく袖木の場合もある。筏の幅である二間程度の水戸を作る。水戸に溜板をはめられるよう板掛けと板ハネ木を作る。筏を滑らせるすべり棚を作る。溜板を外すと堰の水が流れる仕組みである。筏は水戸を通り、筏すべり棚を滑るようにして、堰を下っていく。

得る村落が行う必要はなく、その建築・改修費用も直接の負担はない。

第三節　筏でどう下っていたか

一　トメ——井堰に筏を通すために

広河原《ひろがわら》から周山《しゅうざん》までは、大堰《おおい》川の川幅は狭く、水量も少ないことから、井堰《いせき》を使って水をため、溜まった水を一時に勢いよく放水して、その水流に乗せるようにして、筏を下らせたという。

昭和四〇年代に山国を調査した藤田は、「当時の井堰構造を示す絵図面などの資料は発見されていない。またその遺構すら、現在、みることはできない。」（藤田、一九七三：一五五）としながらも、京北町井戸の古老から、井堰について説明を受け、その復元図を作成した。その復元図と説明を元に、井堰の概略を示したものが、図5・6から9である。

これらの井堰は、下流に蛇籠や堰止柵を沈め上流に堰堤《えんてい》を作るという、現在の井堰にみられる技法ではなく、川底の堅い岩石層から、順次松の丸太を組み合わせて下流部分を高くし、丸太材、薪、柴、杉葉、俵、土砂で水を堰き留める素朴な築法で造られていた。

山国《やまぐに》地域の大堰川本流の川筋の井堰は、筏流しに欠かすことができないものではあったが、本来は、川床より高い田地《でんじ》へ灌漑《かんがい》用水を引くために造られたものであった。従って井堰全体の構築、破損修理、あるいは日常の管理などは、井堰を利用する下流の村々によって担われ、水戸や袖木などいった筏流しに関係する部位の構築、破損修理については、筏材木商人が担うものとされた。

二　蛇籠——流水幅を狭くする

大堰川の世木・保津間に点在する浅瀬は、川幅は広いものの、筏が下るには浅すぎので、流水幅を狭くする必要があり、そのために数多くの蛇籠《じゃかご》が設置されていた。蛇籠を設置する場所や数は毎年少しずつ変わった。洪水の度に川の流れが微妙に変わり、それに伴って砂浜や石の河原の広さが変化し、流れの中心の場所が移動するからである。

竹製の蛇籠は何年も使い続けられるものではなく、毎年作り直す必要もあったので、筏問屋は筏流しのシーズンの始まる前に蛇籠を据え付ける場所を決め、必要数の蛇籠を竹籠業者に発注した。依頼を受けた竹籠職人は素材の竹を現地に運んで蛇籠を組み、付近の人の協力を得てこれを据え付け、石を詰め、蛇籠で土手を築いた。蛇籠の数は年毎に異なるが、どの浅瀬にも数多くの蛇籠が設置されていた。明治末期には、旧日吉町内の大堰川本流だけで、四〇〇から五〇〇の蛇籠があった

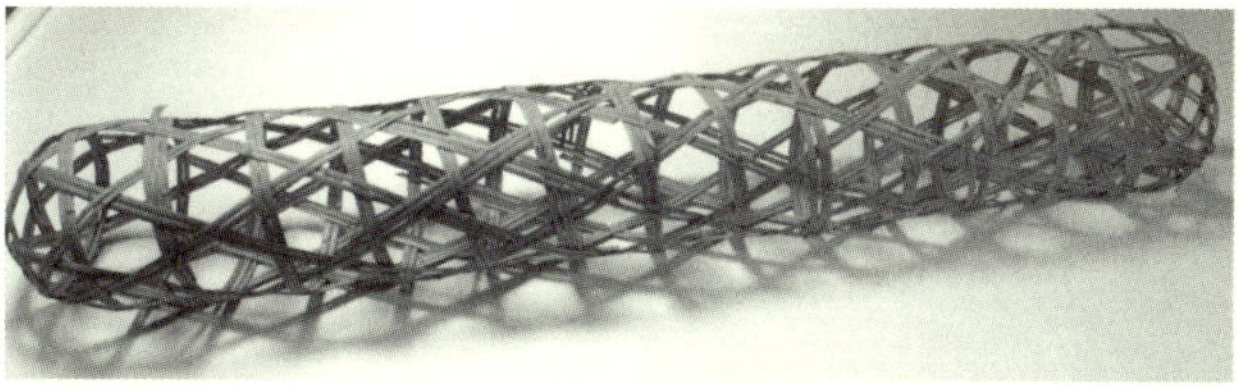

図5・10　蛇籠
（亀岡市文化資料館所蔵）

という。

三　川柵——流速の中心を川の中央に寄せる

蛇行を繰り返しながら流れていく川では、カーブに早瀬が重なる。流れの外側は岸になっていて、水深は深く流れが力強く速い。流れの内側は河原になっていて水深が浅く、流れは緩やかで遅い。こういったところでは、筏は強い流れに乗って、岸に突き当たる。それを避けるために、強い流れを川の中心に寄せることのできる川柵を設置する。岸側に川柵を築くと、岸寄りの水が中央に押し出され、流れの中心が川の中央にできるのである。

川柵は赤松で枠組みを組み、その中に一〇〇キログラム程度の石を入れ、さらに小石を詰めたものである。これを川の中に設置する。川柵の松枠は三〇年程度で朽ちるので、その都度作り替えられた。

図５・11　保津川に構築された川柵
（亀岡市文化資料館蔵）

四　水寄せ——荒瀬を乗り切るために

筏流しにとって、一三キロメートルの間に岩絡みの荒瀬が二〇ヶ所も点在する保津峡《ほづきょう》は、大堰川、保津川の中でも最も難しい箇所であった。このことは筏士《いかだし》の賃金にも反映し、筏で二日かかる世木・保津間と半日で下ることのできる保津・嵐山間の賃金はほぼ同額であった。保津峡を下ることは、熟練した技をもつ保津、山本《やまもと》の筏士にしかできないと考えられていたのである。

この保津峡に高瀬船を通すために、角倉了以《すみのくらりょうい》が一六〇六（慶長《けいちょう》一一）年に行った大規模な河川工事の様子を、林羅山は次のように述べている。

大きい石があれば滑車を用いて移動させ、石が水中にある時は浮楼を構えて、長さ三尺、周囲三尺の鉄棒の先を鋭く尖らせ、二丈ばかりの柄に縄をつなぎ、数十人で引き上げ、まっすぐにこれを投下すると石はことごとく砕け散った。石が水面に出ている場合は、烈火でもって焼き砕いた。川が広く浅いところは、石を集めて川幅を狭めて深くする。また段差の大きいところは、上流にあたる部分を掘り下げ、下流と平らになるようにする。人力だけを頼りに、工事は苦心の末、秋八月に完成した。（林羅山、一六二九＝亀岡市史編さん委員会、二〇〇四b：五〇九、現代語訳は亀岡市史編さん委員会、二〇〇四a：七〇二）

大岩を砕く印象の強い角倉了以の保津川開削事業であるが、重点が置かれていたのは、「川が広く浅いところは、石を集めて川幅を狭めて深くする」水寄せの整備であったという。水寄せとは、船が往来するのに必要な水深と水流を確保するために人工的に石を組んだもので、保津峡では、金岐《かなげ》の瀬、小鮎《こあゆ》の瀬、大坪《おおつぼ》、獅子《しし》ケ口《ぐち》、朝日《あさひ》ケ瀬、大瀬など主要な瀬に築かれている。

図5・12は朝日ヶ瀬に造られた水寄せの概略図で、写真はその「水寄せ」を下流側から写したものである。

上流側の水寄せは右岸側から流れの中央に伸びる長さ四五メートルの石積みで、

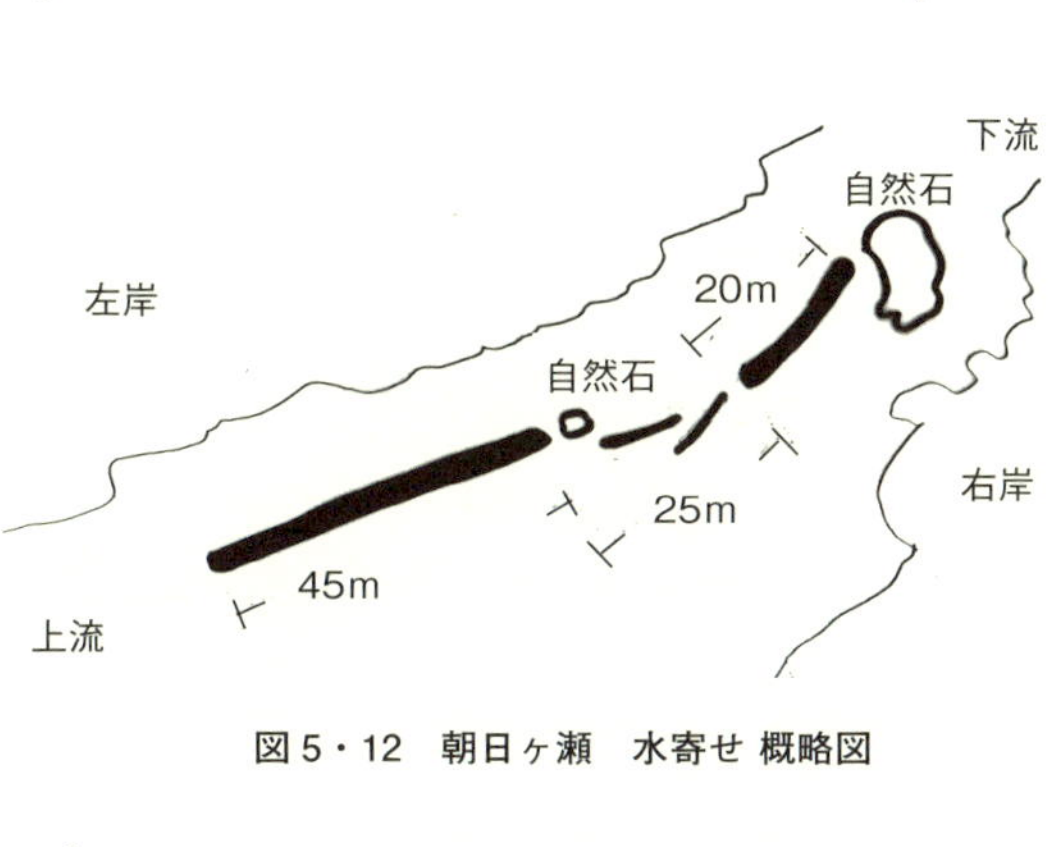

図5・12　朝日ヶ瀬　水寄せ 概略図

その最後尾の先に自然石の岩がある。下流側の水寄せは流れの中央にある長さ二〇メートルの石積みで、その最後尾の先に自然石の大岩がある。下流側の水寄せは、上流側の「水寄せ」によってはじかれた流れを受けとめ、さらに対岸にはじくように築かれている。上流側と下流側の「水寄せ」の間には二五メートルの距離があるが、そこに小ぶりな「水寄せ」が二本築かれている。上流側と下流側の「水寄せ」は四〇センチメートルから五〇センチメートルの高さのなだらかな山型で、増水時には水が自然に石積みを越え右岸側に流れるようになっている。中間にある小ぶりの「水寄せ」は、平水時でも水面下にある。

朝日ヶ瀬にこの「水寄せ」があることで、川幅が三分の二程度に狭まり、高瀬船の喫水である五〇センチメートル以上の水深を保持することができ、さらに船を下らせるのに適切な水流の速度を得ることができるのである。

保津川下りの船頭である豊田は次のように、この水寄せの設計技術を高く評価している（豊田、二〇一五：二三七―二三八）。

> 水寄せ本来の役割は水の方向を変え、流れを速くするものだが、ただ、湾曲部に沿って石を積めばいいというものではない。たとえば車道のガードレールのように外側を石積みで囲えば、水は逃げ場をなくし、瀬の中で強い渦を生む。瀬の中に強い渦が生まれれば、舟は簡単に回転してしまう。朝日ヶ瀬の水寄せはそのような渦を生まないように、上流部と下流部の水寄せの途中に小さな水寄せが設置されている。上流部で抱えた水の勢いを途中で一度、解放し、右岸側へ下がった場所に設置された二つの水寄せで抱え直しているのだ。この二つの水寄せにより、

図5・13　朝日の瀬（原田禎夫蔵）

水は穏やかに湾曲して下流部の水寄せに集められる。湾曲中央部で一度、水を逃すことで水流の勢いを緩め、舟がその流れに乗り、大きな舵操作を必要とせず緩やかに曲がることが可能となる点で、優れた設計技術を垣間見ることができる。

第四節　川　作

一　大堰川における川作

大堰《おおい》川の世木《せき》・保津《ほづ》間は、明治末に荷船が衰退し、世木ダムの完成によって筏もまた一九四五（昭和二〇）年以降に下らなくなったため、それ以降は、筏問屋《いかだとんや》を中心にした地域の人々が共同で、川の土木工事を行う慣習は途絶えてしまった。

この区間の農業用水を取水する井堰も、ダム下に水没したり、統合堰に統合されたりして数を減らしただけでなく、かつては村や井堰組で行ってきた井堰の修繕や運用を、行政に委ねるようになった。

一方、荷船を観光船に切り替えることのできた保津《ほづ》・嵐山《あらしやま》間（保津峡《ほづきょう》）では、川の土木工事は継続されてきた。この工事のことを「川作《かわさく》」という。保津峡の最後の筏士《いかだし》だった上田潔さんの父親の時代には、筏問屋による「川作」が辛うじて残っていたが、その後は「川作」の主体は、保津川下りの観光船の事業所に移り、現在では保津川遊船《ほづがわゆうせん》企業組合がこれを担っている。

二　保津川の川作

川作は保津川遊船企業組合の業務の一つとして行われている。組合には川作担当の理事がおり、この理事を中心として、船頭が川作の作業を行う。

表5・1　川作作業整理（2013年7月～2014年7月）

川作		仕事量
7/22	獅子ヶ口川作	6 × 1
7/22	腰の岩川作	6 × 1
10/1	川作各所	17 × 1
10/10	烏帽子・大坪川作	3 × 0.5
10/10	川作各所	12 × 1
10/11	川作各所	43 × 1
10/12	川作各所	24 × 1
10/31	獅子ヶ口・徳住・大瀬川作	12 × 1
11/7	川作各所	12 × 1.1
11/8	腰の岩・獅子ヶ口川作	12 × 1
12/9	高瀬川作	11 × 1
12/12	高瀬川作	13 × 1
4/14	高瀬・徳住・大瀬川作	11 × 1
4/24	腰の岩・徳住川作	12 × 1
4/26	小鮎・獅子ヶ口川作	6 × 1
4/27	徳住・各所川作	10 × 1
5/30	徳住川作	6 × 1
6/3	本川作	13 × 1
6/4	本川作小鮎	13 × 1
6/20	徳住川作	6 × 1
7/25	川作	6 × 1 ＋ 6 × 0.5
木の伐採		**仕事量**
7/3	二股の老側の木を伐採	3 × 1
7/8	ラフトで小鮎の滝付近の木を伐採	3 × 0.5
7/28	カヤの木を流木を撤去	3 × 0.5
12/7	鵜飼い橋下の倒木撤去	1 × 1

胴木		仕事量
7/2	獅子ヶ口川作・胴木入れ	6 × 1
7/6	獅子ヶ口胴木切り	2 × 0.5
7/21	小鮎の滝前の胴木入れ	6 × 1.2
8/2	獅子ヶ口他胴木入れほか	6 × 1
8/7	獅子ヶ口 胴木ワイヤー切り	3 × 1
8/12	獅子ヶ口他胴木入れ	6 × 1
9/1	胴木が浮いていないか点検	4 × 1
4/21	小鮎胴木	15 × 1
5/2	大瀬ワイヤー切り	3 × 0.2
6/20	宮ノ下　桐木	6 × 1
7/16	徳住胴木入れ胴木現地採取	6 × 1
7/23	小鮎の滝胴木	6 × 1
石取り・バラス掻き		**仕事量**
7/21	獅子ヶ口の石取り	
10/7	小川瀬石取り・川作各所	9 × 1.1
12/11	高瀬囲い　石取り他	15 × 1
12/24	尚山バラス掻き	3 × 1
4/21	曲淵・落ち合いバラス掻き	
7/24	高瀬石取り	6 × 1
7/24	重機で小橋でバラス掻き	1 × 1
7/25	重機で小橋でバラス掻き	1 × 1
死骸等除去		**仕事量**
7/30	ラフトで塵処理	4 × 1
8/20	蜂の巣取り	
11/5	鹿の死骸処理	2 × 0.5
12/23	川掃除	8 × 0.5
5/24	鹿の死骸処理	1 × 1
7/16	蜂の巣の撤去	

仕事量は人数×日数として示す。
（例：6 × 0.5は6人が半日働いたことを示す）

「川作作業整理」は、保津川遊船企業組合が二〇一三年七月から二〇一四年七月までの一年間に実施した川作作業を、作業の内容別に整理したものである。ここにあげたものは全て川作と認識されているが、実施する作業内容によって、さらにこれを下位分類して、「本川作」「災害復旧川作」「川作」「胴木《どうぎ》」「石取り・バラス掻き」ということもある（表5・1）。

三　石取り、バラス掻き

川の流れによって、石や砂利《じゃり》が運ばれてきて、川底に堆積する。船の「水路」に石や砂利が堆積すると水深が浅くなり、船が通れなくなるので、これを取り除く。この作業を「石取り」、「バラス掻き」という。二〇一三年から二〇一四年の一年間に石取り・バラス掻き作業を主とした「川作」は一二回実施されている。

渓谷の手前にある保津小橋の瀬には、岸から重機を入れることができるので、重機でバラスを掻き出す。両岸が切り立った渓谷である保津峡では重機は入らないので、獅子ヶ口や高瀬では、人の手で石を取り、バラスを掻き出している

四　胴　木

保津峡の主要な瀬の一つである小鮎《こあゆ》の瀬（小鮎の滝）は五〇メートル程度の瀬になっていて、瀬の最後に二メートルの落差のある落ち込みがある。この落ち込みの両側にある岩には「胴木」（丸太）が渡たしてあり、ワイヤーで括り付けられている。胴木は川の水位が低い時に、川底の岩で船底を傷つけないために入れられる。川の水位が上昇し胴木が浮いてくると、ワイヤーが切られる。胴木は船底を守るためには有用なものであるが、胴木が浮いてしまっては、船の運航に支障をきた

すので、胴木は、日々注意深く見守られている。

二〇一三年から二〇一四年の一年間に胴木作業を主とした川作は、小鮎の瀬や獅子ヶ口などで一二回実施されている。胴木を渡す「胴木入れ」の作業が八回、胴木を繋いでいるワイヤーを切る作業が三回、胴木が浮いていないかを点検する作業が一回である。

五　狭義の川作

狭義の「川作」は川の水位が低くなり、船の「水路」の川底の岩が船にあたるようになると、船が傷つかないように岩を取り除く作業のことである。二〇一三年から二〇一四年の一年間に狭義の「川作」は一四回実施されている。二〇一三年七月二二日に獅子《しし》ヶ口で行われた川作の様子が『船頭ブログ』に載せられている（船頭ブログ 2013.07.23）。ブログには、以下のような記述とともに、ロープを命綱にして激流の中で作業する写真が添えられている。

> 激流の底に潜む岩に、ロープ一本で近づき、ワイヤーを岩に巻き付けて、引き揚げます。この作業は、激流の圧力により、足元をすくわれ、下流に流れることもしばしば。六人の船士が代わる代わる岩に挑んでいきます。

二〇一一年七月二日の船頭ブログ（船頭ブログ 2011.07.02）では、獅子ヶ口の「川作」の作業がより詳細に報告されているので、それを参考にすると、作業の手順は次のようになる。

図5・14　川作（船頭ブログ 2013.07.23）

一　目視で確認をする。
二　命綱のロープを大きな岩にくくりつけ、川の中に入る。
三　川底の岩にワイヤーをまく。
四　チルホールでワイヤーを引っ張り、川岸の石張りまで、岩を引き揚げる。

六　災害復旧川作

台風や集中豪雨の後には、大きな岩が保津峡に流れつくなどして、川の様子が激しく変わる。岩は大きなものでは軽トラックほどの大きさにもなるという。川作は水が引き、水位がある程度減るのを待って行われる。

二〇一三年九月一三日に発生した台風一八号は、最低気圧九六〇ヘクトパスカル、最大風速秒速三五メートルの大型で、日本各地で大きな被害をもたらしたが、桂川《かつら》流域にも甚大な被害をもたらした。集中的な豪雨により増水した川の水が、川幅の狭くなる保津峡の手前にあたる亀岡《かめおか》駅から馬堀駅にかけての地域に溢れ出し、駅や家屋が浸水した。また保津渓の先にある嵐山《あらしやま》では、増水した保津川によって川沿いの旅館など三〇件以上が浸水し、宿泊客がボートで避難する騒ぎになった。

台風が去っても、上流や支流からの濁流で、保津川の水位は、長期間減らず、二一日になってようやく保津川下りの乗船場が川の中から姿を現した。この日に保津峡の様子を探るために、ラフティングボートが出された。二五日に乗船場の復旧工事が始まり、それを追うように、保津峡内も川作に取りかかった。三〇日の船頭ブ

図５・15　災害復旧川作（船頭ブログ 2011.07.02）

ログ（船頭ブログ2011.07.02）には、チル（万能型手動ウィンチ）で岩を引き揚げる船頭の姿が掲載されている。一〇月二日になってようやく保津川下りが再開された。川作の記録には、「一〇月一日　川作各所　一七名」、「一〇月一〇日　川作各所一二名」、「一〇月一一日　川作各所四三名」、「一〇月一二日　川作各所二四名」とあるが、これらは、台風一八号に関連したものである。

七　本川作

川作、石取り・バラス掻き、胴木入れは、必要に応じて適宜実施されるが、水寄せの崩れた箇所を補修する「本川作」は計画的に行われる。二〇一三年の本川作は六月三日四日に実施されている。「本川作」は従来川下りのオフシーズンである冬季（一二月）に行われていたが、近年夏季に変更された。「本川作」が年度計画のなかで実施されるため、天候その他で実施が遅れると年度を跨いでしまいがちなため、年度末にあたる冬季よりも、年度中盤の夏季に変更されたということである。また近年のゲリラ豪雨に備えて、秋前に補修をするという意味もあるようである。

『保津川下りの今昔物語』に、獅子ヶ口で実施した「本川作」の様子が紹介されている。それによると、獅子ヶ口の水寄せの石積みの片側が大きく流出したため、二〇名余りの船頭を動員して、次のような手順で行われたという（保津川の世界遺産登録をめざす会、二〇〇九：三二―三三）。

一　鉄製の蛇籠を組み立てる。合わせて修復地点の地ならしをおこなう。
二　地面に杭を打ち込み、ワイヤーで蛇籠を固定し、石を入れていく。
三　積み上げた石の上からコンクリートを流し込む。
四　さらに鉄製のネットと石を積みあげて形状を整え、コンクリートで表面を覆う。

保津峡には重機は入らないので、川作は全て手作業となる。本川作では関係機関に事前に各種の申請をし、許可のもと、作業が行われている。

八　川作の場所

「川作の場所」（図5・16）は、地図に前述した川作の実施された場所を記したものである。「石取り・バラス掻き」は八回実施されたが、そのうち「石取り・バラス掻き」単独で行われた場所が、小《こ》高瀬《たかせ》、曲淵《まがりぶち》、落合《おちあい》である。小高瀬は大高瀬《おおたかせ》と共に二〇〇メートルの長さの高瀬の瀬を構成しその後半部に位置する浅瀬、落合は支流の清滝《きよたき》川との合流地点にあり清滝川の運んでくる石や砂利が堆積する場所である。曲淵は増水すると船の舵が取れなくなり、ぐるぐる廻ることから曲淵と名付けられた難所である。

「胴木入れ」は一二回実施されたが、「胴木入れ」のみ行われた場所は、保津峡の入り口にある宮下の瀬である。狭義の「川作」は一四回されたが、狭義の「川作」のみ行われた場所は烏帽子である。烏帽子はかつて曳き船をしていた頃に「綱はじき」が設置されていた大きな岩である。

小橋《こばし》では「石取り・バラス掻き」と「胴木入れ」が、小鮎の滝、大高瀬、徳住《とくずみ》、大瀬では狭義の「川作」と「胴木入れ」が、獅子ヶ

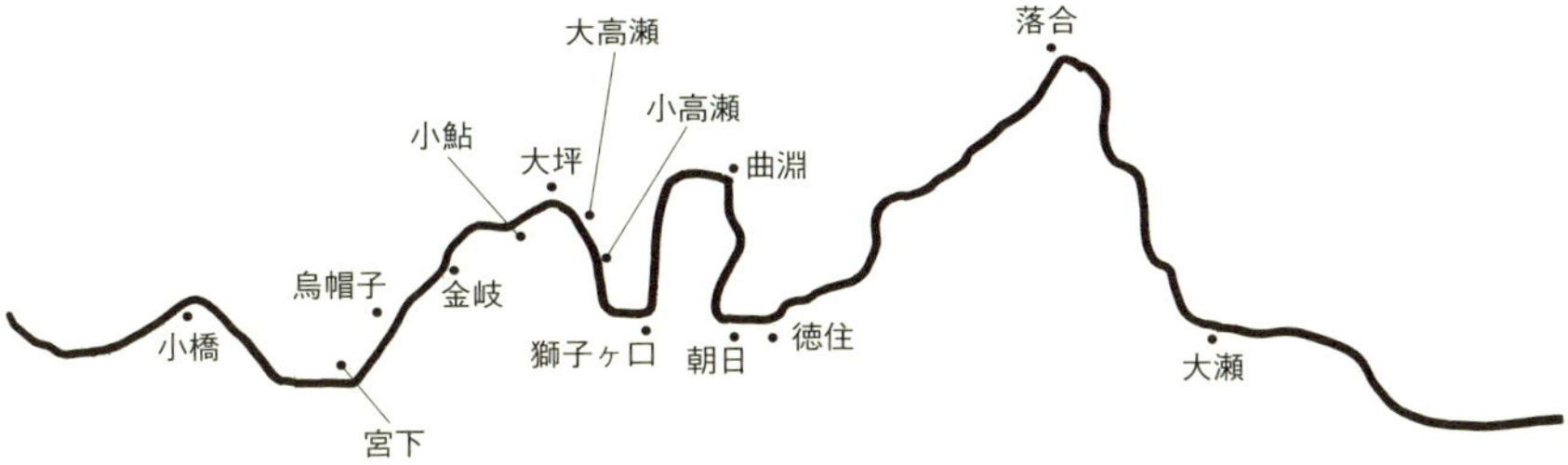

図5・16　川作の場所

口では上記の三種類が行われている。小橋は保津峡外にある唯一の瀬であり、徳住（孫六岩《まごろくいわ》）は朝日ヶ瀬の最後にある岩で、角倉了以《すみのくらりょうい》の保津川開削で最後の難関とされた大岩であり、大岩には歴代の船頭が竿を突いたため窪んだ穴がある。大瀬は保津峡最後の八〇メートルの長さの瀬である。

「本川作」は水寄せの石積みを修理するものであるから、水寄せの築かれている獅子ヶ口、金岐《かなげ》、小鮎、大坪《おおつぼ》、朝日《あさひ》、大瀬《おおせ》で行われることになる。

「川作の場所」から見えてくるのは、「石取り・バラス掻き」を除けば、川作の行われる場所が、荒瀬であるということであろう。また「石取り・バラス掻き」の行われる場所も、清滝川との合流する地点である落合、船の舵が取れなくなる曲淵など、舵取り棹捌きの難しいところである。

保津川遊船《ほづがわゆうせん》企業組合では、一年間（二〇一三年七月から二〇一四年七月）で延べ人数四三〇人を投入している。保津川を下るためには、川作は欠かせないものなのである。

九　川作の意義

『日吉町誌』は、川は蛇行しながら淵、浅瀬、早瀬を造りつつ海へ去って行く。そこへ蛇籠、川柵、堤防、沈床《ちんしょう》を適宜配置すると、五〇メートルの大筏や二トン半を積む川船が流れたのであると述べる（日吉町誌編さん委員会、一九八七：二二六）。

保津川の亀岡嵐山間には現在も、舟や筏が円滑に川下りを行うための「水寄せ（蛇籠）」「川柵」「石垣」といった伝統的な装置が多数あり、保津川遊船では、これを修繕し使い続けている。

『日吉町誌』は、「蛇籠は毎年作り替える必要があったので、筏流しの季節の前に、筏問屋が蛇籠の据え付け数と場所を決めると、竹籠職人と地域の人々が協力して、蛇籠の土手を築いた。」（日吉町誌編さん委員会、一九八七：二二七）と記しているが、このように季節前に定期的に実施する川作の伝統を、保津川遊船の「本川作」が引き継いでいる。

また『日吉ダム水没地区文化財調査報告書』には「筏の期間中に筏に携わる人が応急修理することもあった」（京都府日吉町、一九八八：八六）と記されている。こちらは保津川遊船の「川作」、「災害復旧川作」、「石取り・バラス掻き」、「木の伐採」などを引き継いでいる。

川作が現代の多くの河川工事と異なっているのは、（一）その川を熟知している地域住民が、川と対話しながら、川の流れ方を変える作業をしていること、（二）大がかりな機材は使わず、人間の身体能力の範囲が行われていること、（三）川作の対象となる箇所が日々注意深く見守られ、小さな異変にもすぐに対応されることであろう。

第五節　保津川下り乗船場の上流と下流

現在の大堰《おおい》川、保津《ほづ》川は、乗船場を境に、昔日の水運の隆盛を彷彿させる流域と、日本の多くの地域と同様にほぼ水運の途絶した流域に、明確に二分されている。これは単に船が川を運航している／していないという違いだけではなく、川が見守られ手入れされているか／いないかの違いにもなっている。

二〇〇九年に「京筏組」が、亀岡《かめおか》市と南丹《なんたん》市の境界に位置する上桂川《かみかつらがわ》統合堰（寅天堰《とらてんぜき》）から、保津川下り乗船場までをラフティングボートに乗って、河川の現状調査を行ったところ、土砂が滞積してできた浅瀬が彼方此方にあり、船や筏に比べて喫水の浅いラフティングボートでさえ通れない状況であった。かつて水を田に引くために造られた井堰が使われなくなって放置され、それが川の流れを変えて、土砂を堆積させ、浅瀬を造っていたのである。「京筏組」では、現状では保津川下り乗船場より上流で筏を流すことは不可能という結論になった。

『日吉町誌上巻』は、川作について次のように述べている。

水郷日吉町はこのように、川から、計り知れない恩恵を受けてきた。その恩恵に対する住民の恩返しが、川の整備であったのである。（日吉町誌編さん委員会、一九八七：一二三一）

川を使う人がなければ、川は荒れていく。使う人のいなくなった里川《さとがわ》は自然に帰るのではなく、ごみに埋もれていく。里川を使うことは里川を手入れすることである。大堰川の水運は、川の整備は川の恩恵に対する住民の恩返しという観念があって、はじめて成立するものであった。

【引用・参考文献】

石垣泰輔他（二〇〇六）「角倉了以の保津川航路開削時に設置された「水寄せ」に関する調査」『土木史研究　講演集』二六

石垣泰輔他（二〇〇八）「角倉了以の保津川航路開削時に設置された「水寄せ」に関する調査（第二報）」『土木史研究　講演集』二八

亀岡市史編さん委員会（二〇〇四a）『新修亀岡市史本文編第二巻』亀岡市

亀岡市史編さん委員会（二〇〇四b）『新修亀岡市史史料編第二巻』亀岡市

亀岡市文化資料館（二〇〇七）『川船―大堰川の舟運と船大工』

亀岡市文化資料館（二〇〇一）『川からもらったもの―漁労・水利から』

小谷正治（一九八四）『船頭夜話』文理閣

京都府（二〇〇〇）「大堰川井堰一覧」

京都府日吉町（一九八八）『日吉ダム水没地区文化財調査報告書』

河原林洋（二〇〇九）「保津川の筏の構造」京筏組『保津川筏復活プロジェクト二〇〇九報告書』

手塚恵子（二〇〇九）「元筏士への聞き取り調査」京筏組『保津川筏復活プロジェクト二〇〇九報告書』

手塚恵子（二〇一五）「桂川の水運に関する慣行について」『水資源・環境研究』二八号一巻、水資源・環境学会

豊田知八（二〇一五）「保津川下り船頭の操船技術と精神」（森洋久編『角倉一族とその時代』）思文閣出版
地域資源活用実行委員会（二〇一一）『大堰川の筏をめぐる民俗技術』
辻田啓志（一九八二）『水争い』講談社
二十一世紀農業農村整備企画会議亀岡・南丹ブロック（二〇〇〇）『大堰川の井堰―京・ふりかえれば水と土：霧に煙る・川の関』
日吉町誌編さん委員会（一九八七）『日吉町誌上巻』京都府船井郡日吉町
林羅山（一六二九）「吉田了以碑銘」『林羅山文集』巻四三
藤田叔民（一九七三）『近世木材流通史の研究―丹波材流通の発展過程』大原新生社
保津川の世界遺産登録をめざす会（二〇〇九）『保津川下りの今昔物語』
保津川の世界遺産登録をめざす会（二〇一二）『川は誰のもの？』地域資源を掘り起こす会
保津町誌編纂委員会（二〇〇一）『ふるさと保津』保津町自治会

保津川下りホームページ
http://www.hozugawakudari.jp/
船頭ブログ 2011.07.02
http://www.hozugawakudari.jp/sendo-blog/%E5%B7%9D%E4%BD%9C
船頭ブログ 2013.07.23
http://www.hozugawakudari.jp/sendo-blog/the-kawasaku
船頭ブログ 2013.09.30
http://www.hozugawakudari.jp/sendo-blog/19440

第三部　保津川がかかえる問題

第六章　保津川がかかえる問題

天若湖アートプロジェクト

下村泰史

第一節　大堰川流域とダム

流域を歩けば、平安京《へいあんきょう》造営以前から戦後しばらくの頃まで一二〇〇年以上にわたって材木を運んだ筏や、一六〇六年の保津《ほづ》川開削以来の舟運、世木《せき》や黒田《くろだ》の鮎などといった話題が次々に飛び込んでくる。大堰《おおい》川（保津川・桂《かつら》川）は古代からごく最近まで、京の都に豊かな恵みをもたらしてきたのである。

そうした川のありようは、一九五一年に供用を開始した世木《せき》ダムによって一変してしまう。このダムによって上流からの筏流しも、鮎の遡上も断ち切られたことはいうまでもない。天若湖《あまわかこ》アートプロジェクト二〇一五にあわせ開催された懇談会「天若のお話」では、今は水没した集落に暮らした人々から、世木ダムによる河川環境の貧化について発言が次々に飛び出した。「日吉《ひよし》ダム水没地区文化財調査報告書（日吉町、一九八八）」に描かれたような多様な河川生態系と漁撈《ぎょろう》文化は、実は日吉ダム（一九九八年管理開始）の半世紀近く前に失われてしまっていたのである。

しかも、世木ダムがもたらしたのは河川生態系の激変だけではなかった。水力発電を目的としたこのダムは洪水調節用のダムと異なり、落差を稼ぐために水位を常時満水位近くに維持する運転を行っていたようだ。そのため豪雨に見舞われた時などは比較的早期にゲートを開き放流してしまう。この水流は村の農地をえぐり流し、あるいは土砂を堆積させ、農業にも深刻な影響を与えたという。たとえば世木ダムの直下にあった上世木《かみせき》は筏の中継地として栄えた村だったが、ダムの供用後のその放流による水害に悩まされることになる。

　今は金属のゲートも外され、天若湖の只中に優雅な姿を見せる世木ダムであるが、地域にもたらした負のインパクトは非常に大きかったのである。世木地域にとってのコモンズとしての桂川はこの時点で大きく損なわれたといえよう。かつてはダム周辺に四阿《あずまや》も築かれ、観光船も運行するなど宇津峡《うつきょう》の観光開発が行われたようだが、現在は一部が廃墟として残るのみで跡形もない。

　世木ダムの供用が始まって約一〇年後の一九六一年、「宮村《みやむら》ダム」（のちに日吉《ひよし》ダムへと名称変更）の計画が突如明らかにされた。このダムは、下流域の亀岡市や京都市といった洪水常襲地を守るという治水上の必要性と、さらに高度経済成長期を迎え急増していた水需要に対応するという利水上のニーズに応えるものであり、先行して建設された世木ダムとは性格の異なるものであった。世木の人々は世木ダムでの経験を踏まえ、この新しいダムの計画に対して激しい反対運動を展開していくこととなる。

　しかし、水資源開発公団との粘り強い折衝を経て、運動は全面反対から条件闘争へと変わり、一九八七年三月には離村式が行われ、一九九八年には日吉ダムの管理開始を迎える。この日吉ダムによって、世木ダムの下流にあった上世木、楽河《らくが》、沢田《さわだ》、世木林《せきばやし》、宮村の五集落が沈み、山間に孤立

図6・1　世木ダム

することとなった小茅《こかや》集落も廃村となり、中《なか》集落は広大な芝生に白亜の建築が居並ぶダム公園「スプリングスパーク」となった。つまり、七つの集落がこの日吉ダムの建設によって消えたのである。住民たちは、南丹《なんたん》市日吉町保野田《ほのだ》、亀岡《かめおか》市千代川《ちよかわ》町日吉台《ひよしだい》、京都市西京《にしきょう》区大枝《おおえ》などに集団移転していった他、縁のあるところへ散っていった。集団移転地への転出にあたってはそれまで住んでいた集落のまとまりよりも、株仲間のまとまりが優先されたという。

美しい公園と温泉やレストランといった交流施設を備えたダムサイト開発は一定の成功を収め、「地域に開かれたダム」として多くの観光客を集めている。また世木ダムと異なり洪水調節を目的の一つとする日吉ダムは、「下流の役に立っている」ということで、水没移転者からも評価する声が聞かれる。「役に立っている」自負は移転を受け入れを納得することと深く結びついているように思われた。

第二節　保津川と流域市民

保津《ほづ》川（大堰《おおい》川）川流域では、一九九〇年代までは河川環境保全活動は散発的にしか行われてこなかった。同じ琵琶湖淀川《よどがわ》水系に属する木津《きづ》川では名張《なばり》市を中心に活発な河川環境保全活動が行われており、琵琶湖を擁する宇治《うじ》川流域でも水辺環境についての市民活動が常に動き続けていたのとは対照的であった。そうした中、近畿三府県で開催された第三回世界水フォーラムを機に、二〇〇三年に桂川流域ネットワークが結成され、河川環境保全への市民参加のきっかけが開かれた。そこから二〇〇五年には天若《あまわか》湖アートプロジェクト、二〇〇八年には保津川筏復活プロジェクトが定常的な活動を開始した。また、二〇〇七年にはＮＰＯ法人プロジェクト保津川が結成され活発な活動を展開している。本書のテーマとも深く関わる保津川筏復活プロジェクトは、天若湖アートプロジェクト二〇〇七のプログラムに源流をもつものであり、現在は多団体が関わりあって筏の技術や文化の調査・研究や伝承、普及啓発といった活動を行っている。

一　天若湖アートプロジェクトとは

桂川流域と天若湖アートプロジェクト

日吉《ひよし》ダムは、保津川の上流域京都府船井《ふない》郡日吉町（現・南丹《なんたん》市日吉町）に、水資源開発公団（現・独立行政法人水資源機構）によって設置され、一九九八年より管理開始されているダムである。一九六一年に計画が発表されて以来三〇年余の闘争と折衝の後、五つの集落が水没し、さらに二つの集落が廃村となった。これらの集落の住民の多くは日吉町内のほか亀岡《かめおか》市や京都市西郊などに造成された集団移転地に移転した。一方新しく生まれた湖面についても、幅広い市民による利活用が求められることとなった。

天若湖アートプロジェクトは、こうしてできたダム湖である「天若湖」を舞台に二〇〇五年より毎年行われてきた。アートプロジェクトとしては、新しく生まれた公共空間である「湖面」の、新しい市民的利用の発見と提案を、また河川環境保全・流域連携活動としては、アートを通じた上下流の流域市民間の共感形成を目指してきた。左ページに、実行委員会が公開している趣旨文を示す。ここにはプロジェクトの背景と目的が簡潔にまとめられている。

天若湖アートプロジェクトは、多様な市民からなる実行委員会によって運営されている。実行委員会には、アートNPO（NPO法人アート・プランまぜまぜ）、河川環境保全団体（桂《かつら》川流域ネットワーク、プロジェクト保津川）、流域内外の大学（京都造形芸術大学、京都市立芸術大学、摂《せっ》南《なん》大学、京都学園大学、大阪商業大学等）の教員及び学生有志、流域のミュージアム（亀岡市文化

天若湖アートプロジェクトの目指すもの

日吉ダムは、桂川流域の治水と京阪神地域での水需要の増大を受けて、平成一〇年（一九九八）に完成したばかりの新しいダムです。「地域に開かれたダム」のコンセプトのもと、温泉等多くの施設が建設され、多くの来訪者に利用されています。平成一六年（二〇〇四）には、湖面利用のルールも定められ、新しい公共空間である湖面が幅広く市民に開放されることとなりました。

しかし、新しい水面である天若湖は、地域の歴史文化に根ざした人との関わりを持っていません。バス釣りに代表される釣り客のボートが見られる他には、湖面を利用する人はあまり見られません。

かつてこの地には、桂川とともに生きた集落がありました。昭和六三年（一九八八）に日吉町によって編まれた「日吉ダム水没地区文化財調査報告書」は、今は平坦な水面となっているこの場所に、豊かな生活文化をもった村があったことを伝えています。そして、地域の自然とともにあったその集落が湖底に消えたのは、比較的最近のことなのです。

わたしたちは、この真新しい場所に昔に負けないくらいの生き生きとした息吹を取り戻したい、と考えます。そして、そのためには、地域の方々の思いとダムの意味を、川とのつきあい方や考え方も異なる流域のさまざまな人々が知り、共有しながら、この場所に触れていくほかないのだと考えます。

しかし上下流の人々の間をつなぐには、ことばだけでは不十分です。

その環境を生きてきた人々の実感と、それを消費してきた人々の一般論とは、それらがことばにされる時、すれちがってしまうことが多いのです。それを越えるものとして、私たちはアートを見つけました。

アートは結論めいたものを示すものではありません。また地域の問題を解決するものでもありません。しかし、生きた時代やことば、属している集団や共同体を超えて問いかけます。それは社会に現れたり潜在したりしている、さまざまな課題に気づきを与え、同時に人々を繋いでいく力を持ちます。

天若湖アートプロジェクトは、風景とアートの力によって、水没地域、地元そして流域のそれぞれの人々が、ともにこの場所に触れ、地域固有の魅力や課題を感じ、それについて考える機会を創り出します。この経験は上流と下流との共感を創り出し、天若、日吉地域のみならず桂川流域、ひいては淀川流域全体の環境への、人々の意識を更新していくものと考えます。

アーティストだけでなく、むしろ市民自身が新しい天若湖の姿を生み出し、提示し続ける。そうしたかつてないアートのかたち、流域連携のかたちが、天若湖アートプロジェクトなのです。

資料館、南丹市日吉町郷土資料館）の学芸員、保津川下り（保津川《ほづがわ》遊船《ゆうせん》企業組合）の若手船頭有志、地域のアーティストといった多彩な顔ぶれが実行委員会に参加してきた。また京都市や京都府といった地元自治体の後援の他、河川管理者である（独）水資源機構からは、基準浮子《ふし》の設置の測量作業等などの技術的な支援を受けている。

第三節　天若湖アートプロジェクトと「あかりがつなぐ記憶」

大規模インスタレーション「あかりがつなぐ記憶」は天若《あまわか》湖アートプロジェクトのきっかけとなり、今もなお中心であり続けているプログラムである。これは、ダム湖に水没した五つの集落（上流から上世木《かみせき》、楽河《らくが》、沢田《さわだ》、世木林《せきばやし》、宮村《みやむら》）について、その各家屋があった場所の真上にあたる水面に「あかり」を浮かべることによって、当時の集落の家の並びを再現するというものである。一戸一戸の家屋は、一個の光の点によって示され、一切のディテールは省略されるが、道沿いに並ぶ家々など、集落の空間構造が可視化される。人気のない山間部のダム湖であり、日が暮れた後、星空と黒々とした山々のもとに広がる漆黒の湖面に、これら村の灯が横たわることとなる（図6・2、3）。

集落を点灯再現すると、その全長は四キロメートル近くに及び、きわめてスケールの大きなインスタレーションとなる。二〇〇五年度においては二集落の点灯再現に留まっていたが、測量プロセスなど作業手順の見直しや、湖面に浮かべる「あかり」装置の改善などにより、二〇〇九年度及び二〇一一年度には全五集落、約一二〇戸の灯をともすことができた（図6・4）。

図６・２　学生によるあかりの設営作業

図６・３　点灯再現された世木林（手前）と宮村（奥）

一　コミュニケーションのアートとして

「あかりがつなぐ記憶」はそれ自体美しい風景作品としてアースワークの流れの中に位置づけることもできるが、同時にコミュニケーションのアートでもある。下流都市（亀岡《かめおか》市、京都市、大阪市など）からアートプロジェクトとして観覧に来る人々と、水没集落を中心とした上流地域の人々との間で、その風景に触発されたコミュニケーションが引き起こされることを想定している。そうした機会づくりのために、毎年ダム湖を周遊して各集落の夜景を観覧するバスも用意している。

二〇〇七年度には、水没集落の風景画を描いた画家井上辰夫氏の回顧展が南丹《なんたん》市日吉《ひよし》町郷土資料館で開催されたのにあわせ、旧住民の方々に集まっていただき、下流からの参加者と「あかり」を観覧する交流会を実施した。そこに暮らした人々が「あかり」が示す村の一戸一戸を指し示しながら、水没前の風景や出来事について、熱心に語る姿が見られた。こうした光景は下流から参加した市民のみならず、企画側にも強い印象を残した。

二〇一〇、二〇一一年度においては、二日間の会期中に約三〇〇名の来訪があった。二〇一〇年度に実施されたアンケート調査（大阪商業大学原田禎夫ゼミ、二〇一一）によれば、一時間から一時間半かけて到達している近隣大都市（下流域）からの来訪者が一／四を占めること、また約四割の来訪者がリピーターであることがわかった（大阪商業大学原田

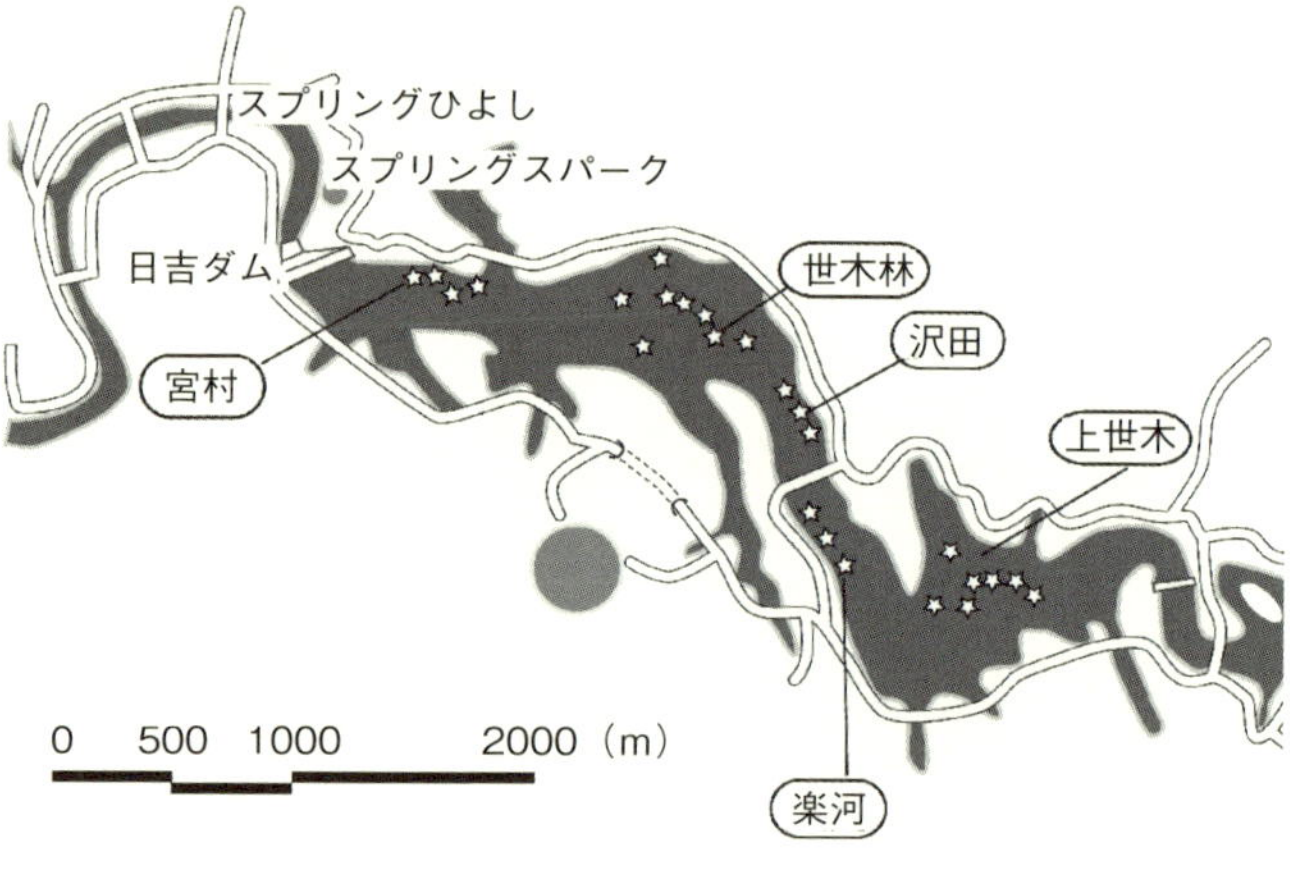

図6・4　集落配置模式図

禎夫ゼミ、二〇一一）。

「あかりがつなぐ記憶」の原型となるものは、桂《かつら》川流域ネットワークが二〇〇四年に公募した湖面利用アイディアコンテストに寄せられたものである。[1]この素案は、評価を集め入選を果たした。このプランの可能性に着目したNPO法人アート・プランまぜまぜによって、二〇〇五年度にこれを実現するための資金が用意された[2]ことから、この計画は「天若湖アートプロジェクト」として実現に向けて走り出すことになった。

この時点において、「あかりがつなぐ記憶」のコンセプトは完成していたといえるが、そこには、この巨大なインスタレーションをどう実現するかといった技術的な提案は全く含まれていなかった。発光方式、水面に据えるための測量と固定の方法については実行委員会内部で直前まで検討が行われた。発光方式については太陽電池の充電とLEDでの発光による電気式が採用され今に至っている。家屋の位置を割り出す測量については、河川管理者である水資源機構日吉ダム管理所が座標値に基づき基準となる浮子《ふし》を設置することとなった。

二　プロジェクトのこれまで

「天若湖アートプロジェクト」は、「あかりがつなぐ記憶」を中心としつつ、さまざまなプログラムを併催してきた。その規模や開催時期の概要を表6・1に示す。

[1]京都造形芸術大学でランドスケープデザインを専攻していた小椋新平さん（当時一回生）の応募案。

[2]アサヒ・アート・フェスティバル。（財）アサヒビール芸術文化財団によるコミュニティ・アートへの助成。それ以降は（財）ダム水源地域環境整備センター（二〇〇六-二〇〇八）、（財）河川環境管理財団（二〇〇九-）等からの助成を得て実施している。

表6・1　天若湖アートプロジェクトのこれまで

年　度 主要行事の会期	主要プログラム「あかりがつなぐ記憶」点灯集落	
	水没集落流域関連プログラム	表現系サイドプログラム
2005 8/27（土）	宮村、世木林	
	水没集落写真展（新保隆久展）、周遊バス運行	ダンスパフォーマンス、音楽ライブ、舞踏、その他
2006 8/18（土）	宮村、世木林	
	周遊バス運行	堤体イルミネーション（市民参加）
2007 8/19（土） ほかに秋季日程あり （学生展）	世木林、沢田、楽河	
	水没集落絵画展（井上辰夫展）、水没集落住民交流会、水没集落記録映像作品、周遊バス運行、筏復活 WS	会場イルミネーション（市民参加）、学生展
2008 8/9（土）	宮村、世木林、沢田、楽河	
	周遊バス運行、京都からのバスツアー、子ども WS、学生展	周遊バス運行、京都からのバスツアー、子ども WS、学生展
2009 8/8（土）～8/9（日）	宮村、世木林、沢田、楽河、上世木（全集落）	
	周遊バス運行、京都からのバスツアー、子ども WS、学生展	音楽ライブ、水辺活動 WS、ライブペインティング、アート WS
2010 8/7（土）～8/8（日）	宮村、世木林、沢田、楽河	
	子ども WS、周遊バス運行、学生展	水辺活動 WS、アート WS
2011 8/6（土）～8/7（日）	宮村、世木林、沢田、楽河、上世木（全集落）	
	湖面利用アイディア展、子ども WS、周遊バス運行、京都からのバスツアー	湖面利用アイディア展、水辺活動 WS
2012 8/4（土）～8/5（日）	宮村、世木林、沢田、楽河、上世木（全集落）	
	周遊バス運行、NPO による京都からのバスツアー、流域懇談会および冊子作成	妄想展、あゆねぶた WS、水辺活動 WS
2013 8/3（土）～8/4（日）	宮村、世木林、沢田、楽河、上世木（全集落）	
	周遊バス運行、NPO による京都からのバスツアー	妄想展、あゆねぶた WS、水辺活動 WS、アーティスト招聘
2014 8/9（土）～8/10（日）	なし（台風直撃のため中止）	
	台風直撃のため中止	展覧会、芸術家招聘による冬期湖面展（12/20-21）
2015 8/8（土）～8/9（日）	宮村、世木林、沢田、楽河、上世木（全集落）	
	シャトルバス運行、地元・流域懇談会および冊子作成	あゆねぶた WS、水辺活動 WS、アーティスト招聘

気象条件などの影響も受けながら、点灯再現される集落の数は、年を追って増加してきた。これは「あかり」のコンパクト化や設営の効率化などの技術的な進歩によるところが大きい。あかりの形式はその都度改善を試みており、二〇〇五年度から二〇〇八年度まではペットボトルによる、二〇一〇-二〇一三年度はスタイロフォームによるフロートが採用されていた。二〇〇九年度と二〇一五年度には透明容器封入型のコンパクトなシステムが試みられた。先述したように、灯具そのものには一貫して太陽電池とLEDと制御回路が一体化したソーラーライトが使われているが、二〇一三年度からは小型のものを採用している。光量については「もっとはっきり見えた方が良い」「ほのかな光のほうが良い」などと賛否が分かれているところである。

公募による市民参加のプログラムは、二〇〇六年のイルミネーションに始まり、二〇〇八年度以降は「あかりがつなぐ記憶」観覧会場の足元灯づくりの子どもワークショップ（以下「WS」と記す）として定着している。二〇一一年度は、鮎《あゆ》漁が盛んだった地元歴史を踏まえた鮎形の足元灯づくりとなるなど、流域的なテーマの深いものとなった。

サイドプログラムには「あかりがつなぐ記憶」と関連しながら、地元や流域の環境や伝統を伝えようとするものと、アートとしての自由な表現を重視したプログラムとに大きく分けられる。アートプロジェクトらしさという点から後者に期待する意見は常にあったが、その中には流域のプロジェクトにおける必然性が乏しいと批判されるものもあった。表現の広がりとテーマの求心性を巡っては常にジレンマがある。どのような表現が、このプロジェクトの本質と関わり得るのか、それが惹起する交流の在り方も含めて検討すべきだというのが二〇一〇年当時の実行委員会の方針であり、この時期、表現系プログラムは数としては徐々に絞り込まれてきていた。

二〇一一年度にはアーティストによる湖面利用アイディア展を実施した。「あかりがつなぐ記憶」自体が湖面活用のための自由なアイディアの一つとして生まれたことを踏まえ、流域連携のテーマに拘泥《こうでい》することなく原点に回帰するというコンセプトのもと企画されたものである。この動きが、河村啓生《かわむらのりお》（二〇一一～）、録澤壽雄《ろくさわとしお》（二〇一四）、谷内春子（二〇一四～）、HAZ project（二〇一五）といったアーティストの参加につながっていくことになる。

アートプロジェクトとしては、二〇〇九年以来「アサヒ・アート・フェスティバル（以下「AAF」と略す）」参加している各地の地域アートプロジェクトとの間でスタッフの交流が行われている。

流域連携活動としては一定の評価を得ており、二〇一〇年には「第三回いい川・いい川づくりワークショップ」（主催：いい川・いい川づくり実行委員会）において準グランプリに選出され、二〇一一年には韓国蔚山《ウルサン》大学で開催された「第一〇回韓国川の日大会」（主催：Korea River Network 及び第一〇回韓国川の日大会蔚山組織委員会）にて先進事例としてプレゼンテーションも行った。

二〇一五年には環境社会学者の嘉田《かだ》由紀子氏をリーダーに迎えた。今後は天若湖《あまわか》に琵琶湖、巨椋《おぐら》池を加えた三つの「みずたまり」をつなぎつつ、流域に潜在するものの可視化に取り組んでいくことになりそうである。

四　地域系アートプロジェクトの流れ

先述したように「天若湖アートプロジェクト」は流域環境保全団体とアートNPOの協働によって運営されており、「流域連携活動」[3]と「地域系アートプロジェクト」の二つの側面をもつ特異なものとなっている。ここでは「地域系アートプロジェクト」としての性格についてみてみる。

①地域系アートプロジェクトの多様性

近年、美術館等の単独の会場ではなく一定の広がりをもつ地域において同時多発的に美術作品の展示やパフォーミングアートの上演を行う、地域系アートプロジェクトと呼ばれる企画が多く開催されるようになってきた。大規模で著名なものとしては、大地の芸術祭・越後妻有《えちごつまり》アートトリエンナーレ（新潟県、二〇〇〇年～）、横浜トリエンナーレ（横浜市、二〇〇一年～）、瀬戸内国際芸術祭（瀬戸内海、二〇一〇年～）といったものがあり、小規模なものも含めると全国各地で多数開催されている。この分野での際立った動きとしては、アサヒビール芸術文化財団による「アサヒ・アート・フェスティバル（ＡＡＦ）」が挙げられる。これは全国各地で自立的に動いている比較的小規模な地域系アートプロジェクトに助成するとともに、それらをネットワークでつなぐものである。毎年多数のプロジェクトがこのＡＡＦに参加するが、その活動形態やコンセプトはアーティストが牽引し地域性については特に顧慮しないものから地域振興を目的としたイベント性の強いもの、現代美術を中心としたものから地域の伝統に注目したものまで多岐にわたり、典型が取り出せないほど多様である。

②地域系アートプロジェクトに見られる共通点

しかしながら、多くのプロジェクトに共通する特徴を見い出すことができる。

第一点は、何らかの形で市民参加の仕組みをもっていることである。ＡＡＦに参加しているプロ

[3]流域連携活動では、多セクター間での合意形成が重視される。多様な人々の間を共感的につなごうとする天若湖アートプロジェクトはその影響下にある。

ジェクトはもとより市民による自主的な活動がほとんどであるが、大規模なものにおいても越後妻有アートトリエンナーレの「こへび隊」にみられるようなボランティアの仕組みを取り込むようになっている。第二点は仮設的な作品の台頭である。一九九〇年代を中心に都市再開発等にあわせて実施されたパブリックアートの作品が恒久的なものであったのに比べ、仮設型の空間アート（インスタレーション）が多い（八木・竹田、二〇一〇）。第三点として、田園地域への展開とその風景や風土性の重視が挙げられる。二〇〇一年の越後妻有アートトリエンナーレの成功以降、先端的な都市地域ではなく、田園地域を舞台としたプロジェクトが多く開催されるようになった。近畿圏に限定しても、木津《きづ》川アート（京都府木津川市）、西宮船坂《にしのみやふなさか》ビエンナーレ（兵庫県西宮市）、風と土の工藝 in 琵琶湖高島《たかしま》（滋賀県高島市）等が二〇一〇年以降開催されている。これらにおいては、開催地域の里山風景や風土的なものが、作品制作と鑑賞を支える重要な要素となっている。

天若湖《あまわか》アートプロジェクトにおいても、この三つの特徴を見い出すことができる。

第四節　プログラムの構成要素とその地域性についての考察

天若湖《あまわか》アートプロジェクトは三層の地域性をもつ。第一層は水没してしまった地域「天若」である。「あかりがつなぐ記憶」における「地元」であるが、すでに現存しないという点で特異である。第二層は天若湖が存在しイベントが行われる南丹《なんたん》市日吉《ひよし》町域である。通常の意味での地域振興の対象としての「地元」にあたる。第三層は大堰《おおい》川（保津《ほづ》川・桂《かつら》川）流域である。

このそれぞれの層が、「人々」「資源」「空間・風景」をもっている。これらを表現（メディア）がどのようにつなぐかが、そのプログラムの形を定めることとなる（左ページの表6・2）。

表6・2において、縦の列にそって「人々」、「資源」、「風景・空間」をつなぐプログラムを構想

表６・２　天若湖アートプロジェクトの要素群

<table>
<tr><th></th><th>水没地域（天若）0</th><th>周辺地域（日吉）1</th><th>桂川流域２</th></tr>
<tr><td rowspan="3">人　々
People</td><td>（現在）なし</td><td>殿田，田原，胡麻など別集落の人々</td><td>京都市，亀岡市，京北町域の一般市民，京筏組など市民参加グループ，山国・黒田など上流有地域志</td></tr>
<tr><td colspan="2">日吉町内（保野田など）に移転した人々</td><td></td></tr>
<tr><td colspan="3">亀岡市の日吉台や京都市の大枝など，流域内に移転した人々</td></tr>
<tr><td rowspan="3">資　源
Resources</td><td>【過去】中の船宿，宮の竹籠産業，世木林の鮎漁，沢田の分校，上世木の筏中継地
【現在】天若湖，ブラックバス，オオマリコケムシ，スプリングス日吉，宇津峡公園</td><td>各地の伝承と場所，田原のカッコスリ，日吉神社の馬駆け神事，胡麻の分水界，同丸山，みとき屋及びその周辺，かやぶき音楽堂，芦田新聞舗，旧郵便局，旧吉田酒店（交流施設「とまり木」），その他名所・名産物</td><td rowspan="2">保津川下り・伝統的な筏，亀岡商工会館（近代建築）その他京都の都市文化等，多数あり</td></tr>
<tr><td colspan="2">府民の森ひよし，郷土資料館及び移築民家</td></tr>
<tr><td colspan="3">桂川の流水，御所や鳥居本へ運ばれた鮎，筏及び木材</td></tr>
<tr><td rowspan="3">空間・風景
Environment</td><td>【過去】水没集落の街並み・土地利用，植生景観
【現在】天若湖水面，周辺の山並み，植生景観とその季節変化，日吉ダム及びスプリングスパーク</td><td>田原川・胡麻川ほか各支流，日吉の山々，田園風景等，集落の街並み・土地利用，植生景観，胡麻の分水界，同丸山ほか</td><td rowspan="2">Google Earth や流域図にみる山河と都市，上流の集落景観・植生景観，下流の都市景観・植生景観</td></tr>
<tr><td colspan="2">大堰川，移築民家</td></tr>
<tr><td colspan="3">桂川，桂川の水中環境（淡水魚等にとっての環境世界）</td></tr>
<tr><td>メディア群
Media</td><td colspan="3">絵画（例：井上辰夫展，ひよしぬりえ，ライブペインティング），写真（例：新保隆久展），インスタレーション（例：あかり～），染織（例：丹羽黒豆染），映像（例：ドキュメンタリー「みずになったふるさと」），ワークショップ（例：杉山さんWS，牛乳パック灯），他</td></tr>
</table>

すれば、「水没地域」、「日吉」、「流域」といったそれぞれのスケールの地域のうちに自足したものとなる。一方、表6・2の各列を横断するようにつなぐプログラムを構想すれば、層を超えた交流形のものになる可能性が生じる。

この要素群の検討を行うと「あかりがつなぐ記憶」においては、「人々」では水没集落住民（P―0）、流域NPO（P―2）、下流都市等からの観覧者（P―2）、「資源」では水没集落の家屋位置・原環境（R―0）、流域美大の制作技術（R―2）、ダム管理所の測量技術（R-2）、「空間・環境」では山々の稜線《りょうせん》（E―0）、日吉ダム（E―0）、湖面（E―0）といった要素が見出される。「水没地域」「桂川流域」に関係する要素は見られるが、「周辺地域」を巻き込む要素に乏しいことがわかる。これを補うものとして、日吉地域の人々、資源、空間・環境を援用するプログラムを併催することが考えられる。

天若湖アートプロジェクトは、回数を重ねるにつれ知名度も上がり夏の風物詩として定着もしてきているが、現存する日吉地域からはこれを活用する動きはいまだ出てきていない。上記のようなプログラムの分析によっても、メインプログラム「あかりがつなぐ記憶」における周辺地域との関わりの薄さが確認される。天若湖アートプロジェクトの目的（創造的な湖面利用の発見と流域市民の上流域への共感形成）から見ても、現在の上流域の生活と水との関わりへの注目は不可欠であり、今後のプログラム開発が期待される。

以上、プロジェクトの構成要素を地域性に応じて区分し、それを単位としたプログラムの評価と構想を試みた。この手法は桂川以外の流域連携、交流プログラムにおいても援用可能であろう。

第五節　アートプロジェクトがつくる新しいコモンズ

流域連携活動における「流域」は、具体的な課題、たとえばダム建設の是非、水資源の利用、希少種の保全などといった課題をもつ「地元」と、多くの場合利害を異にしながらも、生命、財産と環境の保全といった実生活と結びついた関わりをもっている。流域の市民はその水系の利水や治水、環境について、一定の当事者性をもつ。流域連携活動は、市民にその当事者としての気づきを与える活動とも言える。本事例においても、この流域に生きることの当事者性を主題化することがアートプロジェクト全体に求心力を与えてきた。

同時にこれは多様なプログラムを展開する上での制約要因にもなってきた。「外部」からやってくるアーティストや観覧者が、自由な関わり方で地域に刺激を与えることが期待されている一般的なアートプロクジェクトとは、異なるところである。この点については、第四節で紹介したような地域性の評価に基づくアートマネジメントによって、流域課題を多様な観点から照らし出すプログラムを用意することが可能であると思われる。

アートは個々人の関わりを作り出し、多様なディテールをもった共同的な経験を作り出すことができる。そしてこの経験はその場や風景を巡っての人々の意識をつないでいくことになる。「ありがつなぐ記憶」を始めとする天若湖《あまわか》アートプロジェクトの諸プログラムは、流域の新しいハブであるダム湖において、流域住民の当事者性を喚起し、同時に共感的なつながりを作り出すことを目指したものであった。「誰のものでもない」ものになってしまっていた川を、誰にとっても「縁あるもの」として意識させようとしたのである。

天若湖アートプロジェクトには、ダム事業を推進し管理する側の人々も、それに批判的な活動をしている人々も参加している。ここで党派的なものや、ダムの是非論を越えた議論や協力関係が可能になっていることについては、アートが介在していることが大きい。アートは、常識的な視点では捉えきれないものを、顕在化させ知覚可能にする。またそのアイディアの意外性は、既存の図式的理解から人々を引き離し、お互いをフラットに立場に立たせるのである。これは従来型の議論のテーブルではなく、アートプロジェクトだからこそ可能になったことといえよう。

淀川水系流域委員会の頓挫や原発事故など、近年は環境と生存を巡るさまざまな議論が、合意形成ではなく出口のみえない対立の構図に取り込まれていくようにみえる。風景は自然と生活文化の総合的な表現として、われわれに等しく語りかけうるものである。アートの方法によって風景の語りをさまざまな人々の間で共有していくことは、もう一度共感と合意の形成に向けての場をつくることにつながっていくのではないだろうか。さまざまな次元での繋ぎ直し、そしてコモンズの生成が、多様な創造的な手法で試みられていくことを期待しており、天若湖アートプロジェクトがその一つのきっかけになればと思う。

【引用・参考文献】

天若湖アートプロジェクト実行委員会［編］（二〇〇九）『あかりつなぐ記憶―天若湖アートプロジェクト』キョートット出版

大阪商業大学原田禎夫ゼミ（二〇一一）「トラベルコスト法による天若湖アートプロジェクトの評価」『天若湖アートプロジェクト二〇一〇事業報告書』

八木健太郎・竹田直樹（二〇一〇）「日本におけるパブリックアートの変化に関する考察」『環境芸術学会論文集（九）』

第七章　「ごみ問題」から市民活動の展開へ

プロジェクト保津川の取り組み

原田禎夫・坂本信雄

第一節　はじめに

国際観光都市・京都、その京都を代表する景勝地の一つとして、平安の昔より嵐山《あらしやま》は多くの人々を惹きつけてやまない。その嵐山を流れる川こそが保津川《ほづ》（大堰川《おおい》）である。保津川は古くから丹波の豊かな産物を筏や舟で京の都へと運んだ水運の川であると同時に、京都随一の自然美を誇る保《ほ》津峡《づきょう》に代表される美しい流れは、古くから多くの人に愛されてきた。今日では国内外から大勢の観光客が保津川下りや嵯峨野《さがの》トロッコ列車でその景観美を楽しんでいる保津峡であるが、実は深刻なごみ問題に直面していることをご存知だろうか。

保津川筏《いかだ》復活プロジェクトは、人々の暮らしから遠く離れてしまった川を、もう一度大勢の人が集える場とし、川が抱える問題に関心をもってもらおう、とスタートした取り組みでもある。筆者が代表を務めるＮＰＯ法人プロジェクト保津川（以下、プロジェクト保津川）では流域のさまざまな団体や行政との協働のもと、保津川のごみ問題の解決をはじめとした環境保全や流域の水運文化の伝承を目指した取り組みを積極的に進めている。ここでは、プロジェクト保津川の取り組みとそのきっかけとなった保津川のごみ問題について取り上げる。

第二節　プロジェクト保津川の取り組みについて

プロジェクト保津《ほづ》川は二〇〇七年に設立された比較的新しい市民団体である。設立以来、毎月欠かさず清掃活動を保津川やその支流で実施している（図7・1）。この清掃活動は、保津川下りを運航する保津川遊船《ほづがわゆうせん》企業組合（以下、遊船）や亀岡《かめおか》市役所、京都府南丹《なんたん》土木事務所（以下、南丹土木事務所）、そして各自治会との緊密な連携のもとで行われており、近年では年間のべ一〇〇〇人が参加している。また、清掃活動だけではなく、広く川の環境に関心をもってもらおうと、保津川に伝わる伝統漁法による鮎《あゆ》狩りやエコツアー、さらにごみの組成調査やインターネットを活用して川のごみの分布を調べるオンラインごみマップの作成など、さまざまな取り組みを進めている。

プロジェクト保津川の中心的な活動である保津川クリーン作戦は、団体の設立以来、基本的に毎月実施しており（現在では第三日曜日に実施）、二〇一五年一〇月で八七回目を迎えた。亀岡《かめおか》市内を流れる保津川やその支流域で開催しているこの清掃活動が団体の設立以来、欠かすことなく続いている理由として、住民への呼びかけをになう地元自治会をはじめ、河川管理者である京都府南丹土木事務所やごみの処理を担当する亀岡市環境政策課、また回収したごみの一時保管を引き受ける遊船との役割分担と協力体制が構築されていることが挙げられる。

また、プロジェクト保津川では、インターネットを活用したオンラインごみマップ[1]を二〇〇八年に全国で初めて開発し、各自治会の協力により亀岡市内を流れる保津川や支流域のごみの分布を可視化し、定量的に評価する手法を開発した（図7・2）。これにより、「どこに、どんなごみが、どれくらいあるのか？」が明らかになり、効率的で重点的な対策をとることが可能となった。

［1］オンラインごみマップについての詳細は原田（二〇一三）を参照せよ。なお、オンラインごみマップは下記のＵＲＬで公開している。〈http://gomi-map.org〉〈http://www.pref.kyoto.jp/nantan/do-kikaku/1296112931757.html〉

図７・１ プロジェクト保津川の清掃活動のようす

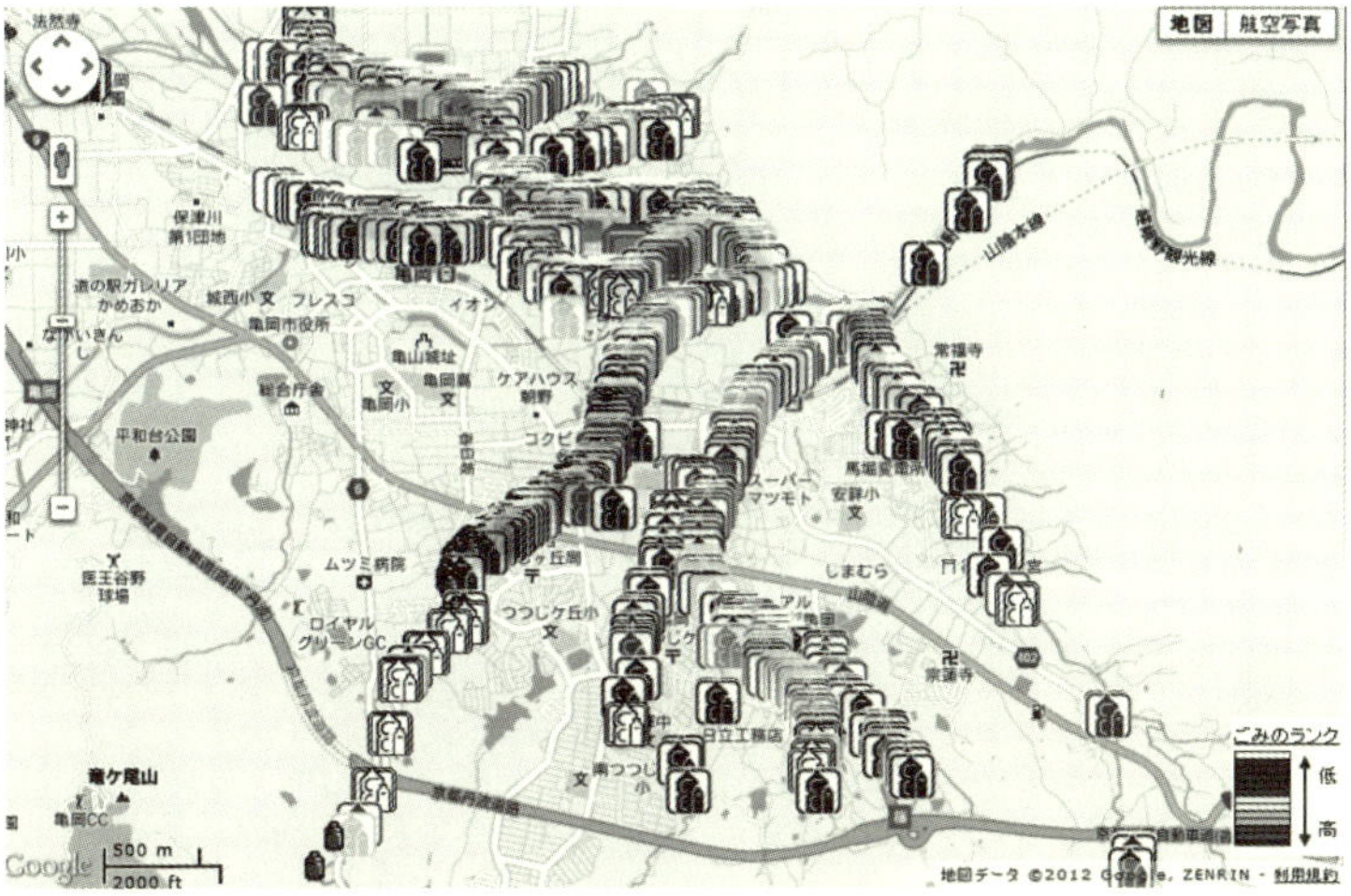

図７・２ オンラインごみマップの画面例

たとえば、最初に調査を実施した篠《しの》町では、調査の結果、町域を流れる三本の保津川の支流のうち西川《にし》に八八パーセント（かさ容量）ものごみが集中していることが明らかになった（図7・3）。この結果を受けて、後述するように地域を挙げた西川の環境保全活動がスタートした。また、篠町に次いでごみマップ調査を実施した保津町では、保津川の河川敷に大量の不法投棄が繰り返し行われている場所が見つかり、京都府や亀岡市の協力のもと監視カメラが設置され、不法投棄の根絶に成功した。保津町の後にごみマップ調査を実施した旧亀岡町東部地区でも支流の一つ年谷川《としや》で、地域住民による河川愛護団体が結成され、年三回の大規模な清掃活動が住民を中心に行われるようになり清流がよみがえるなど、大きな成果を挙げている。

こうした取り組みのもう一つの成果として、住民の川に対する意識の変化を指摘したい。以前は川のごみは誰も関心を払わず、そもそも問題の所在すら認知されていなかった。実際、私たちが支援や協力を要請した時に「自分らの職場なんやから、船頭さんらが掃除しはったらええんと違う?」、「報酬はないんか?」と言われたことも一度や二度ではなかった。しかし、幸いにも自治会の協力を得ることができ、住民自ら調査に取り組んでもらったことで、川のごみ問題は行政に任せるだけではなく「このままでは地域の恥だ」と地域が解決すべき問題として認識してもらえるようになった。この調査は一地区につき六ヶ月間という長期にわたるものであったが、日常的に川と接する機会が増えると、たとえば川魚や水鳥、蛍といった生き物も話題にのぼるようになり、身近な水辺の生態系の保全がごく自然に話し合われるようになっていった。

図7・3　亀岡市篠町を流れる西川でのごみマップ調査の様子

亀岡市内でも、昭和四〇年代から五〇年代にかけて治水安全度の向上を目指して河川改修工事が積極的に進められた。そして、全国の多くの河川がそうであったように、河道は直線化され、水辺はコンクリート護岸に覆われ、川に近づくことすら難しくなってしまった。そんな中、最初にごみマップ調査を実施した西川では、二〇一〇年より京都府南丹土木事務所が中心となり「西川再生（〝せせらぎ〟と〝水辺の小径〟）プロジェクト」が始まった。この事業はいわゆる多自然川づくりの手法を導入し、「西川の河川環境を再生し快適な水辺空間の創出を目指す事業」（京都府南丹土木事務所ウェブサイト）[2]であるが、整備計画の策定からに完成後の維持管理や環境保全などの社会的な仕組みづくりまで、地域住民、ＮＰＯ、行政の協働が明確にうたわれて取り組まれた保津川流域で初めての河川改修事業でもあった。議論の過程では、河道に降りられるハシゴの設置の可否、植栽の樹種、堰《えん》堤《てい》による水生生物への影響などさまざまな課題が検討され、さらには親水空間の再生といったことも議論された。水質汚濁も進み、大量のごみが投棄され、また漂着するなど「亀岡市内一汚い」と言われていた西川であるが、現在では、沿川住民を中心に河川愛護団体「西川左岸ふれあい会」が結成され、年三回集中的

図７・４　自然再生工事が行われた西川（亀岡市篠町）

[2] http://www.pref.kyoto.jp/nantan/do-kikaku/1296112931757.html

な清掃活動が行なわれるなど、以前とは比べ物にならない美しい川の姿を取り戻している（図7・4）。

また、プロジェクト保津川の取り組みのもう一つの特徴として、企業や大学などとの積極的な連携が挙げられる。毎月の清掃活動には自治会の呼びかけに応じて集まった地元の住民や企業はもとより、京都市内など他地域からの企業の社員や学生ボランティアなども多数参加している。そして企業のプロモーション活動や研修事業にも、清掃活動や環境教室の場を提供している。

順調にみえる私たちの取り組みであるが、実は団体設立から一年ほどが経過すると清掃活動への参加者数は徐々に減りはじめ、一時は営業所ぐるみで参加いただいていた運送会社の社員のみなさんだけ、という時もあった。理事の一人と旧知であったその運送会社の営業所長からは「いいことをしているのだから、もっと活動を世間に知ってもらうよう頑張れ！」と叱咤激励をいただき、広報の強化だけでなく、地域に伝わる川魚の伝統漁法や食文化の体験イベント、河川空間を利用したスポーツイベントなど川に関心をもってもらうためのさまざまなイベントにも積極的に取り組むようになった。多くの河川でもそうであるように、清掃活動だけで多くの人の川への関心を高めることは現実には難しいだろう。私たちは一連の取り組みを世代や職業、地域を超えた人々のつながりを再生する場として位置づけており、さまざまな機会を通じて川の環境や文化に関心をもってもらう事で、人々にとって保津川が再び身近な存在となることを願っている。そして、そうした取り組みの一環として保津川筏復活プロジェクトもスタートしたのである。

第三節　保津川のごみ問題

では、保津《ほづ》川のごみの現状はどのようなものなのだろうか。以前から毎年三月一〇日の保津川下りの川開き前には保津川下りの船頭たちの手によって、年に一度、保津峡《ほづきょう》の一斉清掃活動が行われてはいたものの、一九九〇年代半ば以降ペットボトルやさまざまな袋やシートなどのプラスチック製品が大雨のたびに大量に漂着するようになり、曲がりくねった急流が続く保津峡での回収作業は困難を極め、船頭たちの取り組みだけでは追いつかない事態となっていた。[3]

図7・5は、二〇一四年一月から一〇月にかけて実施した保津川の漂着ごみの組成調査の結果である。その結果、破片類を除いたごみの回収個数では、「食品の容器・包装類」が最も多くを占めていることがわかった。また、素材別ではプラスチックごみが九三パーセント、また用途別では容器包装ごみが約五三パーセントを占めていた。

こうした川のごみ問題の解決はなぜ困難なのであろうか。その理由の一つは、ごみの発生源が多岐に

[3] PETボトルリサイクル推進協議会によると、飲料用ペットボトルの生産量は、一九九六年の五〇〇ミリリットル以下の容器の生産自主規制解除後、年々増加しており、二〇〇一年には、一九九六年の二倍の四〇万トンに達している。保津川における漂着ごみ問題が深刻化したのも、ちょうどこの頃である。

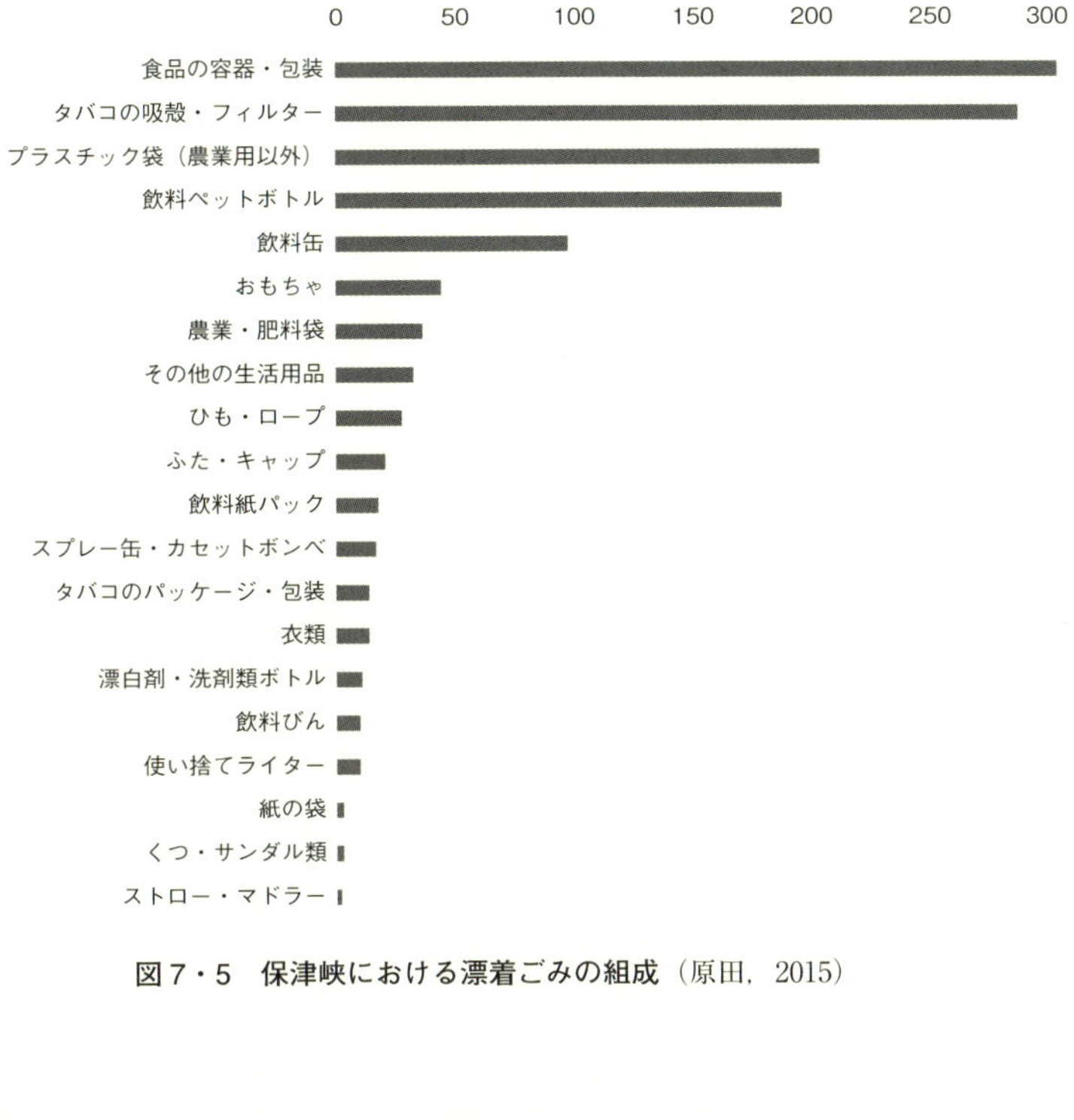

図7・5　保津峡における漂着ごみの組成（原田，2015）

わたるとともに被害地域もまた広範囲にわたることにある。言い換えると、川の流域すべてが原因地であると同時に被害地である。しかも保津川の場合、大量漂着地点が人目につきにくい峡谷内に集中していることもあって、住民や行政のこの問題への関心の高まりをさらに難しくしていた。

そもそも川のごみ問題とは、何なのであろうか。一つには景観の悪化が挙げられる。特に自然美が売り物である保津峡のような観光地では、当然ながらごみ問題は看過できない深刻な問題である。そして、そうした点に加えて、川のごみ問題は最近大きな注目を集めるようになった「海ごみ」問題、すなわち海のプラスチック汚染に直結する世界的な環境問題であることも忘れてはならない。

世界的な海岸漂着ごみの調査であるＩＣＣ（International Coastal Cleanup）調査では、回収されたごみのうち明らかな海洋起源のものは五パーセントに過ぎず、大半が川を通じて陸から海に流れ出したものであった（Ocean Conservancy, 2009）。こうした海ごみの特に多くを占めるのが、本来はリサイクル可能な資源ごみであるプラスチック製の容器包装類であり、これらはいったん河川や海洋に流出すると波や紫外線の影響により微細化して回収がほぼ不可能となるため、その発生抑制は大きな課題であったが、ここ数年でようやく深刻な地球環境問題として多くの人の知るところになってきた。

保津川でのごみ問題と、それに立ち向かう船頭たちの取り組みが流域住民や行政を巻き込んだ新しい市民活動へと大きく発展した背景には、この新しい地球規模の環境問題という視点があった。

第四節　保津川開削四〇〇年記念事業からプロジェクト保津川の誕生へ

保津《ほづ》川流域の歴史は、度重なる水害とのたたかいの歴史でもある。亀岡《かめおか》盆地を貫くように流れる保津川は、保津峡《ほづきょう》が狭窄部《きょうさくぶ》となってたびたび流域に洪水をもたらしてきた。そうした地域であるからこそ、集落は川から離れた場所にひらけ、保津川との間には広大な農地が広がっている（図7・6）。この農地は洪水のさいには遊水地としての役割も果たしており、洪水時には上流部から栄養分を豊かに含んだ土砂がもたらされ、肥沃な農地を形成してきた。そして丹波と京都を結ぶ重要な交通手段として筏流しや舟運が栄えていたこともあり、また皇室への献上《けんじょう》鮎《あゆ》に代表される豊かな水産資源もあって、[4] 物理的な距離にもかかわらず人々の暮らしは決して川と遠いものではなかった。

しかし、交通手段の発達とともに物流手段としての水運は廃れ、また高度成長期を迎えて水質汚濁や農薬の大量使用が進んだこともあり、内水面漁業も人々の生業としての地位を失っていった。さらには上流に発電ダムが建設されて以降、それまでになかったような洪水が頻発したこともあり、人々と保津川との関係性はいつしか「近い水」から「遠い水」へと変わっていった。[5][6][7]

そうした歴史的な経緯もあってか、保津川下りなどに多くの観光客が訪れる景勝地であるにもかかわらず、全国の他の河川と比べて、市民による環境保全活動は決して盛んとはいえないのがかつ

[4] 岩田（二〇〇二）によれば、保津川をはじめとした亀岡市内に生息する魚類は五一種あり、これは琵琶湖に匹敵する種数である。その中には国指定の天然記念物・アユモドキなど絶滅が危惧される希少種が多数含まれている。

図7・6　保津川と集落の間に広がる遊水機能をもった農地

ての保津川であった。もちろん、深刻化する漂着ごみ問題に対して清掃活動の必要性は遊船《ゆうせん》の船頭たちを中心に十分に認識されていたものの、徒弟制が色濃く残る厳しい上下関係の中では、技術的に一人前と認められるようになるまでは、ごみ問題に関心の高い若手船頭たちも清掃活動の組織化をベテラン船頭たちに提案することは難しかったという。そうした中でも若手船頭たちは、いわばそれまで「仕方がない」、「どうしようもない」と諦められていた漂着ごみ問題に、観光産業というビジネスの視点からも看過できない問題として、最初は個人レベルから積極的に取り組み始めた。現在、遊船の船頭らによる清掃活動のリーダー格でありプロジェクト保津川の理事も務める森《もり》田《た》孝義《たかよし》氏は当時を振り返り「船頭として一人前じゃなかったので、会社や先輩には言い出せず、一人でごみを拾い始めたんです。最初はバカにされたりしました。でも続けているうちに、少しずつやけど、応援してくれる人が増えていったんですよ」と語っている[8]。そして、彼らの発案により船頭衆の間で署名が集められ、清掃活動（保津川ハートクリーン作戦）が遊船の正式な事業として始まった。

　そうした中で大きな転機になったのが、二〇〇六年の保津川開削《かいさく》四〇〇年記念事業であった。江戸時代初頭の一六〇六年に京都の豪商角倉《すみのくら》了以《りょうい》が保津峡を開削し、瀬戸内地方から船頭を呼び寄せて始まったとされる保津川下りの開航四〇〇年を祝うために、若手船頭たちの呼びかけで組合内に「保津川下り四〇〇年記念委員会」が二〇〇五年に設立された。そして、亀岡市や京都府といった行政機関や亀岡青年会議所、自治会、大学、一般公募の市民なども巻き込む形で「保津川開削四〇〇年記念事業実行委員会」（委員長：坂本信雄京都学園大学教授[9]）の設立へと続く。この委員会は記念事業の統一したテーマに「水」を掲げ、歴史・文化の伝承やそれを通じた交流を担う「まなびの部会」、観光や経済活性化を担う「にぎわいの部会」、環境保全を担う「うるおいの部会」が設

図7・7　保津川開削400年記念の開幕式典
（写真提供 保津川遊船企業組合）

けられた。そして、開削四〇〇年にあたる二〇〇六年にはさまざまな記念行事とあわせて、保津川の水運文化や歴史的景観を伝承する活動や、多数の市民が参加する保津川の清掃活動が初めて行われた[10]（図7・7）。

こうした取り組みを経て、二〇〇七年三月に保津川下り四〇〇年記念委員会（二〇〇五年〜二〇〇六年）と船頭らの清掃活動の取り組みを統一する形で遊船内に「エコグリーン環境対策委員会」

[5]上流の南丹市日吉町に建設された世木ダム（一九四六年完成）は、発電ダムであり、基本的には常時満水状態が維持され、いわゆる洪水調節は行わなかった。このため、大雨が降ると大量の水が放流され、下流部では水害が頻発することとなった。
[6]大野（二〇一五）では、戦後の高度経済成長の利水需要の増大や土地利用の高度化への期待がダム治水を加速させ、結果として治水面における他の選択肢が限定されてきたことを指摘している。日吉ダムも「淀川水系改訂基本計画」にもとづき一九六一年に宮村ダムとして基本計画が策定された時には利水がその主たる目的であったが、一九七一年に水資源開発公団は「淀川水系水資源開発基本計画」の変更を行い、「水資源開発公団法」に基づく多目的ダムとして計画を変更して建設されたが、結果として下流部の土地利用の高度化が河道の拡幅などダム治水の選択肢を狭めていることも指摘されている（第一回桂川嵐山地区河川整備検討委員会資料「桂川嵐山地区の現状と課題について」近畿地方整備局 淀川河川事務所）。
[7]「近い水」と「遠い水」は、前滋賀県知事（現びわこ成蹊スポーツ大学学長）の嘉田由紀子氏が提唱した考え。琵琶湖沿岸でのフィールドワークを通じて、かつては人の暮らしの中に水環境が身近にあり、その結果、水は大切に使われ、水環境も良好に保たれてきたが、上下水道の整備など近代化の過程で人々は単なる水の消費者となり、関心が低下し、やがては水環境の悪化を招いたとした。詳しくは槌田・嘉田（二〇〇三）を参照せよ。
[8]セブンイレブン記念財団（二〇一五）所収のインタビュー「保津川下り四〇〇年―清流を守る船頭の心意気」より引用。
[9]肩書きは当時。
[10]一連の取り組みの詳細は保津川開削四〇〇周年記念実行委員会（二〇〇七）に詳しい。

が設立された。この頃になると、若手船頭たちも新人から中堅的な立場へと変わりつつあったことも、組織的な行動が可能になった背景にあるだろう。初代委員長であり、彼らのリーダー格でもあった豊田知八《とよだともや》氏（現保津川遊船企業組合代表理事[11]）によると、この委員会の設立は清掃活動の継続的な実施と若手船頭を中心にした活動の受け皿としての狙いもあったという。こうして、出水によりごみが大量に漂着するとすぐに船頭がボランティアで出動し回収する体制が確立された。たとえば二〇一一年の台風一二号による出水の後、一〇月一一日から二一日にかけて述べ七日間、述べ八四人で保津峡内の河川清掃が行われ、土嚢袋《どのうぶくろ》（二〇リットル）約一〇〇〇個、また大型ごみ約一トンものごみが回収された（河原林、二〇一二、図7・8）。

しかし、急峻な地形であるがゆえに回収作業のほとんどすべてを船頭たちの力に頼らざるをえず、またごみの大半がペットボトルやビニール袋など上流や支流から流れ着いたものであり、船頭や行政機関といった直接的に川に関わる主体だけでは保津川のごみ問題は解決できるものではない。そこで、これまで河川管理にあまり関わってこなかった流域住民や他の事業者も含めた、新たな問題解決の枠組みづくりに向けた議論が始まることとなった。また、当時の保津川遊船のエコグリーン委員会のメンバーも桂川流域ネットワークなどの会合にも積極的に参加し、外部の市民団体や研究者との積極的な連携を模索していた。保津川開削四〇〇周年記念事業は二〇〇六年度をもって一旦終了するが、このときに構築された保津川にかかわるさまざまな市民や団体が一堂に会するプラットフォームをさらに発展させることが議論

図7・8　台風後の船頭による清掃活動のようす（写真提供 保津川遊船企業組合）

され、文化面の活動を「保津川の世界遺産登録をめざす会」が、また環境保全活動を「プロジェクト保津川」が引き継ぐ形でそれぞれ設立されたのである。

第五節　清掃活動からまちづくりへ

こうしてスタートした船頭たちの取り組みや、NPOの設立を通じて、亀岡《かめおか》市役所も繰り返し議論を重ねる中で地域の重要な観光資源である保《ほ》津《づ》川の環境保全により積極的な協力体制をとるようになった。たとえば、亀岡市第四次総合計画前期基本計画（二〇一一-二〇一六）では海に面していない内陸部の自治体としては全国で初めて「漂着ごみの発生抑制に取り組む」ことを明記し、保津川のごみ問題の解決を政策面からも進めている。二〇一二年には内陸部で初めてとなる「第一〇回海ごみサミット亀岡保津川会議」を開催し（図7・9）、さらに翌二〇一三年度からは、その取り組みを発展させる形で市内外の事業者や自治会、NPO、行政機関の協働による「川と海つながり共創（みんなでつくろう）プロジェクト」が始まり、上下流の自治体との連携も徐々に進みつつある。そして、毎年三月第一日曜日を「保津川の日」と定めるなど、市民向けの啓蒙発活動にも活発に取り組んでいる。

図7・9　第10回海ごみサミット2012亀岡保津川会議のようす

[11] 肩書きは本稿執筆時点。遊船は全国の川下り事業者の中でも唯一、企業組合方式により運営されており、理事は二年の任期ごとに組合員の互選により選出される。

しかし、こうした地域を挙げた取り組みに至る過程では、ボランティアや活動資金の確保など解決すべき問題は山積していた。全国の多くの地域と同様に、人手を要する河川清掃というイベントにいかに多くの市民を巻き込み、それを継続させ、根本的なごみの発生抑制へとつなげるかは、保津川でもやはり大きな課題である。

ごみ問題をはじめ、現在の保津川が抱える環境問題は「山や川での流域住民の営みが薄れ、また、河川工事などにより人によって人の近づけない川へと変わりつつある中、流域住民の山や川のつながりの希薄化の表れ」（河原林、二〇一二）ともいうべきものであり、市民の関心を高めるためには、問題に真正面から取り組むだけではなく、人々と川との接点を再構築すべきではないか、という問題意識がプロジェクト保津川の理事メンバーの間で高まっていった。そしてそのきっかけづくりの一つとして、半世紀前まで保津川を流れていた「保津川水運の祖」というべき筏《いかだ》の復活を目指すことになったのである。

【引用・参考文献】

Ocean Conservancy (2009). *International Coastal Cleanup Report 2009*.

岩田明久（二〇〇二）「亀岡の淡水魚たち―それらの分布が語るもの」『みんなでしらべた亀岡の生きものたち』亀岡市文化資料館

大野智彦（二〇一五）「ダム治水の持続可能性と経路依存性」『環境経済・政策研究』第八巻第二号

槌田　劭・嘉田由紀子『水と暮らしの環境文化―京都から世界へつなぐ』昭和堂

河原林洋（二〇〇八）「「筏」をシンボルとした「人・山・川・町（都市）」のつながりの再構築―研究の概略とこれまでの動き」『実践型地域研究ニューズレター』第一号

河原林洋（二〇一二）「ほんまものいかだをつくる！―保津川筏復活プロジェクトの試み」『実践型地域研究最終報告

書―ざいちのち』、一八七-二一〇
セブンイレブン記念財団（二〇一五）「保津川下り四〇〇年―清流を守る船頭の心意気」『みどりの風』Ｖｏｌ．四二
原田禎夫（二〇一三）「オンラインごみマップを用いた河川における漂着ごみのモニタリング」大阪商業大学商経論集第九巻第一号
原田禎夫（二〇一五）「河川のごみ問題からみる容器包装リサイクル制度の課題」『環境経済・政策研究』、第八巻第一号
保津川開削四〇〇周年記念事業実行委員会（二〇〇七）「保津川開削四〇〇周年記念事業報告書―保津川の四季を運んで四世紀」

【コラム3】「和国諸職絵つくし」
（菱川師宣画、国立国会図書館蔵）

かぢし
きゃうごく（京極）とのより
打ちかたなを　御あつらへ候
大事に候かな　かかるべきと

（岩崎佳枝・網野義彦・高橋喜一・塩村　耕［校注］（一九九三）『七十一番職人歌合　新日本古典文学大系』岩波書店、五頁から）

初版は一六八五（貞享二）年らしいが、判詞は『七十一番職人歌合』からとのこと。鍛冶師が烏帽子をかぶっているのは中世風であるが、絵は『七十一番職人歌合』が鍛冶師一人で描かれているのに対して、菱川師宣《ひしかわもろのぶ》の絵では相鎚が二人も描かれ、烏帽子の形も違う。判詞の前半分は、番匠についての言葉である。

（堀田　穣）

第四部　筏を流す

第八章　保津川筏復活プロジェクトの歩み

河原林洋・手塚恵子

第一節　「浮かべへんかったら、筏とちゃう！」

私たち（京筏《きょういかだ》組）が保津《ほづ》川筏復活プロジェクトを始めるきっかけとなったのは、イベント参加者のほんのひとことであった。二〇〇七（平成一九）年八月、日吉ダムにおいて「天若《あまわか》湖アートプロジェクト二〇〇七」が行われ、その一環として筏組みの機会を得た。その当時、保津川の漂着ごみに苦慮していたこのプロジェクトのメンバーである保津川下りの船頭たちが、後学のためにと参加していた桂《かつら》川流域ネットワーク主催のイベントでのことである。

このイベントは大堰《おおい》川（保津川、桂川）の流域住民のつながりの再構築を目指すもので、そのキーワードとして「筏」が採用された。また、単なる筏ではなく、保津川の歴史と文化を育んできた「ほんまもんの筏」を作ることを主眼としていた。元筏士《いかだし》二人（酒井《さかい》昭男《あきお》氏、上田《うえだ》潔《きよし》氏）の指導で、実際に作ってみたところ、筏の合理的な造りに驚嘆した。保津峡の厳しい流れを乗り切るために考えられたものであり、先人の創意工夫が如実に感じられた。しかし、河川利用の認可が下りず、筏流しは行われなかった。そこで見学者の一人からこんな声があがった。「浮かべへんかったら、筏とちゃう」と。

保津川下りの船頭である私は、この言葉に筏流しへの興味をかきたてられたといっても過言ではない。そうなのだ。筏を組んだだけでは、筏について何もわかっていないことに等しいのだ。そしてただ昔の筏を再現して、ただ流すだけでは「懐古趣味」にのみに終わり、新たな発見、発展は望めないであろう。この伝統的な筏に新たな命を吹き込めないかと考えた。伝統的な「ほんまもん」（＝本物）の筏でなければ、保津川の歴史と文化は語れず、またその上に新たな歴史と文化は構築できない。私たちは、地域独自の伝統的な「ほんまもん」の上に新しい「ほんまもん」を作り上げていく方法を模索しはじめたのである。

二〇〇八（平成二〇）年、保津川流域の行政機関や事業者、大学、ＮＰＯなどが集まり、「保津川筏復活プロジェクト連絡協議会」（以下、京筏組）が発足し、元筏士への聞き取り調査や筏流しイベントが行われるようになった。翌年（二〇〇九年）には、他地域からの参画を得ながら、さらなる発展を目指し、「京筏組」となった。京筏組は「山林の再生」「川の再生」という現在進行形のテーマに対し、「筏流しの再生」という活動を通して「山」と「川」と「人」とをつなぎ合わせようと試みている。

ここで左ページに京筏組のコンセプトを「未来へつなぐ筏のキーワード」として紹介したい。

第二節　初めての筏流しのイベント

二〇〇八（平成二〇）年九月、京筏組《きょういかだぐみ》主催の筏流しのイベントが初めて行なわれた。元筏士《いかだし》より聞き取ってきた筏組みと筏流しの技術の継承し、それらを流域住民とともに体験することを主眼としたものである。亀岡《かめおか》市立保津《ほづ》小学校と京都府立南丹《なんたん》高等学校の生徒を対象に、筏組みの体験教室、筏流しの試乗会を行い、子供たちの歓喜の声が保津川にこだました。筏を見て、触れて、体感することで保津川の歴史・文化の一端に触れ、保津川の筏、さらには保津川自体に対する認識を新たにしようという試みであった。

元筏士の指導のもと、保津川下りの船頭衆一一人で連《れん》の長さ約三メートル幅約一・五メートル、全長約一八メートルの六連の筏を組んだ。保津川の筏は急流を下るため、荒波にも強い筏を作ることが必要である。筏組みに必要なものは、木材、カン（U字型の金具）、コウガイ（樫《かし》）、藤蔓《ふじづる》の四要素である。各要素がお互いに調和して初めて強い筏となる。しかし、ここにおける強いという言葉は、一般の意味とは若干異なる。組まれた筏は、隙間があったり、藤蔓は緩かったりと一見頼りなく見える。実際、筏に乗ってみても、木材は各々が不規則に動き、その隙間に足が挟まりそうに

未来へつなぐ筏のキーワード

「産業」遠く海外で伐採された木材が安く日本で売られる一方で、後継者不足のため手入れが行き届かず、京都の山々も荒れています。ともすればグローバル経済によって失われたとも言われる、地域と産業の結びつき。木材の地産地消を目的として、筏で運搬した地元産木材のブランド化を目指します。

「観光」戦前の保津川を撮影した絵はがきには保津川下りの船とともに、筏下りの様子がモチーフになっているものを多く見かけます。急流を下る筏は、見る対象としても魅力的だったのです。筏の復活は京都に新たな観光資源を生み出すでしょう。

「環境」建築資材となる木材そのものを組み、その上に人が乗って川を下る筏は、無駄もなくCO_2を排出しない合理的かつエコロジーな運搬手段です。

「文化」桂川にたくさんの筏が流れていた頃、川は一本の道として川辺の住む人々の生活をつないでいました。薪や炭などの燃料や鮎やうなぎなども筏に載せていたといいます。現在、暮らしの中で川がつながっているという実感をどれだけの人が持っているでしょうか。上流・下流の人それぞれが思いやることで、漂着ごみの問題など解決される社会問題はたくさんあります。

（『保津川筏復活プロジェクト二〇〇九報告書』　京筏組二〇〇九年より転載）

なる。また、連と連とをつなぐ藤蔓も緩く、前後の筏が流れごとに離れたり近づいたりする。しかし、これらのことが肝要なのだと元筏士は言う。もし隙間なくしっかり組みすぎると荒波に反発するため、筏に負担がかかりすぎ筏本体の破損や運航に支障が出るという。荒波の力をうまく受け流すように「ゆるみ（あそび）」がなければならない。これが強い筏なのである。反面ゆるみすぎてもうまくいかない。この加減は長年の経験知で判断される。「ゆるみ」が「つよさ」を生む。「つよさ」を「つよさ」で抑え込まない。ここに、先人の自然と接する術を垣間見たように思う。

このイベントでは、若手船頭六人で保津川下り乗船場（亀岡市保津町）から亀岡市篠《しの》町山本《やまもと》まで約三キロメートルの筏流しをおこなった。

この試みには川の流れを熟知する現役の船頭衆の存在が不可欠であり、川の流れを知らぬ素人では実現不可能である。一瞬の判断で流れを読み、安全な流れへと筏を導かなければならない。四〇〇年培われた船頭が、一二〇〇年続いた筏士の技術を継承する。今もこの川を生業《なりわい》の糧《かて》としている人々の存在は大きい。そして、同じ保津川で生きる者として、保津川の歴史に触れることは重要な意味があった。筏流しの体験は、一度途絶えた技術を復活することの困難さ、保津川下りの技術を絶やすことなく継承していくことの重要性、さらにはそれらを担う覚悟や責任を再認識させるものであった。しかし、山本まではまだ穏流《かんりゅう》部で、そこから始まる保津峡《ほづきょう》の急流の筏流しは次の年への課題となった。元筏士への調査不足と筏流しの技術の認識不足が課題であったといえた。

図 8・1　2008 年筏体験

第三節　筏組みと筏流し

二〇〇九（平成二一）年は、何度か陸の上で筏《いかだ》組みを練習する機会を得ながら、元筏士《いかだし》への筏組み・筏流しの技術の調査を行った。保津《ほづ》川下りの約一六キロメートルの行程を映像に撮り、急流毎に筏を流す方向など筏の操舵方法を元筏士より聞き取った。保津川下りの船頭たちには舟下りの経験を下に、これらの技術は理論上は、ほぼ理解できたようだ。しかし、舟と筏とでは、構造がまったく異なる。舟の全長は約一一メートル、筏の全長は約五〇メートル。舟は一体型であるのに対し、筏は一二連《れん》だと一一の節をもつまさに蛇のようなもの。先頭部と後部では全く逆の動きをすることもある。また、川の流れは緩流と急流が繰り返され、それらの兼ね合いも考慮に入れる必要がある。つまり、筏の先頭部が急流に入ると筏は先へと引っ張られるが、後部はまだ緩流《かんりゅう》である。そこで連同志の引っ張り合いが起き、筏全体の動きが大きく変化する。流れが速く大きく曲がっているところでは、特にこの筏の動きの変化が顕著になる。操舵を誤ると、筏士言葉で「ネズミとり」といわれるように、筏が折れ曲がって大破してしまう。全長約五〇メートルの蛇のような筏を操舵する技術は、一朝一夕では習得できないといえよう。

上記の課題を考慮し、二〇〇九（平成二一）年九月九日の筏流しは急流部でも多少緩やかなコースを選択し、筏の長さは六連、全長は約二四メートルとした。一連の長さ約四メートルはかつての筏流しの規格とほぼ同じ長さである。

二〇〇九年九月九日の筏流しは、峡内の落合から嵯峨《さが》嵐山《あらしやま》までの行程

図８・２　2008 年筏流し

である。落合は、川辺に林道が通り、木材の搬入も容易であり、川の流れも緩やかで筏が組みやすい場所である。筏流し前日、地元の材木会社に発注した木材と南丹《なんたん》市八木《やぎ》町筏森山《いかだもり》（後述）で伐採した木材計八〇本を川辺に搬入した。そこから当日、川に木材を落として筏に組む予定にした。かつての筏士仕事の再現である。しかし、このことが当日ハプニングを生むこととなった。

今回は足場の悪い峡谷《きょうこく》ということもあり、高齢の元筏士の指導は依頼しなかった。元筏士からも、自分たちだけで筏を組むことを勧められた。その分、身をもってわかることが多くなるだろうし、自らの知識を知恵へと昇華しなければならない。

木材を川に落とす作業に船頭衆一二人とボランティアスタッフ約一〇名で取りかかった。約三〇分程度で終える予定であったこの作業が難航を極めた。私たちが木材の扱いに不慣れな上に、木材が思った以上に太くまた十分に乾燥してなく予想以上に重量があったことがさらに作業を困難にした。トラック輸送であれば通用する乾燥状態でも、筏流しには不適切であった。また、木材の寸法を末口《すえくち》一五センチメートル、長さ四メートルに設定していたが、搬送されたヒノキの間伐材《かんばつざい》は、太いところで直径約三〇センチメートルになることもあった。重量も長さも千差万別であり、木材を準備するにも、多くの知識と経験が必要であると痛感した。また、それらの木材を筏組みする場合、その重量、長さによって、各連に振り分ける作業も大切であった。

かつては、筏流しの仕事は五、六人が一組となり、木材を川に落とす、木材を選別する、木材を

図8・3　2009年の筏組みの様子

筏に組む作業を各筏士が分担していたが、これらの作業も長年の知識と経験が必要であった。元筏士が筏組みを終えると「やれやれ」と感じたことは当然であった。私たちは筏を組むことばかりに注目しすぎて、最も重要な木材の仕分け行程の重要性を見落としていた。現在の私たちは、規格の揃った製品ばかりに取り囲まれ、マニュアルに慣らされている。個性豊かな自然の産物といかに向き合い、付き合っていくかという問題には、先人の知恵とさらなる自らの経験が必要である。

また、筏流しにおいても、経験のなさが露呈する場面もあった。筏の後部が岩にあたりながら岩を避けていくこともあった。この日は全長二四メートルの筏であったので難を逃れたが、かつての筏の長さであれば、どうなっていたであろうか。元筏士の方が「六連やったら、(船頭でも)なんとかなるやろ。一二連はちょっと難しいやろね」と常々言っていたが、その通りであった。かつては筏士になって一年以上は舵を持てなかったという。一年以上かかって初めて川の流れ、筏の動きをある程度まで把握できたのである。保津川下りの船頭たちは川の流れは読めても、まだ筏の動きは読めない状態であった。

それでもなんとか予定を約一時間オーバーして嵐山《あらしやま》まで事故もなく下ることができた。嵐山には観衆が筏の到着を今か今かと待ちわびていた。その数約二〇〇人。船頭をやってきてこれほどの観衆はあまり見たことがないように思う。そして、その中には元筏士・上田潔《うえだきよし》さんの姿もあった。到着した筏を見て、「ようやってくれました。筏も上出来です」と言ってくださった。この時ほど安堵した気持ちになったことはないように思う。

図8・4　2009年筏流し

この日の筏組みと筏流しは、実に私たちにいろんな教訓を与えてくれた。聞き取りだけで得た知識は、単なる知識でしかなく、実践して初めて真にその意味が理解できるのである。また、元筏士のなにげない言葉の中に真実が含まれ、その真実は、実践を通してしかわからないものもある。元筏士の聞き取りにおいて知りえた伝統技術をただ知識としてのみに残すだけではなく、実際に筏を組み流すことで、当時の筏流しの技術の知識を知恵として理解し、さらに知識を単なる知恵としてではなく、経験に基づいた知恵「経験知」、身体で身につけた知恵「身体知」へと昇華していかなければならないであろうことを痛感したのである。

第四節　筏流し試乗会から一二連筏の再現へ

一　筏流し試乗会

筏士たちから聞き取ってきた筏流《いかだ》しの歴史と文化を筏流しを復活させることで再現してきたが、これらは学術的要素が強く、保津《ほづ》川の水運の歴史と文化を流域住民に広く知らしめるものではなかった。二〇一一（平成二三）年、私たちが学んできたものを特に筏文化を知らない住民や世代に伝えるために、初めて本格的な筏流し試乗会「いかだにのってみよう！！」を開催した。地域の歴史や文化をただ「遺産」として認識するのではなく、今も受け継ぎ、発展させる「生きた産業」として復活させるものである。これは、私たちが初めに掲げた「未来へつなぐキーワード」である「観光」化を模索する試みでもある。現在まで毎回二〇〇人から三〇〇人ほどが参加する毎年恒例のビックイベントとなりつつあ

図８・５　2009年嵐山に到着した筏

り、筏流しの「観光」化に一歩一歩近づきつつある。

このように筏流し体験イベントを通じて広く筏文化を伝える活動は、私たちの中に、今一度「ほんまもん」の筏流しを考えるきっかけを芽生えさせた。そうなのだ。やはりかつての筏流しである一二連《れん》（約五〇メートル）の筏を再現しなければならないことを。

二〇一三（平成二五）年度より亀岡《かめおか》市にある京都学園大学と「保津川の筏下り技術の再現―亀岡と京都をつなぐ自然・文化・経済の回廊の再興」という共同研究を始めた。これは筏流しに関する「山の技術」、「里の技術」、「浜の技術」、「水中の技術」、「水上の技術」について古老からの聞き書きをした上で実際に現場で筏流しの文化を再現することによってそれら技術を研究するプロジェクトである。

二　筏用の材木を伐りだす

筏森山《いかだもりやま》は、亀岡盆地が湖だったころ、カミさまが筏を繋いでおいたという伝説の残る山である。京筏組は筏森山（南丹市）から、筏用の材木を伐りだすことになった。正確にいえば、京筏組の構成メンバーである森林環境ネットワークが、筏森山の山主の支援を得て、日吉ダム下で筏を組み流したものを、我々保津組が受け取り、保津峡を嵐山まで筏を下る（一一〇ページ参照）ことになったのだ。

筏森山は山主さんの家のすぐ裏手にあった。なかなかの急斜面である。ここに育ったヒノキを伐り出すのである。実際の作業は、森林環境ネットワーク、京都府南丹《なんたん》広域振興局、八木《やぎ》町森林組合の方がしてくださった。

表8・1　「保津川の筏下り技術の再現」研究の概要

山の技術	材木の切り出しと現地における乾燥および川までの運搬について
里の技術	鍛冶職人によるカン（材木を連結させる鉄製道具）の制作について コウガイや藤蔓の採集と加工について
浜の技術	筏の制作について
水中の技術	筏が安全に流れるよう川の流れを変える土木工事（川作）について
水上の技術	筏の操船について
街の技術	木材の地産地消について

切り出す木を決め、切り倒す方向を定め、慎重にチェーンソーを入れていく。筏流しの盛んだった頃には、伐りだした木は、その場で乾燥させていた。私たちは、伐採した木を枝葉を付けたまま、切り株の上で乾燥させることにした。さらに乾燥度を高めるために、樹皮を剥《む》いた。リンゴの皮よりも簡単に剥けた。二〇〇九（平成二一）年六月のことである。

三　葉枯らしと樹皮剥き

二〇一四（平成二六）年の一二連筏の復活では、長尾山《ながお》（亀岡市）から筏材としてスギを伐りだすことになった。長尾山は篠《しの》町自治会長尾山部会の管理する、亀岡市の市民の森である。私たちは筏材をなるべく軽くしたいと考え、冬までその場で葉枯らしをさせてもらえる森を探していた。搬出しやすいという条件も大切だった。いくつかの候補地を見て、傾斜の緩い林のある長尾山にお願いすることになった。私たちは近年の亀岡を襲う大雨を警戒していた。葉枯らし中の木が転がり落ちたらどうしようと恐れていたのである。

伐採は京筏組のメンバーでもある京都府立林業大学校の学生が担当することになった。木の切り出しは二〇一三（平成二五）年九月一七日、亀岡駅が水没した翌日である。筏森山と同じように、切り倒す方向を見定め、慎重に切り出す。葉枯らしを行うので、木が重なり合わないように倒していく。切り倒した後に木の樹皮を剥くのは長尾山部会のおじさんたちにお

図8・7　筏森山　葉枯らし

図8・6　長尾山　木を倒す

願いした。簡単に剥けると考えていたが、浅はかだった。夏を超すと樹皮は堅くなり、とてもつるんとは剥けない。筏森山では一日で剥けたのに、長尾山では一〇日以上かかった。

森からの搬出は年明の一月六日。再び林業大学校の学生たちがやってきて、運び出し、長尾山の広場に積み上げた。

四　金具を作る

木は用意できた。しかしそれだけでは筏は組むことはできない。筏の材と材を連結させる金具（カン）が必要であった。二〇〇七（平成一九）年八月の筏組では元筏士《いかだし》の保持していたカンを使って筏を組んだが、二〇〇九（平成二一）年九月の筏復活プロジェクトにむけてカンを作ることになった。幸運にもかつてカンを作っていた鍛治《かじ》職人が、まだ亀岡市内に仕事場をもっていたのであった。六月から八月にかけて、鍛冶職人の片井さんが三〇〇個のカンを作った。

この時、記録調査を担当した京都学園大学の学生たちが、その後片井さんのところで野鍛冶を始め、一二連筏の復活プロジェクトでは、片井さんとともに三〇〇個のカンを作った。

このようにして、木とカンは準備され、一二連筏の復活の日を迎えることになった。

第五節　一二連筏の復活

一二連筏《れんいかだ》の復活の日の少し前に、長尾《ながお》山から搬出した木材と亀

図８・８　カンをつくる片井さん

岡市文化資料館に保管していた木材の選別作業を行った。二〇〇九（平成二一）年の筏流しの教訓から、まず木材を選別し、木材の質や量によって選別し、一二連、各連ごとに木材を振り分ける作業を行うことにしたのである。細く軽い木材ほど筏の前方部に、太くて重いものほど後方部へと振り分け、さらに各連ごとに連の長さと幅を調整した。また木材のカット面に各連の番号を記し、現場で木材が混在しないよう心掛けた。先の筏流しの時のような筏組みにおいての混乱をさけ、船頭仲間で意識を共有することができたように思う。

二〇一四（平成二六）年二月九日に、保津《ほづ》川にて初めての一二連筏流しを再現しようと計画していたが、二月八日未明からの大雪（図8・9）で長尾山からの木材の搬出が不可能となり、一週間順延となった。

京北《けいほく》の元林業家の話では、松材などの水分量が多く重い木材は、「雪出し」といって、雪の積もった日に山の傾斜と雪の滑り具合を利用して搬出したそうである（コラム5参照）。しかしこの技術は危険が伴う過酷な作業であったという。私たちにはそのような知識も技術も経験もないため、また長尾山の木材はトラックで運び出さなければならないため、あえなく再現を断念したのであった。

図8・9　雪の保津川

図8・10　保津川くだり係留場での筏組み

その一週間後の二月一六日には雪解け水が保津川に流れ込み、増水し、保津川本流での筏流しは断念せざるをえなかった。当日は、保津川下りの船の係留場を借りての筏組みと筏流し体験となった。保津川の増水に伴い、川辺での筏組みができないため、川沿いの土手で一連ごとに筏を組み（図8・10）、舟用のクレーンで連ごとに川に浮かべる作業となった。

この日は、先進的に長野県の天竜川《てんりゅう》で実際に筏流しを行っている天竜舟下り株式会社の船頭である曽根原宗夫《そねはらむねお》氏を招き、天竜の筏と保津川の筏との違いや操舵《そうだ》技術を検討する予定であったが、筏流しの現場が、船の係留場ということで、筏を組み、つなぎ合わせることは容易で、また実際に川に浮かべて一二連の筏を操舵することは容易であったため、天竜の筏流しとの比較、検討をすることは残念ながらできなかった（図8・11）。

しかしこの容易さが、私たちに慢心を生んだといっても過言ではないだろう。曲がりくねる筏の動きを実体験できたとはいってもこれは緩流《かんりゅう》での話であり、急流での動きまでを想像することはできなかったのである。

急流における筏流の動きを再確認する目的でその年の七月二三日、保津川にて筏流しの練習を行った。一二月に予定している保津川下り乗船場から山本浜までのコースである。一二連の筏に乗る予定の私を含めて四人の船士で、まず三連ずつ各二人でそして六連筏を流した。一二連筏流しの再現に向けて、筏組み、筏流しの技術の再確認である。年に一、二度しか筏組みを行わないので、やはり忘れてしまう手順などがある。また二〇一一年以来、六連筏で保津川を下ったことがなかったため、筏の動きとそれに

図8・11　保津川下り係留場での筏流し

伴う私たちの意識と動作を調整していかなければならなかった。四人で筏組みの手順を再確認しながら組み上げ、一二連筏の動きを想像しながら保津川を下る。やはり知識や技術は使わなければ忘れ衰えていくものである。

その日は天候にも恵まれ、絶好の筏流し日和《びより》となった。水量も船頭の経験上適量であったように思う。二月に一二連もの筏を組んだ経験が私たちに自信を与え、比較的スムーズに筏を組むことができた。また筏流しにおいても経験のある六連筏であったためスムーズな筏流しを行うことができたように思う（図8・12）。一二月に向けて、よいシュミレーションができたと関係者で胸をなで下ろした。

そしていよいよ、二〇一四年一二月二〇日、一二連筏の再現の日がやってきた。この筏流しも天候に悩まされた。木材を保津川に搬入して筏を組む最中までは曇り空であったが、だんだんと雨が降り始め、筏流しの時には強風が吹きはじめ、本降りの雨となった。当初予定していたよりも川の水量が増え、支流からの流れは激しさを増してきていた。しかしここでまた断念するわけにはいかなかった。流れが速くなっているといっても、筏流しには支障のないと船士仲間で判断した（図8・13）。

筏流しがどうなったかは、「第十一章　筏を操る」の項を参照していただきたいが、結果からいうと、保津小橋《こばし》の下流の急流で右岸側に座礁《ざしょう》してしまった（図8・14）。保津小橋をくぐる際その下流で、筏が右岸側に押し流されることを想定して、左岸の方に筏を向けていったのであるが、思

図8・12　保津川での練習筏

った以上に右岸で押し流された。また押し流されないように対処する筏士の特有の技術があるのであるが、頭ではわかっていても即座に対応することができなかった。ここでも船士の技術だけでは筏を操ることはできないことを身をもって体験したのである。また船頭仲間の中にはその技術の本当の意味を、この時初めて身をもって理解した者もいた。船下りでもそうであるが、操舵においては誰が悪いということではない。あくまでも連帯責任なのである。筏士が共に意識と動作を連動させて初めて筏流しは可能になるのである。これは約一二メートルの長さしかない保津川下りの舟よりもさらに意識と動作の連動性を高めなければならなかったのだ。

強風と大雨の中の筏流し。ふだん自然の恵みに生かされている私たちであるが、時に自然は私た

図8・13　雨の中組み上げた12連筏

図8・14　座礁し分離させた筏

ちに大きな牙をむく。いやそれが自然というものだ。川を筏で下るということは、自然をよく理解し、よい関係を結ぶことに等しい。自然とうまく対話をし折り合いをつけていくには、やはり私たち人間は謙虚な気持ちをもち、自然からさまざまな知識と経験を得ながら、うまく自然と寄り添わなければならない。先人が作り上げてきた保津川の筏は保津川の特性に即した筏であり、その技術は保津川の流れに即した技術なのだ。

六連筏では理解することができなかった保津川における一二連筏の動きと、それに対応した筏士の技術の一端を垣間見ることができただけでも、今回の挑戦は決して「失敗」ではない。それは私たちに対する「戒め」であり「教訓」であり、素晴らしい「経験」である。ここで初めて、私たちは本当の意味での筏士へのスタート地点に立ったのだ。

次章以下では私たちが先達から習い、実践を通じて得た（あるいは未完の）筏流しに必要な技術＝身体知を、具体的に論じていく。木を伐ること、カンを作ること、藤蔓を採ること、筏を組むこと、そして筏を操ることである。

図8・15　保津小橋を下る12連筏

第九章　木を伐る

志方隆司

大堰《おおい》川（保津《ほづ》川、桂《かつら》川）の筏《いかだ》は、木材を京の都へ供給する手段として発展してきた。上流の山国《やまぐに》や黒田《くろだ》の森林で伐採するところから、筏を含む木材輸送システムが始まるのである。

筏復活プロジェクトでは、地元の材木商を通じて地元材を購入して筏を組むほか、木を山で伐り、それを乾燥させ、山から運び出すという実践を行ってきた。一回目は、二〇〇九年の八木《やぎ》町森林組合による南丹《なんたん》市八木《やぎ》町筏森《いかだもり》山のヒノキ材の伐採と乾燥、運搬であり[1]、二回目は二〇一三年の京都府立林業大学校による長尾《ながお》山のスギ材の伐採と乾燥、運搬である。

図9・1　筏森山の丸太を使った森林環境ネットワークの筏体験イベント（2009年8月　南丹市日吉町　日吉ダム下流にて）

[1]正確には、筏復活プロジェクトのメンバーである森林環境ネットワークが夏休みに日吉ダムの下流で子供たちを対象にした筏組と筏下りのための事業であった。京筏組はこの材を引き継いで、保津峡を嵐山まで下った。昔日の日吉（天若）から保津へ保津から嵐山への筏の引き継ぎの再現を目指した取り組みである。

第一節　木を伐り出す技術

一　伐採する木を決める

林業の醍醐味は、収穫時期（伐期《ばっき》）を自分で決められることである。米や野菜ではそうはいかない。

たとえば断面が一〇・五センチメートル×一〇・五センチメートル、長さ四メートルの角材一本を採るための木を収穫するなら、地上から四・五メートル程度（〇・五メートルは切株）の位置で、直径が一五センチメートル強（一〇・五センチメートル×√2以上）必要である。一本ずつ地上四・五メートルまで登って直径を測るわけにはいかないので、もっとも測りやすい地上一・二メートルの位置で「胸高《きょうこう》直径」を測り、その数値から四・五メートル地点の直径を推定する。これは過去のデータを基にした「経験法則」である。幹の形は円柱ではなく円錐《えんすい》に近いので、胸高直径は二〇センチメートルを越えるあたりになるだろう。ここで、さらに大きい柱が採れる丸太にしたい場合は、さらに年輪を重ねて直径を太くするため、その年輪分だけ収穫を待つことになる（図9・2）。

こんなことを考えながら木を眺め、売り先を思い浮かべながら計算を繰り返す、これが林業の「業《なりわい》」であり、伐期を決める人が「山主」である。

一つの山の区画（林相《りんそう》）をすべて同じ樹種（スギやヒノキ）で植林する場合を一斉林《いっせいりん》または単層《たんそう》林《りん》という。そこでは植林後に下刈り、除伐、つる切りなどの「保育作業」が続く。十数年経って木が成長し、隣の木と枝同士が重なり合うようになると、間伐《かんばつ》が必要になる。三〇年以上経った林で

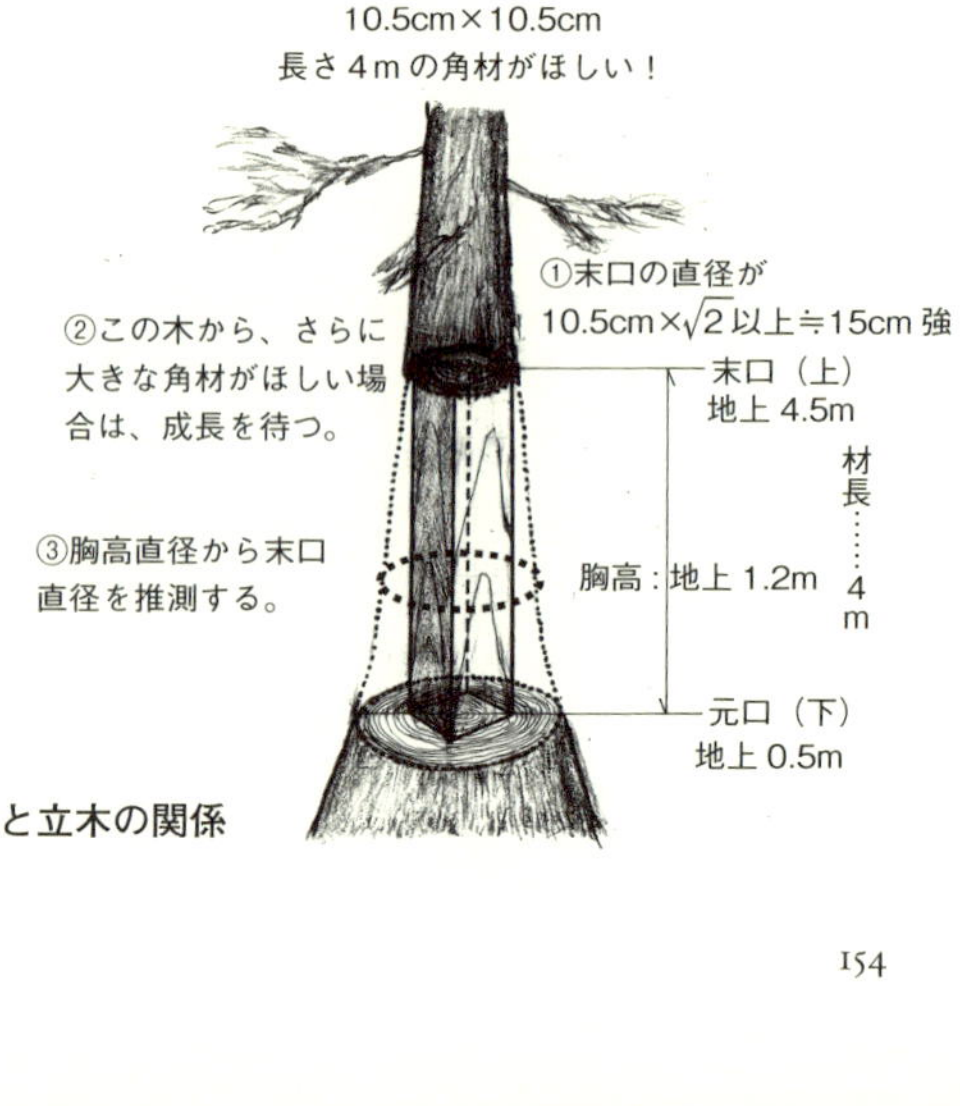

10.5cm×10.5cm
長さ4mの角材がほしい！
①末口の直径が
10.5cm×√2以上≒15cm強
②この木から、さらに大きな角材がほしい場合は、成長を待つ。
末口（上）
地上4.5m
材長……4m
③胸高直径から末口直径を推測する。
胸高：地上1.2m
元口（下）
地上0.5m

図9・2　ほしい柱と立木の関係

は、間伐で伐《き》った木が胸高直径二〇センチメートル以上になる場合が多く、柱が一本採れる。これが間伐材である。

京筏組《きょういかだぐみ》の筏に使った丸太は、間伐材を利用した。間伐して、山に光を入れ、山に残した木々の成長と、下草が生い茂ることを促し、間伐材を「筏」として利用させていただいた。

間伐では選木《せんぼく》が重要となる。間伐後の林内に光が射し込むよう、また幹が二叉《ふたまた》に分れた木、先端が折れて成長が見込めない木（先折れ）を優先的に選び、さらに間伐後の林内に光が射し込むよう考えながら伐採する木を選ぶ（図9・3、4）。

着目点は空を見上げた「真上」にある。そこには木と木の「陣取り合戦」の最前線がある。木が一本なくなった後、どのように空が広がるのか、そしてどの木の枝が新たに空を陣取るのか、予想しながら伐採木《ばっさいぼく》を選ぶ作業は実に想像力を掻き立てる作業である。

二　伐採の手順

①伐倒方向を決める

倒す木は安全に、優しく着地させることが望ましい。また、倒した後の作業のやりやすさ、さらには搬出までの流れを考えて伐《ばっ》倒《とう》方向を決める。

間伐では、主役である「残す木」を傷つけないように伐採する

図9・3　二叉になった木。テープが巻かれ、間伐の対象に。（亀岡市長尾山）

図9・4　葉と葉の間の混み具合を見ながら間伐木を決める。（亀岡市長尾山）

ため、伐倒方向はさらに制約を受ける。また、ヒノキ林では固い枝が多数出ているため、倒れはじめてから枝と枝が絡んで途中停止する「掛かり木」が起こりやすい。

加えて葉枯らしの場合は、剥皮のしやすさも考えなければいけないので、丸太を宙に浮かさないよう斜面に寝かせるよう、山側に向けて倒す。

こう書き並べると、難しく思われるだろうが、伐倒作業者はこうした判断を短時間で行えるようになる。これは経験の積み重ねで得られるもので、マニュアルだけでは対処できない林業の奥深さがある。

図9・5　受け口追い口（長尾山）

図9・6　くさび（長尾山）

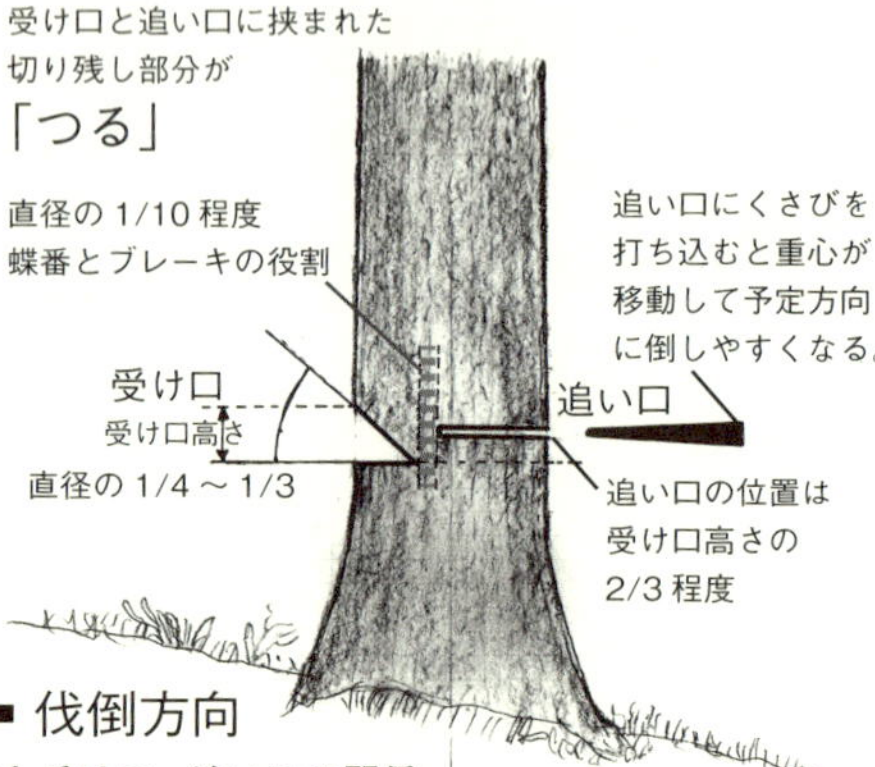

図9・7　伐倒方向と受け口・追い口の関係

②受け口、追い口

倒す方向が決まれば、その方向に「受け口」を作り、受け口の少し上を反対側から「追い口」を入れる。受け口と追い口に挟まれた伐り残しの部分が「つる」と呼ばれ、方向を定める蝶番《ちょうつがい》の役割と、ブレーキの役割を担う。「つる」が正しくできれば、ミシミシと音をたてながら木はゆっくりと定めた方向に倒れてゆく。

伐倒作業の道具は主にチェンソーを使う（図9・8）。チェンソーが使われるようになったのは戦後で、それまでは鋸《のこぎり》や斧を使って伐採した。その違いは作業のスピードだけで、手順に変わるところはない。

③伐　倒

追い口を切っている時は、いつ倒れても不思議ではない状態であり、周囲に人がいないか確認し、「伐倒開始！（笛）」の合図をしてから切り始める。追い口を切っている間にミシミシと動き出す場合もあれば、追い口を切り終えた（つるが残っている）状態で、くさびを追い口に打ち込んで倒れ始める場合もある。確実に伐倒方向を定めたい場合はロープをかけて人力で引くこともある。綱引きのように真正面から引くと木が倒れ込んでくるので、途中の木にロープを掛け方向を変えて引くようにする（図9・9）。

図9・8　チェーンソー作業の装備品
左手がチェーンソー，右手は掛かり木処理に活躍するフェリングレバー，はいているズボンはチェンソーパンツ。刃があたると中から繊維が出て刃に絡み付き、チェーンを強制停止させる機能が付いている。

図9・9　安全な場所にロープを引き込み「綱引き」

図９・10　葉枯らし伐採では切り株の上に倒れた木を置く（亀岡市長尾山）

図９・11　筏森山での剝皮作業

図９・12　各地から集めた剝皮用のヘラ」
右端は京丹波森林組合が使用している竹製、左端は京都府南丹広域振興局推奨の塩ビパイプ製、中４本は鉄製で、それぞれ改良点を盛り込んだ特注品である。

第二節　葉枯し乾燥

　木材は乾燥させることで品質が安定し軽くなる。乾燥は柱や板などの製品に加工する段階で熱を加えて強制的に乾燥する「人工乾燥」と、時間をかけて自然に任せて待つ「天然乾燥」がある。乾燥していない木材を運ぶことは要らない水まで運んでいることになる。筏《いかだ》復活プロジェクトでは浮力が少しでも増す方が望ましく、天然乾燥の「葉がらし乾燥」を試み、乾燥を促した。筏森山《いかだもりやま》では六月に伐採し、伐採四日後約七〇パーセントであった含水率が二五日後には約四〇パーセントまで低下した。

葉枯らし乾燥を行う場合、伐倒方向は斜面上方に定める。倒れた幹は枝葉を付けたまま切り株の上に乗せ、そのまま数ヵ月放置する（図9・10）。この間に抜けた水分の重量だけ丸太は軽くなる。加えて伐倒後「剥皮《はくひ》」を行った（図9・11）。筏森山では、森林組合が竹や塩ビパイプを縦に割って削ったヘラを近隣の森林組合からも集め（図9・12）、使い心地を比べながら剥皮を行った。六月の梅雨前後は樹木が最も多く水を吸い上げる季節で剥皮もやり易い。

しかし、あまりに簡単に樹皮が剥がれてしまうため、この時期は間伐などの山仕事も慎重に行う。筏復活プロジェクトの伐採では、筏森山は最も皮の剥きやすい時期で、長尾《ながお》山は伐採時期が九月であった。長尾山の苦労話は語り草になっている（一四六ページを参照）。

第三節　玉切り、搬出

乾燥の日を置いて、いよいよ玉切り《たまぎ》（丸太にすること）と搬出である。筏森《いかだもり》山では搬出本数が少なく、運搬距離も短く、人家裏からの搬出となるため、機械は使わず、「人肩運搬《じんけんうんぱん》」で行われた。四メートルに玉切り、二人で一本を担いでトラックに載せた。

長尾山では、伐採《ばっさい》地点から集積ポイント（土場《どば》）までが約三〇〇メートル程度離れ、林内作業車が通行可能な広めの歩道（作業道）が作業地に平行して設置されていたことから、搬出方法は山から歩道までを地曳きまたは人肩運搬、歩道から集積場（土場）までは林内作業車（図9・13）で行うことにした。

学生は五名ずつ四班に分かれ、チェンソーマン一名、ポールを持って四メートル毎に玉切り位置を印す採材マン一名、残る三名が搬出マンとなった。これから玉切りをしようとする木がどこに動くのか？　下に転がる。そこに搬出マンはいないか、いやその前に自分自身が下側に立っていないか、次の一手と、その先も安全であるよう考えて行動する。

搬出は伐倒地点から歩道まで三〇メートル前後の地《じ》曳《び》きが伴う。林内作業車からウインチを伸ばし丸太の一方にワイヤーを巻き付けて曳き寄せる。

また、ロープを持って四人で搬出したり、トングと呼ばれるパンタグラフ状の器具を使うこともある（図9・14、15）。

丸太を歩道まで曳《ひ》き上げて、歩道で待つ林内作業車に積み込む。作業車に内蔵されたウインチが大活躍をする。林内までウインチを伸ばし、動力で曳き込むことも可能である。一本のワイヤーを掛けるだけで、丸太は別物のように軽く動く。

丸太を四、五本積載すると林内作業車は出発、いとも簡単に三〇〇メートルのピストン輸送をこ

図9・13　林内作業車
ウインチも備えたなかなかの「働き者」

図9・14　トング
丸太を抱え込む必要がなくなり，
腰への負担が軽減される

図9・15　林内作業車に積み切れなかった最後の丸太をトングで搬出

なしてしまう。しかしこの操作は注意を要する。路面に凹凸《おうとつ》があるとバランスを崩して丸太とともに転倒ということもあり得る。慎重な運転と、逃げ場所を考えておくことが求められる。このようにして丸太は土場に集められ（図９・16）、トラックの到着を待つばかりとなる。

第四節　筏復活プロジェクトと京都府立林業大学校

京都府の森林面積は三四万ヘクタール、京都府の土地面積に対する割合（森林率）は七四パーセント、これは長野県と肩を並べる全国的にも高い数値である。森林を維持管理するためには人の力が必要だ。ところが一九六九（昭和四四）年に三千人以上だった林業の担い手は減少し、二〇一三（平成二五）年には五七三人まで減少した。しかし森林の面積は減少するものではない。それどこ

図９・16　長尾山の土場に集められた葉枯らし材

図９・17　林業機械を組み合わせて効率の良い林業をめざす

ろか樹木の生長により森林資源量（材積、立方メートルで表す）は増大している。

また森林は豊かな水源を育むところ、多くの生き物が共に暮らす（生物多様性）ところであり、森林の存在価値はますます高くなっている。

これからの林業には少ない人数で広い面積を管理できる機械力、技術力をもち、多くの機能をもつ森林を正しく管理・誘導できる人材が必要である。

これに必要な技術を実地で学び、五〇年先、一〇〇年先を見据えた仕事のできるプロを育てるため、京都府立林業大学校（以下「京林大」と呼ぶ）が二〇一二（平成二四）年四月に開校した。

京林大には「林業専攻」とともに「森林公共人材専攻」を設置し、森林保全活動から鳥獣被害対策まで幅広く地域の課題に対応できる人材を養成している。地域との交流を重視し、一年生全員を対象に「人里山交流実習」を開講している。この科目は地域の活性化に森林・林業が積極的に関わり、森林の大切さを広く人々に知ってもらうため

図9・18　いかだにのってみよう
京林大では「人・里・山交流実習」の授業として参加午前中は、筏の組み方を学ぶ

に卒業後の林業大学校生に何ができるか、そして林業のビジネスチャンスのヒントを地域交流から得ることを目的にしている。この科目の実習として、開校年より毎年九月に開催される「いかだにのってみよう」に参加している。

筏復活プロジェクトの運営方法は、「プラットホーム」と呼ばれている。行政、ＮＰＯ、関係する団体・個人が会して、力を出し合い、助け合いながら、プロジェクトを実現させるものである。

私は二〇〇五−二〇一〇（平成一七−二二）年、南丹広域振興局で筏復活プロジェクトに関わる機会を得た。テーマを「筏復活」、キーワードは「実現させる」、これをベースに会議で議論し、必要な調査を行い、時には実現に必要な人に声をかけ、メンバーに加え、柔軟で参加する者すべてがどこかで主役を演じるとても前向きな取組を眼のあたりにした。

筏復活プロジェクトを通じて林業を志す若者に伝えたい点は次の三点である。

①地域の活性化に参画できる林業マンであれ

農山村での地域興しに森林を組み込むことは重要である。しかし森林・林業のことがわかる人が少なくなり、森林という「大きな宝」を組み入れられないプランを見かける。林業マンが参画してわかりやすく説明し、プランを組み入れることが必要である。

②自然を利用した「筏」という運材方法を記憶にとどめよ

現在の林業は機械化が進み、伐採《ばっさい》から枝払い・玉切《たまぎ》りまでを一台でこなす「ハーベスター」などの高性能林業機械が普及し、これらを組み合わせれば人が木に触れることなく丸太を大型トラックに積み込み、流通ルートに乗せることも可能になった。その一方で高価な機械を使うことから、コストダウン、特に機械を遊ばせない効率的な運用、さらには人力作業との組み合わせなど多岐にわたる選択・組み合わせが求められている。

歴史の中に消えつつある筏運材だが、「川の流れ」という自然エネルギーを利用した燃料不要、車両回送不要の運材方法である。「急ぐ必要のない」「流域単位」の乾燥まで組み込まれた効率的輸送を考えるヒントがあるかも知れない。たとえば国内の森林資源が充実する中で、川上から川下に木材を輸送する手段として丸太流送用の用水路を設置することも考えられないか。川上から川下に一方通行で流通する資源、筏の如く水を上手く使った効率的な輸送方法が昔の知恵の中に存在している。

③木に付加価値を付けよ

筏で流れた丸太を原木に「筏材」を使った木工品や建造物は、話題性にも富み、好評を得ている。筏イベントが定着し、毎年一定の筏材が発生するようになれば、付加価値の付いた木材製品を販売することができ、イベント開催とあわせ地域興しに貢献できる。

私の思いは学生たちにどのように伝わっているのだろう。長尾山の伐採実習に参加した学生に感想を聞いた。

山名秀一さん　京都府南丹市　中坂木材（株）勤務

毎日葉枯し乾燥を行っている。現在京北ではスギは葉枯らし、ヒノキは切ってすぐに搬出している。スギを葉枯らしすると心材の色が黒ずんだ色から赤色になるため、見た目が非常に良くなり有利な販売ができることが大きな理由。

中田昂希さん　宮崎県　ヤマサンツリーファーム勤務

この地方では「筏復活」等のイベントはない。葉枯し乾燥は勤務先ではまだ実施していないが、たいへん合理的なシステム。架線で搬出する時に一回で二本運んでいたところが三本になるなど、効率的。ネックは通常伐採（切ってすぐ出す）から葉枯らし（切って数ヶ月おいて出す）伐採に移行する時、一時的に無収入状態になるため、踏み切るタイミングと仕事の組み合わせに工夫が必要。

西野匠馬さん　奈良県　谷林業（株）勤務

吉野でも市場に出すスギは葉枯らしを行って、心材を良い色にして商品価値を高めている。

彼らは二〇一五（平成二七）年三月に卒業し、現在それぞれの就職先で活躍している。まだ「新入社員」で大きな仕事や、地域との交流に関わる機会は少ないが、職場で「葉枯らし乾燥」を実際に実施している者は、実習での意義を改めて認識し、「葉枯らし乾燥」を実施していない職場の者はその導入を考えるなどしている。筏材をつくるという伝統的な林業のスタイルに、現代的な意義を見い出してくれているようでうれしく思う。

第十章　カンを打つ

京都学園大学鍛冶屋倶楽部

第一節　カンについて

筏《いかだ》を組み立てる際に使用する金具に「カン」と呼ばれるものがある。

U字型であるカンを、筏の材木を並べた上にコウガイ（樫《かし》の横木）と藤づる（藤蔓《ふじづる》）を這わせて打ち込んでいく。そうすることで急流の保津峡《ほづきょう》でも筏がばらばらにならないように材木を固定する役割をもっている。しかしカンを深く打ち込むと後から抜けなくなったり、コウガイが折れる原因になる。逆に、浅く打ち込むと途中でカンが抜けてしまうことになる。

カンが保津《ほづ》の筏に伝わる以前は、材木に「め」と呼ばれる穴をあけ、そこに藤を通して筏を組んでいた。カンが伝わってきたのは昭和初期から戦中の頃で、和歌山県から伝わったと考えられる。和歌山にはカンを打つ専門の鍛冶屋《かじ》がいたという。その和歌山県には大正期に高知県から伝わったとされている。

カンは、断面が円形の棒状の鉄から作られている。その鉄をU字型に曲げ、両

図10・1　カン　円形の棒状の鉄から作られている。

方の先端部を材木に打ち込むために尖らせる。カンの先端部分は断面が正方形になるように、つまり角が直角になるように作られている。カンの先端部が細すぎると材木から抜けやすくなってしまい、丸すぎると材木に打ち込みにくくなる。

第二節　鍛冶場

保津川《ほづ》の筏《いかだ》のカンを作ってきた片井《かたい》操《みさお》氏の仕事場は亀岡《かめおか》の城下町のなかにある。

道路沿いの扉から入ると、左手には砥石《といし》やノコギリを置くための棚や万力、木材が置いてある。右手には階段があり、鍛冶《かじ》仕事をする場所へと続いている。作業場は、金床《かなどこ》、槌《つち》置場、水船《みずぶね》（水槽）に囲まれている。金床の左には火床《ひどこ》があり、鍛冶仕事をするときにはここに火が入り、作業を行うことになる。火床の周りはかなり熱いので、近寄る際には注意が必要である。作業場の正面には鋼材置場があり、そこには古くなった農具や、予備のはさみが置いてある。槌置場には、大小さまざまな大きさの槌がある。槌はとても重く、思い通りに槌を扱えるようになるには時間がかかる。そのとなりには、金属をつかむ道具であるはさみが置いてある。はさみで鉄をもつことは難しく、慣れないうちは鉄をたたくことよりも、鉄をつかむことのほうが難しく感じる。そのどれも、年季が入っていて、長年この場所で鍛冶作業が行われてきたことを感じることができる。

第三節　カンの打ち方

鍛冶《かじ》屋で一番最初に教わることは火の扱い方だ。

図10・2　カンの先端部　角が直角になるように作られている。

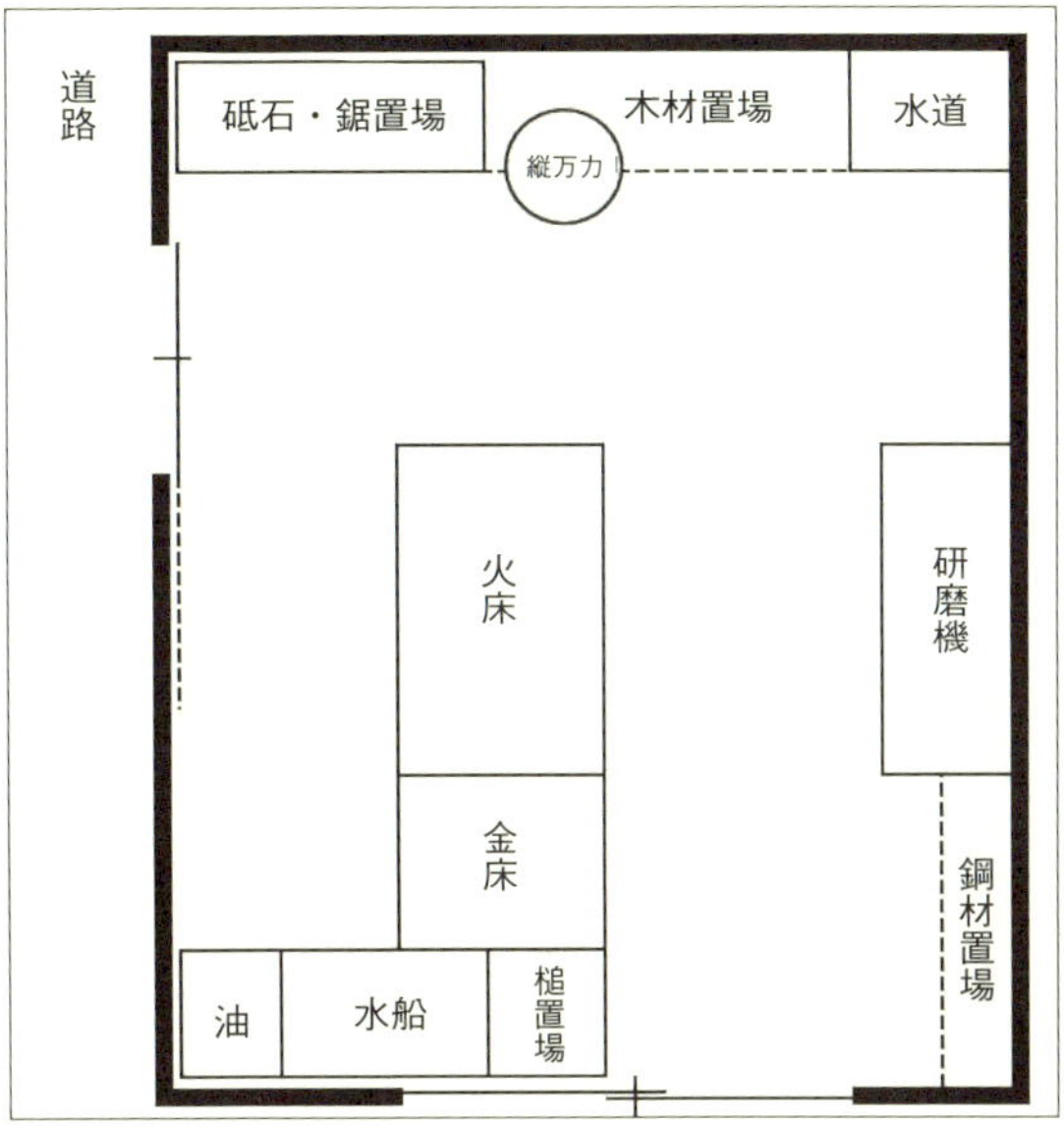

図 10・3　片井さんの鍛冶場

図 10・4　鍛冶場の外観

図 10・5　鍛冶屋の内観①

図 10・6　鍛冶屋の内観②

図 10・7　鍛冶屋の内観③

火をつけることはもちろん、火の勢いを調整すること、火の温度を見極めることなど、どれも「カン」に限らず、鍛冶場で作品を作るにあたって最も必要なことである。一度火床《ひどこ》に火を入れると、野焼きや焚火《たきび》とは全く異なり、丁寧に向き合わなければならない。

火付けの際、まずは木くずをくるんだ新聞紙に火をつける。そして、小さく割った薪をその上に置く。火が移りづらい時は、小さくささくれだたせる。火が移ると次は大きめの薪を様子を見ながら二本～三本ほど入れていく。燃えやすいものから燃やしていき、火を大きくするのである。そして、火の状態を見ながら、モーターを回し空気を送り、火を大きくする。大きめの薪に火が移り安定したら、薪と薪の隙間にコークスを優しくかける。空気を送る際には、常に炎の揺らめきと音を感じながら、注意を払わなければならない。

鍛冶屋によっては木炭を使う所もあるが、この鍛冶屋では木炭と比べると冷めやすいが、煙や灰が少なく、温度が高くなりやすいという性質があるコークスを使う。コークスをかけてしばらくは温度が急激に下がるため、空気を送る量には注意が必要になる。しばらくコークスをあぶり温めることで、発火点まで引き上げて、空気を送り、火力をあげる。コークスに火が移ったことを確認できたら、またコークスをかける。これをコークスが必要な量になるまで続ける。

カンは丸い鉄の棒から作られる（図10・9）。まず叩いて形を変えるため鉄の棒を火おこしで作った火床に、はさみと呼ばれる道具を使って入れる。熱いものを持つときはその形にあったはさみを使って動かす。また入れる際の注意としてコークス

図 10・8　火付け

図 10・9　カンの素材となる鉄の棒

の層の真ん中に地面と水平になるように入れるようにする。これは火床の下や上のほうに温めるものがいってしまうと空気で冷めてしまうので、それを防ぐためである。他には形を変えるところだけでなく、その周りも温めることで長く鉄の棒に熱をもたせることができる。これにより鉄が冷めて形が変わらなくなるまでの時間を延ばすことができる。この時は先端から真ん中近くまで温めるのがよい。鉄の棒を火床から取り出す目安としてはオレンジ色になるくらいがよく形が変わる温度である（図10・10）。鉄の棒がオレンジ色になると火床から取り出す。

火床から取り出すと鉄を打つ台である金床《かなどこ》で鉄の棒を槌《つち》で打つ。その時使う槌は先が長いものを使う（図10・11）。この槌は打つところが見やすく、打ちたいところを打ちやすい特徴をもっている。打ち方はまず鉄の棒の先の部分を四角にしていく（図10・12）。これは打つごとに鉄の棒を持っているはさみを九〇度回転させることで行う。次に金床の端に先端が出るようにして、槌を斜め

図10・10　火床から取り出された鉄の棒

図10・11　先が長い槌

図10・12　鉄の棒の先の部分を四角にする

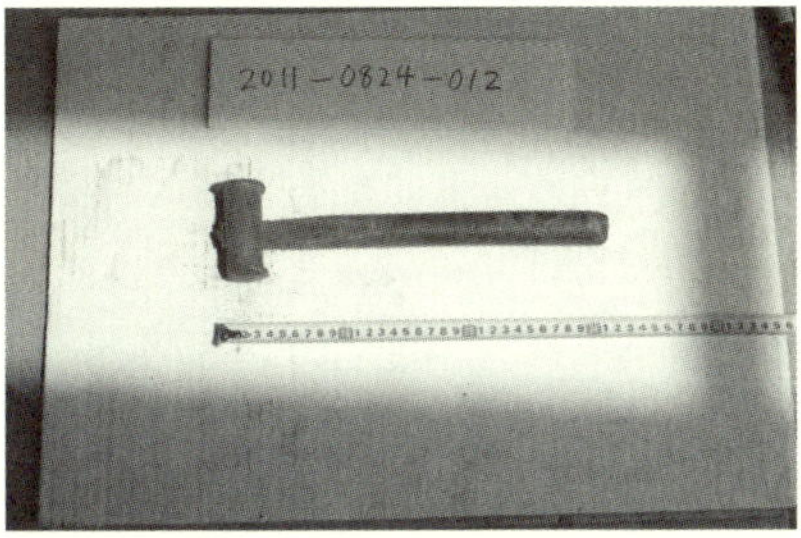

図10・13　先の短く丸い槌

に角度をつけてとがらせていく。先端の部分は四角くとがらなければならないが、鋭すぎれば木から抜けやすく、丸すぎれば刺さりにくいという注意点もある。これを鉄の棒の両方の先端に行う。

次に鉄の棒を曲げる作業である。鉄の棒の真ん中周辺を火床で温める。温まったら中央の部分を先程の槌よりも先の短く丸い槌で打つ（図10・13）。中央を打ちU字に曲げ、水につけて焼きを入れると完成である（図10・14）。

また鉄の棒の曲げ方は他にもある。金床には四角く穴が開いているところがありそこに中央を合わし、穴を利用して曲げていく方法や金床についている「つの」と呼ばれる文字通り角のような部分を使い曲げていく方法もある。

図10・14　U字に曲げる

第四節　鍛冶職人片井操

亀岡《かめおか》市京《きょう》町にある片井鉄工所は、現在は鉄工所であるが元々は鍛冶《かじ》屋と呼ばれるところであった。片井鉄工所における鍛冶屋とは、一般的なイメージである武具を作る職業とはまた違い、主に鍬《くわ》や鎌《かま》、鋤《すき》などといった農具や漁具、包丁などの製作、修理を主に行う野鍛冶《のかじ》と呼ばれる職業のことである。片井鉄工所は昭和二〇年から三〇年代には亀岡近郊に五〇〇軒ほどの得意先をもち年間約三〇〇〇丁の農具の製作、修理を行っていた。こうした野鍛冶の仕事をこなすとともに、保津川にて古来より行われていた筏《いかだ》流しで、筏に欠かせないカンという金具の製作を一手に引き受けており、片井《かたい》操《みさお》氏はこの片井鉄工所の三代目である。

片井操氏は一九三〇（昭和五）年に生まれ、現在八五歳であり亀岡市内に残る最後の野鍛冶職人である。幼い頃より父親である嘉助《かすけ》氏の鍛冶仕事を手伝い一五歳で尋常《じんじょう》小学校高等科を卒業するともに父に弟子入りをする。はじめはひたすらカンの配達をしつつ師である父親の仕事を見続けることによって鍛冶職人としての技術や仕事内容を覚えようとし、約一〇年修行を続けた。筏造りに欠かせないカンを造り始めたのはこの頃であり、当時は一度に何百個という注文が入っていた。その後三五歳頃まで野鍛冶として農具の製作、修理を手がけてきたが、農業の機械化などにより鍛冶屋としての仕事が減少していくと、同業者のすすめにより鉄工業を始めるようになった。しかしその後も鍛冶場は保存され、年に数件ある注文の際使用するといった状態が約四〇年ほど続いた。

カン作りにおいても、鉄道や道路の発達により筏を使った物資の運搬が行われなくなったため、筏流し自体が行われなくなり需要は無くなっていった。しかし、二〇〇九（平成二一）年に京筏《きょういかだ》組《ぐみ》が実施した「筏復活プロジェクト」における筏製作により再びカンの需要が生まれ、六月から八月にかけて約六〇年ぶりにおよそ三〇〇〇個のカンを製作した。この出来事がきっかけで鍛冶師という職業に関心が集まり、かつてのように農具の製作、修理といった注文が増えるようになり現在に至る。

第五節　亀岡の鍛冶文化と片井家

文献に亀岡《かめおか》の鍛冶《かじ》職人の存在が初出するのは、『続日本紀』の七二二（養老《ようろう》六）年の項である。

「三月十日　伊賀国の金作部東人・伊勢国の金作部牟良・忍海漢人安得・近江国の飽波漢人伊太須・韓鍛冶百嶋・忍海部乎太須・丹波国の韓鍛冶首法麻呂・弓削倍名麻呂・播磨国の忍海漢人麻呂・韓鍛冶百依・紀伊国の韓鍛冶杭

図 10・15　カンを打つ片井操さん

田・鎧作名床ら合せて七十一戸は、姓が雑工にかかわってるが、本源を調べると元来は雑工とかかわりのないことがわかった。そこで雑工とまぎらわしい称号を除き、公戸（良民）に入れた」。（続日本紀（上）一九九二年：二三七）

亀岡周辺にはこのように渡来《とらい》系の鍛冶職人が存在していた。それらの中から定住した者たちが、亀岡の鍛冶文化を形成していったのかもしれない。この文献を除くと、亀岡の鍛冶に関する記述は、近世までほとんど見当たらない。江戸時代になると、亀山の城下町に一四軒の鍛冶屋があったこと、紀州《きしゅう》から出稼ぎの鍛冶屋がいたことなどが文献からわかる[1]。図10・16は昭和一五年（一九四五）に作成された鍛冶屋組合の名簿[2]から、亀岡市内の鍛冶屋の分布を示したものである。この分布図から、高度成長期以前の亀岡には、村ごとに鍛冶屋がいたこと、また城下町である亀岡町には一〇人もの鍛冶屋がいたことがわかる。鍛冶屋は人々にとって身近な存在であったのである。

さて亀岡の鍛冶文化において重要なのが紀州鍛冶の存在である。近畿地方に存在した鍛冶職人の多くが和歌山県出身であった。片井《かたい》操《みさお》氏の父親である嘉助《かすけ》氏もまた和歌山県出身である。紀州はその土地柄、鉄砲鍛冶などで有名な堺《さかい》と接しており、また堺が一大自由貿易都市であったことから人の往来が盛んであり、紀州にも鍛冶技術が流れ、それが紀州鍛冶の誕生につながったのではないかと思われる。

江戸時代末期頃になると紀州鍛冶師たちは近畿地方を中心に各地へ出向き仕事を求めた。やがて

図10・16　亀岡における鍛冶屋の分布
1945年（亀岡市文化資料館第28回特別展図録『道具を使う、道具を作る―職人の民俗誌3　鍛冶屋さん』から転載）

その中から出先へ定住する者が現れ始めた。片井操氏の父親である片井嘉助氏もその中の一人である。嘉助氏は、亀岡には農家の注文が増える農繁期である三月から五月、八月から一〇月の間だけ訪れ仕事をこなしていたが、やがて定住するようになる。紀州鍛冶の流れを組む片井氏は、厳密には亀岡鍛冶文化とは異なる文化をもつ人であるが、亀岡の文化に欠かせない筏《いかだ》流しと深く関わり、住民と密接に関わってきた。

第六節　片井氏との出会い

「保津川《ほづ》筏《いかだ》復活プロジェクト」は、保津川を下っていたかつての筏を約六〇年ぶりに復活させようと、行政や大学、NPO法人が協働して立ち上げたもので、「筏の復活」をキーワードに、流域のさまざまな人・物・課題をつなぐネットワークを目指す団体として発足した。本団体の活動内容として主軸の一つとなるのが「現物の筏の復活」である。

二〇〇八年度における初の筏組み、筏流しでは、カンは組み立ての指導を行った元筏士の酒井昭夫氏（当時八一歳）と上田潔氏（当時八八歳）が持ち合わせていた物を使用していた。しかし、本来の目標である一二連《れん》の筏を組むには数が不足していた。そのため翌年度の組み立てのためのカンが大量に必要となった。

そこで白羽の矢が立ったのが、片井操《かたいみさお》氏（当時八〇歳）であった。こうした経緯でこの年、片井氏に三〇〇個のカン製作を依頼した。片井氏にとっても約六〇年ぶりの注文であったという。こ

[1]「亀山記」「稼往来の事」（亀岡文化資料館　二〇一二年：一一一-一一二頁。）
[2]「京都府野鍛冶工業組合名簿」一九四五年

の依頼が「保津川筏復活プロジェクト」と片井氏との出会いのきっかけであり、片井氏にとっても筏との再会であった。

片井氏は六〇年前の当時は筏組みすら見たことがなかったらしいが、二〇〇九年に初めて非常に近いところから筏を見学された。二〇一一年度の「いかだにのってみよう」プロジェクト（第二章を参照）では、カンの製作をした片井氏も子供たちと一緒に筏に乗っていただいた。

二〇一三年にはカンのストックが少なくなったため、再度の注文が入った。そのときは京都学園大学歴史民俗学専攻、鍛冶屋倶楽部の学生にカン作りの指導を行いながらカンを製作し、学生分と合わせて三〇〇個を納品するなど、今や片井氏は、カン製作の責任者として筏復活プロジェクトに欠かすことのできない存在である。

第七節　鍛冶屋倶楽部

休日の片井鉄工所には、多くの学生が出入りしている。亀岡《かめおか》市内にある、京都学園大学の鍛冶屋《かじ》倶楽部《くらぶ》である。学生たちは休みの日に集まっては、片井操氏に指導をしてもらいながら各々農具や刃物を作っている。

鉄工所へ行くと、片井氏はいつも鉄工所から鍛冶場と道路を見渡せる場所に座っている。火床《ひどこ》を使わない作業をしたり、たばこを吸ったり、作業をする学生たちを見ている。学生たちも各々の作業をしながら、合間に片井氏の周りに集まり片井氏の話を聞いたり、工程の相談をもちかけたりする。

片井氏は見て覚える事、技を盗むことを実践してきた職人なので、言葉だけで説明するということはない。学生の製作途中の農具や刃物を触り、チョークで線を書いたりしながら、「ここはもう少し削った方がええな」とか、「もう少し（鉄を）伸ばそうか」といった指導を行う。難しいと判断した工程は、片井氏自身が打って見せ手本を見せる。もし学生が間違った工程や作業をとってしまっても、片井氏はやり直し方を説明し、たとえやり直しがきかないとしても、「これはこれでええ」と言う。学生にとってはその言葉一つで、失敗作ではなく、次につながる制作物になる。

学生たちは片井氏がいてくれるから自分の作りたい、興味をもったものを作ることにチャレンジしてみようと考えることができる。鍛冶という技への熱が冷えることなく、鉄工所へと通うのだ。

片井氏の元へは今でも農具や鉄製品の修理や製作の依頼が舞い込む。オーソドックスな鍬《くわ》や鉈《なた》、鎌といった農具から、タケノコ堀用の鍬のような珍しい物、そしてカンのような現代ではなかなか使われない金具などもある。学生たちにとっては、そういった工程を見学することも新鮮で刺激のある経験だ。自分たちの作業がなくとも、学ぶところは多くある。片井氏の仕事は、鍛冶屋倶楽部にとっては見学するものだった。

それが少し変わったのは、二〇一四年の夏である。一二連の筏流しの実施が決定し片井氏に新たにカンの追加注文が入った。片井氏は学生たちにその一部の製作をしてみないかと提案したのだ。鍛冶屋倶楽部の学生が最初に作り方を教わるのがカンである。

図 10・17　鍛冶倶楽部によるカンの制作

しかし、ただ鉄の棒を曲げて尖らせただけのそれには、現在の自分の力量がハッキリと出る。曲げる長さが違ったり、尖らせた先がいびつであれば抜けやすくなり、筏《いかだ》の乗員に危険が及びかねない。それを任せてくれた期待に応えようと、学生たちは片井氏の指導の下作業を続け、無事担当する数を制作することができた。そうして作られたカンはその年の筏流しに使用され、学生たちにとってのかけがえない記憶となった。

現在も鍛冶屋倶楽部は亀岡市京町、片井鉄工所で活動を続けている。

【引用・参考文献】

亀岡市史編纂委員会［編］（二〇〇〇）『新修　亀岡市史　資料編第一巻』

宇江敏勝（二〇〇七）『熊野川―伐り・筏師・船師・材木商』新宿書房

佐藤雅也（二〇〇〇）「近代化と流送の民族―筏流しと木流し」『日本民俗学』二二三号

宇治谷猛［訳］（一九九二）『続日本紀（上）』講談社

亀岡市文化資料館［編］（二〇一二）『道具を使う、道具を作る―職人の民俗誌三　鍛冶屋さん』

片山智彦（二〇一四）「野鍛冶技術の継承・亀岡型プランの提案―亀岡最後の野鍛冶職人とその技術保存」『人間文化学部学生論文集』一二号

第十一章　筏組みに使う「藤蔓」と「樫」

河原林洋

第一節　筏組みに使う「藤蔓」

保津《ほづ》川のカン筏《いかだ》を組む場合、必要となる資材は材木、藤蔓《ふじづる》、樫《かし》そしてカン（ヒル）である。カン筏はこの四つの要素だけで構成されている。

藤蔓は、筏組みにおいて主にロープ的な役割を担うもので、その特性は柔軟かつ強固という点にある。ロープのように柔軟にまがり、かつ引っ張りに強く、なかなか人間の手によって引き裂くことは難しい。その特性が筏組みには必要不可欠な要素である。

保津《ほづ》峡《きょう》内では、比較的頻繁に藤蔓を見かける。四月下旬から五月初旬にかけて花が咲き、保津川下りの乗客の目を楽しませている。かつての筏士《いかだし》たちは、筏流しの道中、藤蔓が切れてしまい、予備の藤蔓がない場合は、即座に藤蔓を採取し応急処置をしたそうだ。筏士はどこに藤蔓が育成してるかを把握しており、木々から顔を出す藤蔓の葉の形で遠目からでも藤蔓の有無を把握できたそうだ。私も最近やっと藤蔓の有無を把握できるようになってきた。

第二節　藤蔓の入手

藤蔓《ふじづる》の伐採《ばっさい》地域は主に亀岡《かめおか》を中心とした南丹《なんたん》地域である。北は南丹市日吉町まで出向いて藤蔓を採取することもある。各地域においての地域の人々のご協力の下、藤蔓を採取させていただいている。藤蔓は、他の木々に巻き付いて成長していく植物であるが、その特性上育林等にとってはやっかいものである。木々に巻き付き、木々の成長を妨げ、樹勢を弱らせることもあるからだ。

ある地域では、私が藤蔓を採取することを喜んでくれる方々もおられる。筏《いかだ》組みに必要な藤蔓、それは私にとっては「宝物」であるが、ある人にとっては「不要」なものなのである。

藤蔓を採取できる地域は限られているといっても、元筏士にいわせれば、現在の方が藤蔓の入手が容易だという。育林が盛んな当時は、山の手入れも頻繁に行われており、藤蔓の採取地域はもっと限られていたそうだ。遠くは大阪府能勢《のせ》町（約二〇キロメートル遠方）まで藤蔓を採取に出かけることも多かったという。国産材の需要が減り、山の手入れがされなくなる。そのおかげで私たちの活動が滞りなく行われる現実に複雑な心境になる。

また、筏流しのシーズンのはじめや河川の増水などにより筏流しができない時は、一日中、山に入って藤蔓を採取していたそうだ。藤蔓は、太さは手の指のサイズの範囲内で、長さは一尋《ひろ》半（約二・七メートル）ほどに切って、一本ずつ「玉」にしておく。

図 11・1　藤蔓の採取

図 11・2　巻き付いた藤蔓をはずす

第三節　藤蔓をどう使うか

筏《いかだ》組みの時、太さによって藤蔓《ふじづる》を使い分ける。あとで詳しく述べるが、私の経験上では、筏の連を組み上げるのに約三本で、一二連《れん》で三六本。連同士をつなぐのに三本、一一連結で三三本。カセギ取り付けに二〇本。その他一〇本ほど必要となるかと思う。一二連、約五五メートルの筏を組むのに約一〇〇本の藤蔓が必要となる。

藤蔓は切った直後は水分をしっかり含んでいるため、柔軟性があるが、日が経つにつれて水分がなくなり硬くなってくる。あらかじめ切っておいた藤蔓はその乾き次第で、三日から一週間ほど水につけておき、水分を含ませ柔らかくしなければならない。私の経験では、一度水分を含ませた後乾いてしまった藤蔓を再び水に浸して使うことはできない。最初に水につけた際、水分と入れ替わりで藤蔓の本来もっている油分が抜けるのではないだろうか。水に戻した後乾ききった藤蔓はパサパサになり柔軟性が失われてしまっている。

しかし、そのような藤蔓はよく乾いており薪《まき》などの焚《た》きつけには最適のように思われる。元筏士の話では、嵯峨《さが》の貯木《ちょぼく》場（現在の嵯峨芸術大学周辺）には不要となった藤蔓などが山積みになっていた。嵯峨に住む人々は焚き木や薪が不足しているため、不要となった藤蔓を持ち帰る人が多かったと聞く。

第四節　筏の横木に使われる「樫」

次に樫《かし》についてみてみる。筏《いかだ》組みに使う樫は、筏士《いかだし》用語で「コ

図11・3　藤蔓を玉にする

ウガイ」と呼ばれ、連《れん》を組む際の横木《よこぎ》に使われる。元が直径約三センチメートルで、長さは約一尋《ひろ》半ほどに伐採する。

樫の枝ではなく、ひこばえした樫を用いる。樫も藤蔓同様採取が難しい植物である。これも地域の人々のご協力の下、地域の財産区等の山で採取させていただいている。昔の筏組みでは、コウガイはハナ（一連目）からソウ（三連目）にかけて使われたもので、四連目以降はコウガイは使わなかったそうである。それだけ、樫は貴重なものであったのであろう。なお私たちの組む筏では、強度を増すように全部の筏の連に樫を組み込むようにしている。一二連の筏を組む場合、一連ごとに二本、合計二四本の樫が必要となる。

図11・4　樫（コウガイ）の採取

第五節　今の日本の山の状況、山と人間との関係

毎年、筏《いかだ》流しのために山に入り、藤蔓《ふじづる》と樫《かし》を採取している。一二連《れん》の筏を組むためには前述したように約一〇〇本以上の藤蔓、二四本の樫が必要となる。これらは一つの地域では採取できない量である。そして一度採取した場所では最低でも二、三年ほど期間をおかないと同様の資材は得られない。採取可能な場所を多数確保することも重要な筏組みの要素である。写真で見てわかるように、藤蔓は川沿いの土手に生えているものを採取した。山沿いの森林は、手入れされており、他の木に巻きつきながら成長する藤蔓はきれいに伐採されていた。かつての山では、冬に薪《まき》など燃料等に使うため、雑木はきれいに伐採されていたそうである。そうすることで、杉やヒノキなど商品価値の

ある木が十分に成長し、山も更新してきたのであろう。

今、山の荒廃が叫ばれている。山の雑木を伐採しないため、山が飽和状態にあるようだ。特に、造林されたところは特にそうだ。あまりにも杉やヒノキが育ちすぎて、間伐もされず、太陽の光がそそがない林が多いように思える。一旦、人間の手の入った山はやはり人の手によって更新されるのがベストではないだろうか？

今、藤蔓が多く採取できることは、筏流しをする場合、結構なことであるが、それだけ、山が放置されているということでもある。藤蔓・樫を伐採するために、山に入るだけで、今の日本の山の状況、山と人間との関係の一端をうかがい知ることができる。

図11・5　採取した藤蔓と樫

【コラム４】「清瀧川の筏流し」

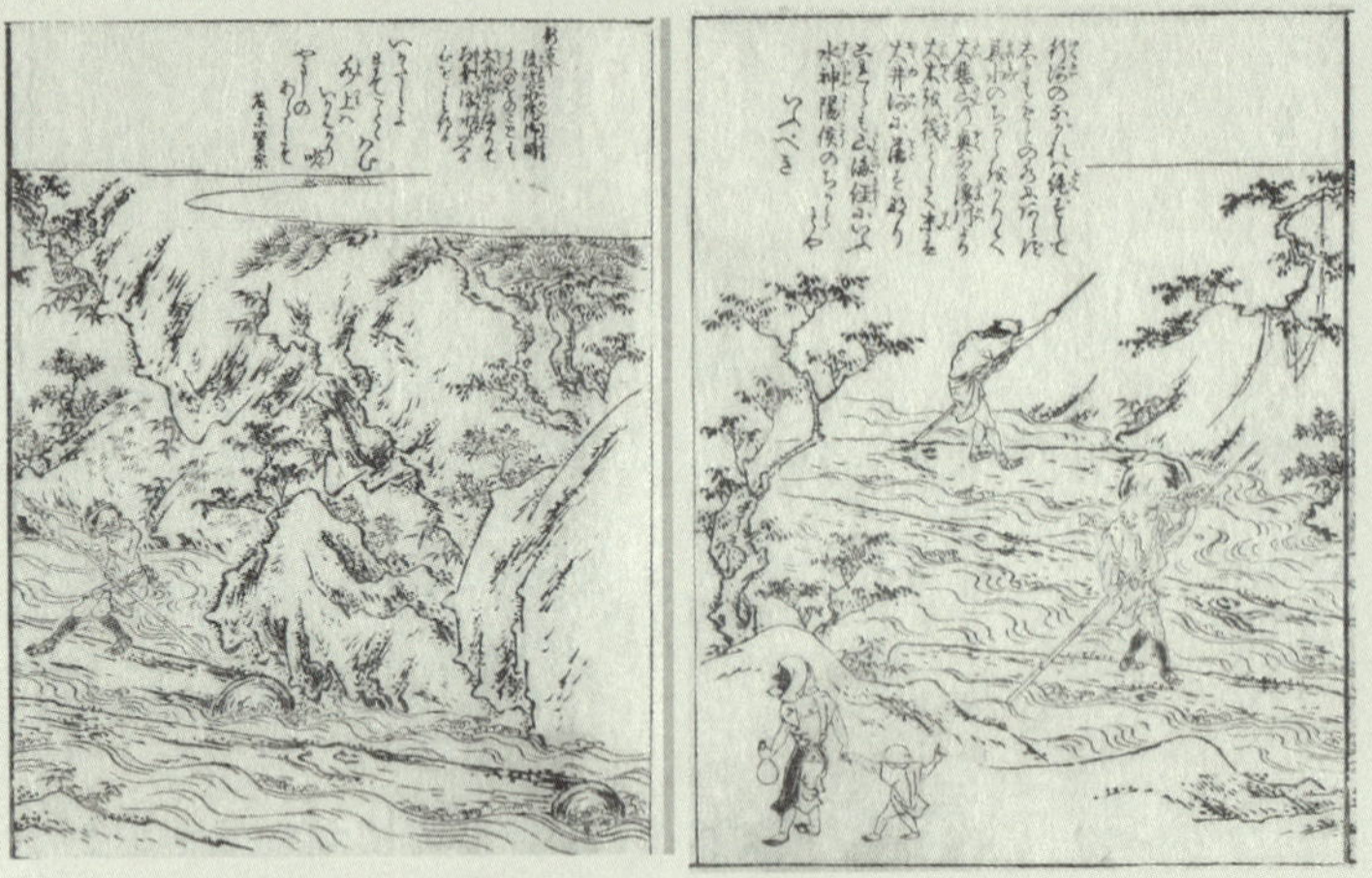

『拾遺都名所図会』巻三（国際日本文化研究センター蔵）

新古今和歌集で珍しく筏士《いかだし》を詠んだ藤原資宗《すけむね》の歌「筏士よ待て言問はん水上はいかばかり吹く山の嵐ぞ」を引用している。「筏士よ。待てよ。尋ねよう。川上ではどれほど激しく吹いている山の嵐なのか」と言外におびただしく流れる紅葉《もみじ》を暗示させる歌である。

「行河のながれは絶ずしてしかももとの水にあらす。其水のちからをかりて大悲山の奥なる渓川より大木を筏として末は大井河に落とすなり。これらも山海経にいふ水神陽候のたからとやいふべき。」

（国際日本文化研究センター「拾遺都名所図会データベース」翻刻文）

花背《はなせ》峠の北にある大悲山《だいひざん》から、水系は西に向かい、北山《きたやま》を経由して大井川、大堰《おおい》川となり、保津峡《ほづきょう》を経て嵐山《あらしやま》に至る。清滝《きよたき》川はその支流。桟敷《さじき》ヶ嶽《たけ》を水源として栂尾《とがのお》、槙尾《まきお》、高尾《たかお》を経て愛宕《あたご》山東麓《とうろく》を南流して保津峡に注ぐ。

（堀田　穣）

第十二章　筏を組む

河原林洋

第一節　保津川の筏——カン筏とは

カン筏《いかだ》とは、主にU字型のカンと呼ばれる金具、コウガイ（樫《かし》）と藤蔓《ふじづる》を使って組んだ筏のことであり、元筏士《いかだし》はネソ（マンサクなどの雑木《ぞうき》を火であぶって捻ったもの）[1]で編んだ筏と区別するためにカン筏と呼んだ。このカン筏が保津《ほづ》川でいつ始まったかは定かではない。

京北《けいほく》からの筏は、木材の両端に目穴をあけ、その穴にネソを通して組合わされていた。かつての保津の筏士らはそれらを引継き、点検・修理して嵯峨《さが》まで運んでいた。

ネソ筏は大量のネソを必要とした。江戸時代の資料に「筏ねそ焼」という記述があるように農閑期に専門的にネソを作る人がいた。[2] 京北の筏師《いかだし》・栗山氏の話では、ネソは自分で作らず、親方が農

[1] 一尋（約一・八メートル）のマンサクの木を火であぶって捻ったもの。一束二〇本で計算された。水に強く、腐りにくく、二〜三年は保存できた。水で戻して柔らかくして使用する。

[2] 藤田（一九七三）の一〇四頁、第一〇表参照。

家等から購入して筏士に配給されていたようだ。当時、筏を編む時に大量に使うネソ作りは冬の農家の内職であったという。

一九五〇（昭和二五）年の世木《せき》ダムの完成をもって大堰《おおい》川の流筏《りゅうばつ》は終焉するのであるが、一九三〇年代半ば以降（昭和一〇年代）には、貨車による木材輸送が発展し、筏の中継地である保津（亀岡《かめおか》市保津町）・山本（亀岡市篠《しの》町）までの流筏は大きく減少していたようだ。それでは、京北等の地域の資材を利用して筏流しを行なっていた保津・山本などの下流の筏士は、昭和一〇年代以降、どのようにしてネソなどの資材を調達していたのであろうか。マンサクが育成しないといわれる保津地域では、ネソの有無は流筏において死活問題であったであろう。

そこで、注目されるのがカンである。一九四三（昭和一八）年頃、保津町の酒《さか》井《い》昭男《あきお》氏が筏士となった時、すでに保津峡《ほづきょう》内ではカンと藤蔓で筏を組んでいたという。一九四三年以前からカン筏は存在したということになる。大正から昭和にかけて、和歌山の熊野地域の林業従事者が亀岡地域に入り、その中には熊野川での流筏経験者もいたという。[3] 保津の筏士たちは、流筏という生業《なりわい》を維持していくため、林業先進地の編筏《へんばつ》技術を導入することで、筏組みを簡素・簡略化させていったのではないだろうか。

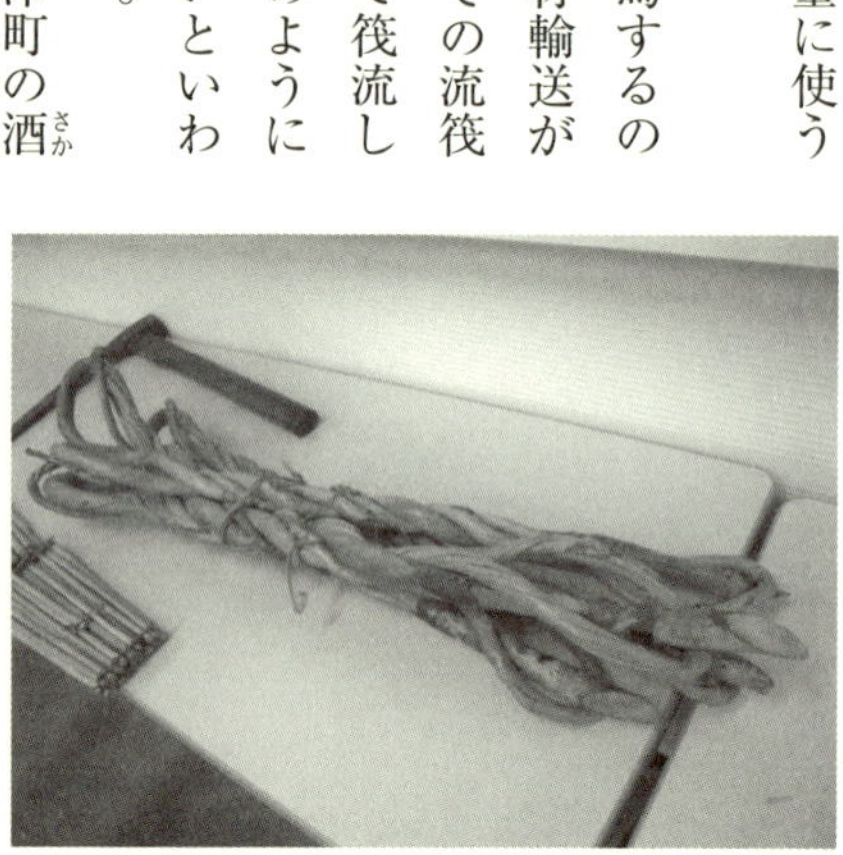
図12・1　ねそ

第二節　保津川の筏の概要

保津峡《ほづきょう》を下る筏《いかだ》のサイズは、木材の種類や川の状況（川の増減水、川幅の状況）によって、多少変化させていたようであるが、

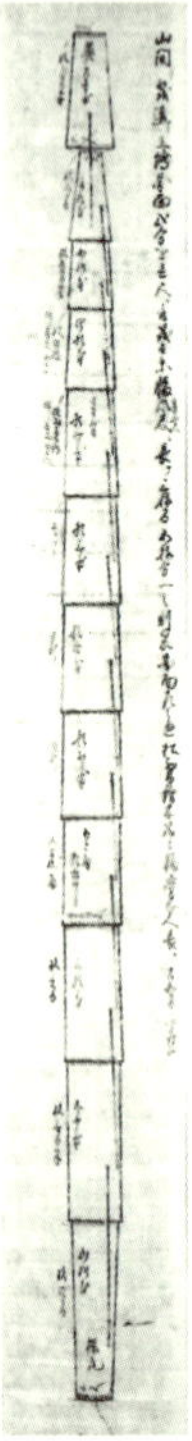
図12・2　大堰川筏絵図
（五苗財団資料　亀岡市文化資料館寄託）

江戸初期（延宝期《えんぽう》）の大堰川《おおい》筏絵図面（図12・2参照）では、幅は最大一間二尺（約二・四メートル）、全長は三〇間（約五四・五メートル）とされていた。筏全体は「枚《まい》」「乗《じょう》」などと呼ばれ、一連の筏は十二〜一三の「連《れん》」で構成されている。一つの連のサイズは長さ約四メートルを基本とするが、長さ四メートルを超える長大材は筏の後方につながれた。筏幅は各連によって変化する。幅約二・四メートルとは、筏の九連目辺りの連幅を意味し、先頭の連（ハナ）の幅は約一・八メートルで、九連目まで徐々に広めていき、九連目から後方は徐々に狭めていく。つまり舟型になるように組まれていた。筏の前方は水の抵抗を少なくし、水を切るように進むイメージであり、後方は逆に川の流れを受けて推進力を高めるイメージだ。

第三節　連を組む

筏《いかだ》を組む時に使用する資材は、木材、藤蔓《ふじづる》、コウガイ（樫《かし》）、そしてカンである。ここでは、便宜上、一一本の木材を使って筏組みを解説する（図12・3参照）。

筏の先頭の連《れん》は「ハナ」と呼ばれる。まず、川岸から川に向かって木材を九本、縦に並べる。この時、木材の細い方を前方側（川岸側）、太い方を後方側（川側）にするように並べる。これは、なるべく前方部が狭く、後方

[3] 熊野川上流の北山川では、大正年代からカンを使った編筏が行なわれていたそうだ（島田、一九七四：三〇）。

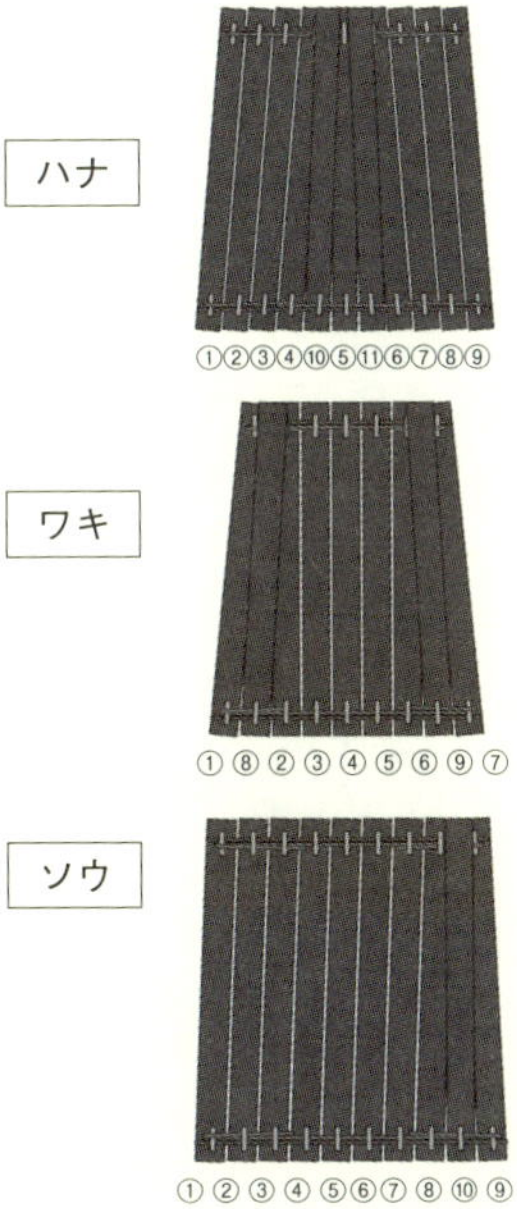

図12・3　筏組

部が広い扇型の連にするためである。前方部は川岸に載せ、後方部は川に浮かべた状態にするのは、重い木材を水の浮力を利用して扱いやすくするためである。

図12・3はカン筏の一連目から三連目の図である。ハナの前方部にコウガイを木材に対して横に這わし、コウガイをU字型のカンで挟むように、コウガイに対し垂直にカンを①の木材に打ち込む。カンとコウガイの間の隙間に藤蔓を筏の内側から通し、藤蔓を時計回りにねじりながらカンの頭頂部を挟むように折り返す。折り返したら、②にコウガイ、藤蔓、折り返した藤蔓三本をカンで挟み込むように打ち込む。③も同様に打ち込む。次に逆側⑨にコウガイと藤蔓を挟み込むようにカンを打ち込む。そして藤蔓の端を木材側と反対方向に引っ張る。①の部分を支点に各木材にあまり隙間ができないように引っ張ることが肝要である。さらに引っ張りながら先述のように藤蔓を時計回りにねじりながらカンの頭頂部を挟みこむように折り返す。②と③とは逆順で⑧と⑦にカンを打ち込む。最後に④、⑤、⑥と同様にカンを打ち込む。これでハナの前方部は完成である。

次にハナの後方部を組んでいく。一旦連を川側に出し浮かべ、後方部を川の流れに順じてくるりと回し前方部を川側に、後方部を川岸側にし、若干川岸に載せる。後方部④と⑤、⑤と⑥の間に⑩、⑪の木材を入れ込む。前方部にはいれ込まない。これで前方部九本、後方部一一本と前と後ろで幅の違う扇型となる。筏用語で⑩、⑪の木材を「ハバギ」という。幅を調整する木材という意味であろう。この場所にハバギを入れる意味はのちほど「舵《ネジキ》を取り付ける」で紹介する。後方部も前方部と同じ手順で筏を組んでいき、ハナの連が完成する。

次に二連目を組んでいく。二連目は筏用語で「ワキ」という。ワキはハナよりも幅を細めて組む。ワキは筏全体を人間の体でたとえてみると首の役目をする連である。「舵を取り付ける」で後述す

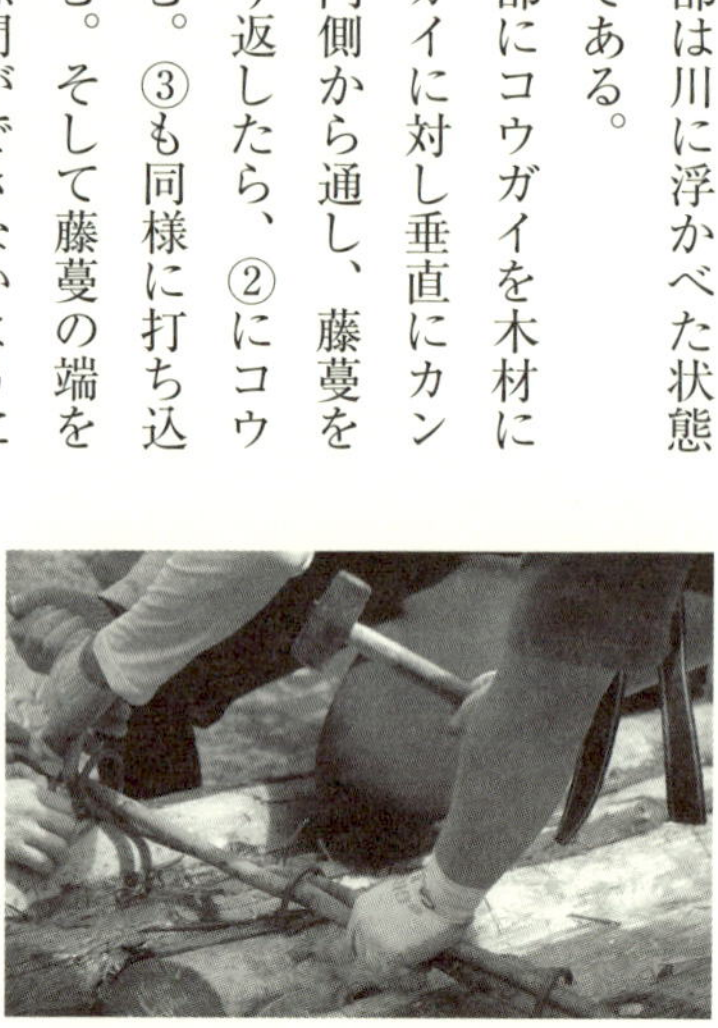

図12・4　カンをうつ

るが、保津《ほづ》川の筏はハナにネジキを取り付けて、筏士はワキに乗って舵を操舵する。ハナは人間でいえば頭の役割をする。人間が進行方向に顔を向けるように筏士はハナを進行方向に向ける。この時、ハナとワキの連幅が同じであるとハナを動かした際、ハナの後方部の両端とワキの前方部の両端が接触しやすくなる。ワキの幅を細くすることでハナの可動域を広めるのである。（図12・3参照）

ここでは便宜上木材九本で組むこととする。ハナ一一本分の連幅、ワキ九本分の連幅と素人目でも連幅の違いがわかるであろう。ワキの組み方は手順的にハナと同様であるが、「ハバギ」の場所が異なる。ワキでは、図12・3のワキの後方部①と②、⑧と⑨の間にハバギを入れ込み扇型に組む。後述するが、このように両端にハバギを入れ込むのは、連中央部にネジキを持つ筏士の作業スペースを確保するためと思われる。

三連目「ソウ（ソ）」の連を組んでいく。ここでは十本の木材を使用する。ソウは四連目以降の連の基本となる連である。ソウはハナともワキともハバギの場所が異なる。まず九本の木材を並べて先述のハナやワキ同様に筏を組んでいく。そして後方側⑧と⑨の間にハバギを入れ込み扇型に組んでいく。ソウはハナやワキと比較して傾きがややゆるやかな扇型となる。後方側①と②との間にハバギを入れても同じような形となりどちらでも良さそうなものであるが、⑧と⑨の間にハバギを入れることには確固たる理由がある。その理由については「カセギをくくる」の項で詳しく述べることとする。

四連目以降の組み方は、ソウと同様の組み方をしていくのだが、先述したように三連目以降徐々

図 12・5　連を組む

に連幅を広げていき、だいたい九連目以降狭めていくため、本数で説明していくのは難しい。ハナからソウの組み方の説明と矛盾するかもしれないが、筏を組む場合は木材木材の直径によって本数を調整していくことが肝要かと思う。これはハナからソウについてもいえることであるが、説明をわかりやすくするために、図12・3では、全て同じ直径の木材であると仮定して本数によってハナからソウの連の形の違いを表した。

　先述したように筏幅を九連目まで徐々に一〇連目以降は徐々に狭めていく。そして最後の一二連目は、「猿尾《さるお》」と言い、従来の連を反対向けにしたような形で組む。反対向けに組むため、図12・3のワキの連を参考にすると、ハバギは①と②の間に入れ込みこととなる。これを反対に向けるとちょうど連の右側にハバギが来るようになる。

　このように、筏全体をみると、ハナから徐々に筏幅が広がっていき、九連目以降徐々に狭くなり、猿尾で舟の艫《とも》のような形となり、船形のような流線型の筏が出来上がる。

　さて図12・6は二〇一四年二月一六日に保津川において私たちが初めて一二連の筏を組んだ時の設計図である。ここでは筏の連幅を最優先に考えて木材の本数は振り分けてある。九連目の連が最大となっていないが、これは文化資料館に保管していた京都府産材と長尾山《ながおやま》産材とを分けるためと、

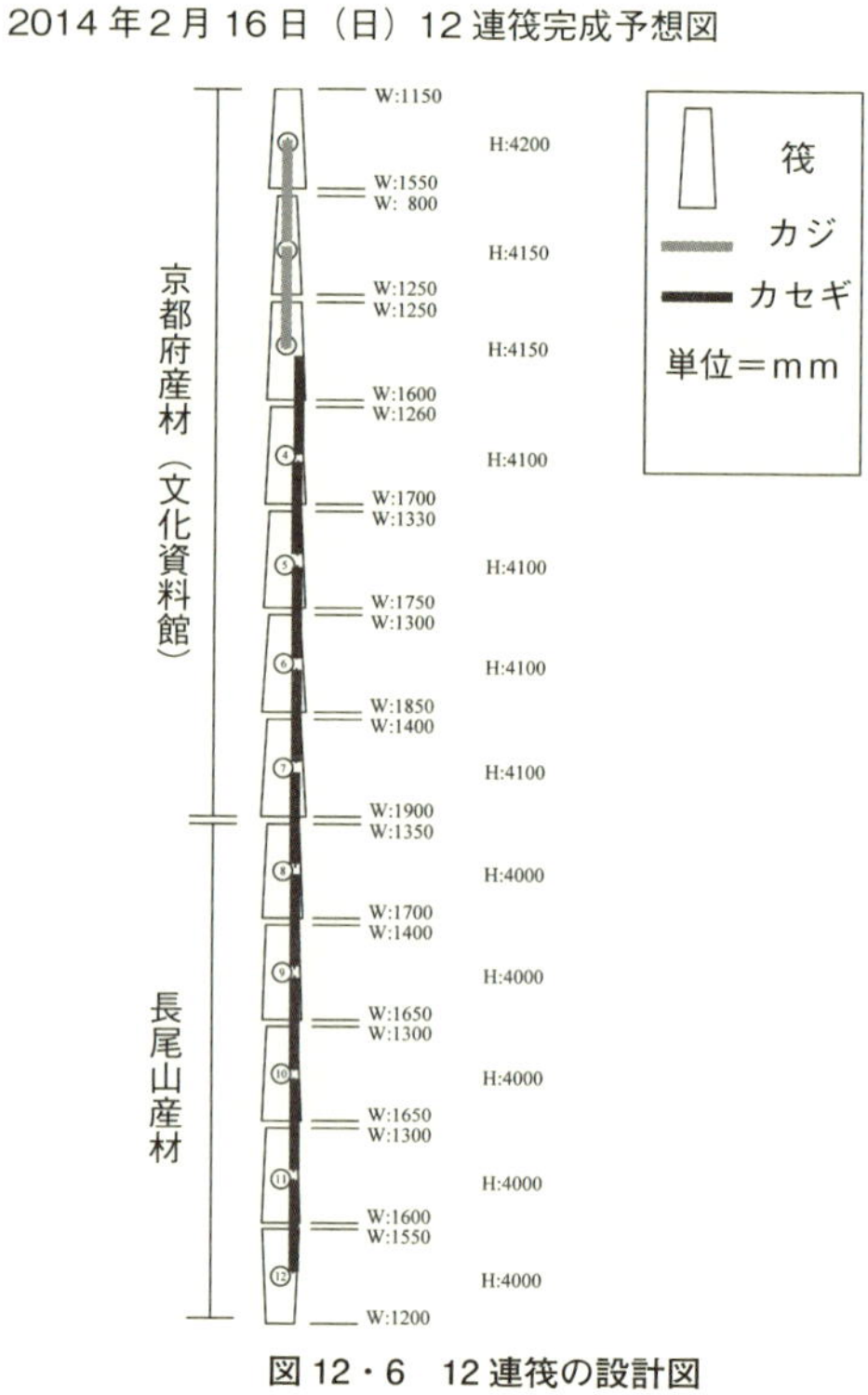

図12・6　12連筏の設計図

京都府産材が軽く、長尾山産材が重いといった乾燥度合が違い、なるべく重たい材を筏の後方部に組んだ方がベストと考えたためである。これは元筏士かから聞き取った重たい材ほど筏の後方に組んだという話を参考にした。

第四節　連をつなぐ

ここでは、連《れん》と連をつなぐ方法をみていく（図12・7から9参照）。保津川《ほづ》のカン筏は、連を藤蔓《ふじづる》でつないでいく。

連をつなげていく場合、各連の役割によってつなぎ方を変え、また木材の質や藤蔓自体の長さによってもつなぎ方を変えていた。

ハナとワキをつなぐ場合は連の中心部のみをつなぎ合わせる。これは、ハナに筏の「ネジキ（カジボウ）」（＝舵の役目）が取り付けられるためである（ネジキについては後述する）。ハナの後部の真ん中のカンを中心に三本の藤蔓でつなぐ。藤蔓はコウガイと木材の間の隙間を通す。一本目（赤線）は、ハナ後部の中心のカンとワキ前部中心部のカン三本分を囲むように結ぶ。二本目（青線）は、ハナ中心部のカンと左側のカンとワキ前部の中心のカンと左二本分を囲むように結ぶ。三本目（緑線）は、ハナ中心部のカンと右側のカンとワキ全部の中心のカンと右二本分を囲むように結ぶ。このように各連の中心部分同士でつなぎ合わせるのは、ハナとワキの役割のためである。先述したように、ハナとワキは、人間の身体でいう頭と首の役目を担う。ワキを中心にハナが上下左右ある程度自由に動けるようにするためだ。また、この三本の藤蔓はきつく結んではならない、ある程度ゆるみをもたせ、ハナとワキの間に適度な隙間ができることがベストである。

次はワキとソウを三本の藤蔓でつないでいく。一本目（橙線）は、ワキ後部の中心部のカン三本

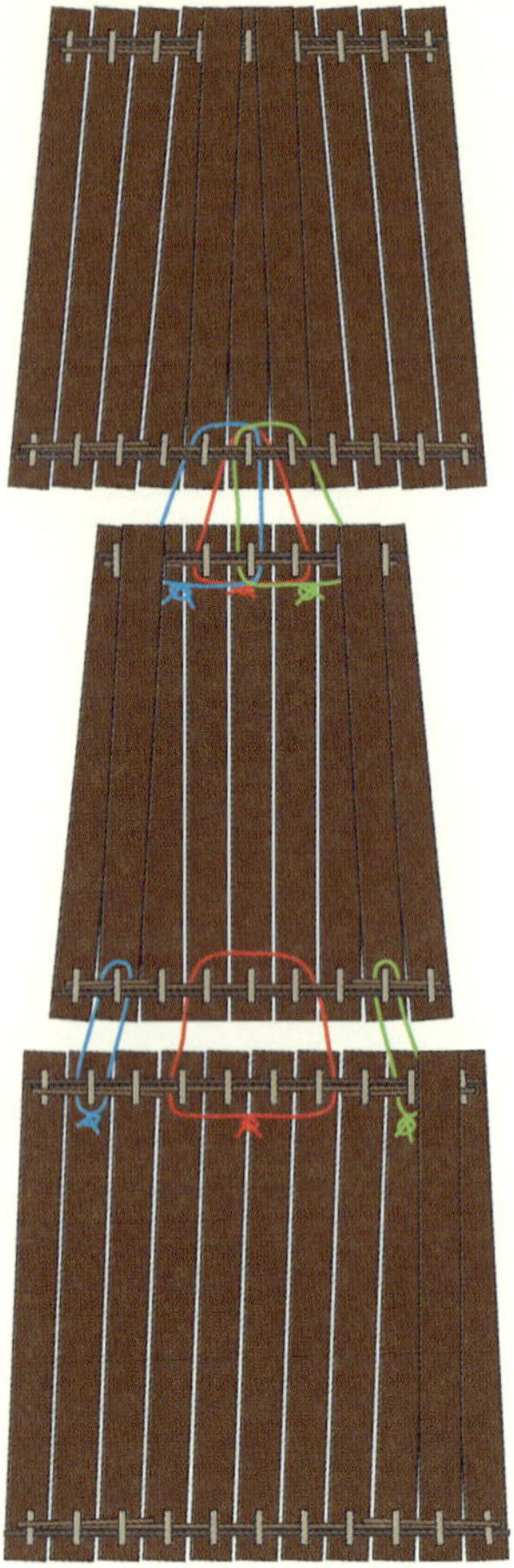

図 12・7　筏 3 連のつなぎ方（俯瞰図）

図 12・8　連をつなぐ

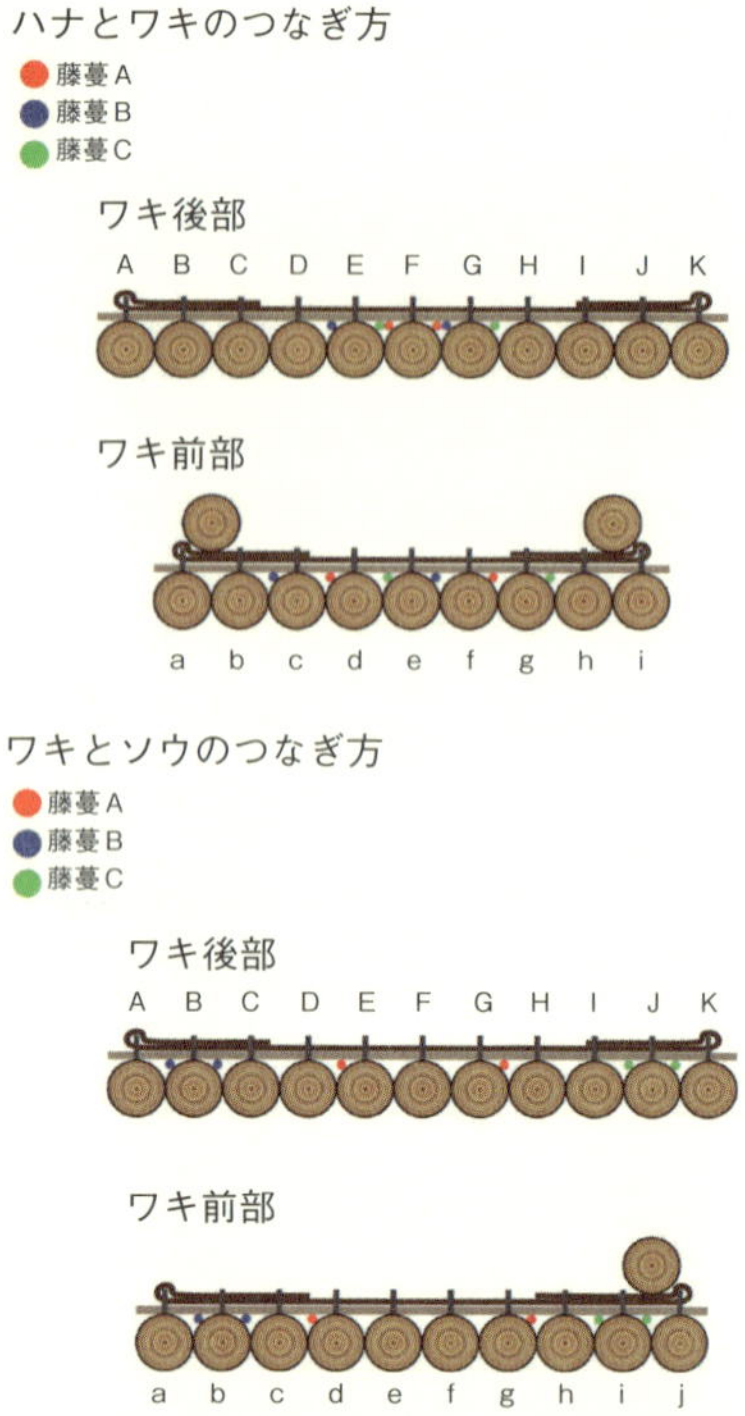

図 12・9　筏 3 連のつなぎ方（横面図）

図 12・10　連をつなぐ　ハナとワキ

図 12・11　連をつなぐ　ワキとソウ

分とソウ前部の中心部の四本分を囲むように結ぶ。二本目（水色線）は、左端から二本目のカン同士で結んで、三本目（黄緑線）は、右端から二本目のカン同士で結ぶ。ハナ・ワキとワキ・ソウの結び方の違いは、ハナ・ワキはある程度筏が左右に動くように（筏の首の役目をする）、ワキ・ソウはあまり筏が左右に動かないようにするためである。三連目以降はワキ・ソウのつなぎ方と同様につないでいく。

第五節　舵を取り付ける

舵は筏《いかだ》で一番重要な箇所で、しっかりとりつけないと筏がスムーズに流れない（図12・15、17参照）。舵は「ネジキ（カジボウ）」といって、ハナとワキに取り付けられ、筏士はそれぞれワキとソウに乗って舵を操る。

まずハナのネジキを取り付ける。これは「一番矢」とも呼ばれ、舵の中

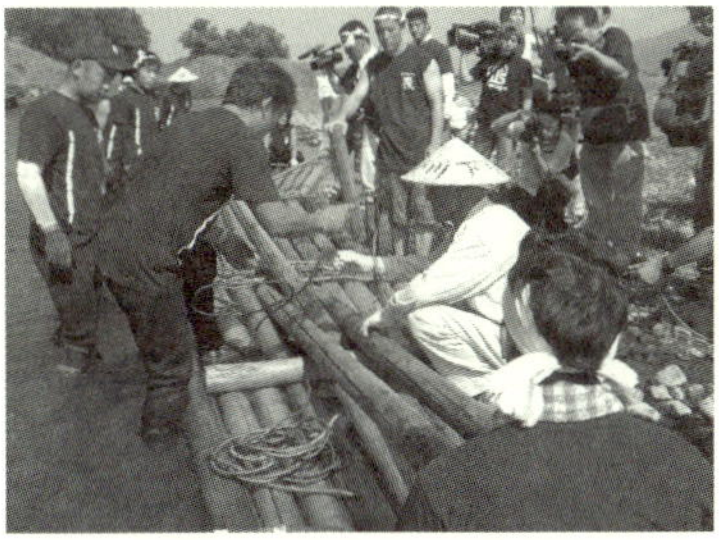

図 12・12　一番矢

図 12・13　二番矢

図 12・14　一番矢と二番矢

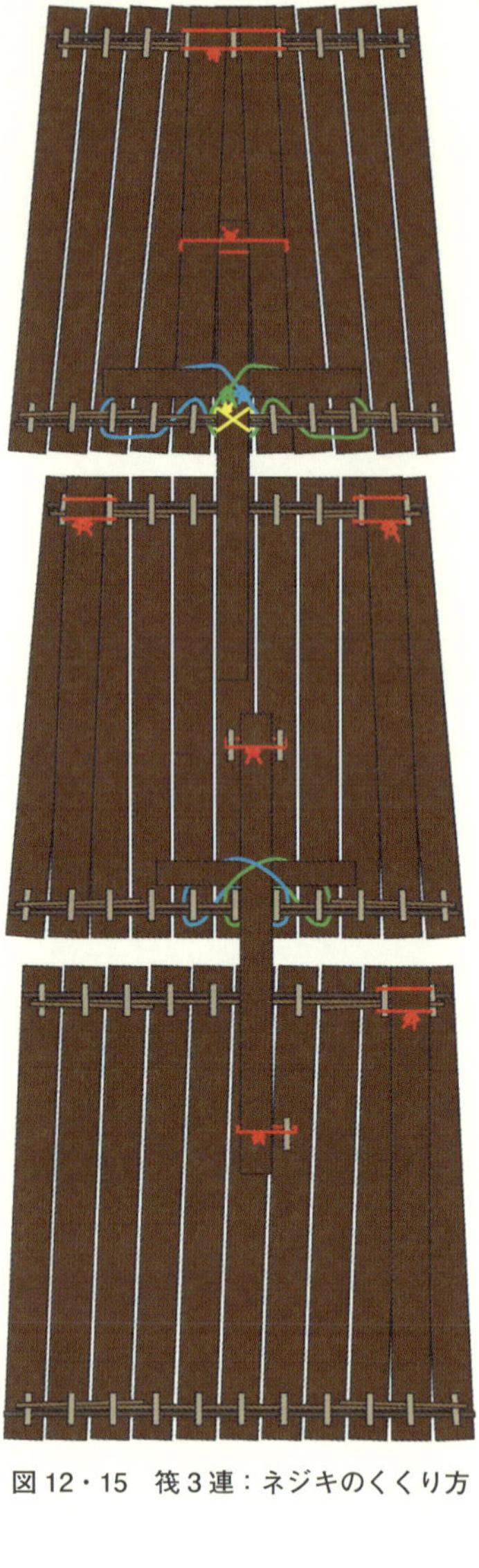

図 12・15　筏 3 連：ネジキのくくり方

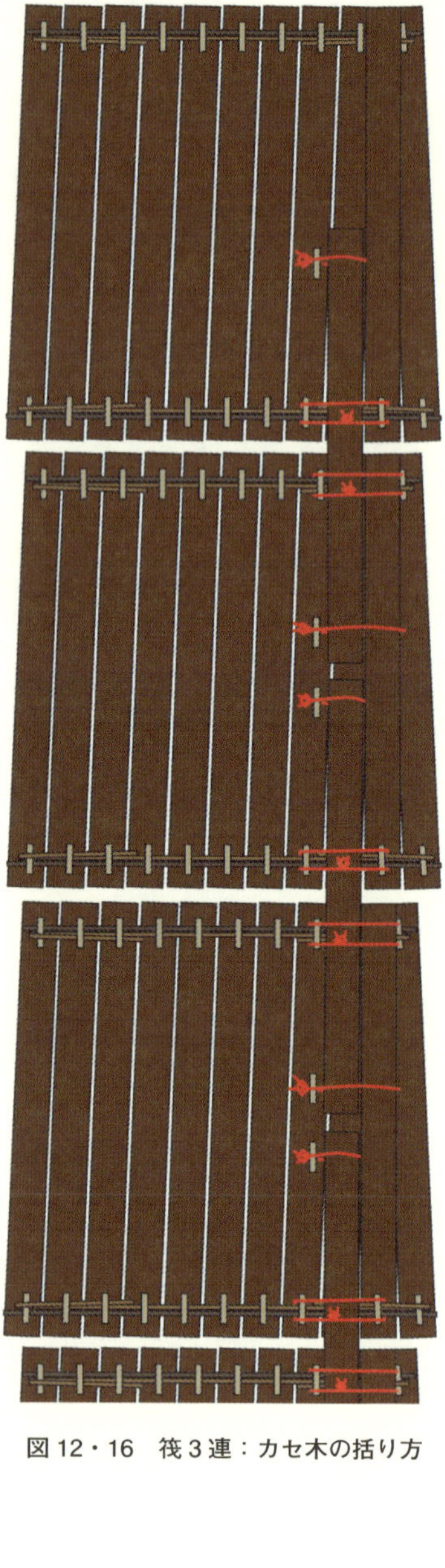

図 12・16　筏 3 連：カセ木の括り方

で一番重要な箇所である。筏の中央部に入れ込んだハバギの前方部を持ち上げ、隙間にネジキの土台となる細めの木を挟み込む。持ち上げた木材の間にネジキを差し込む。少し細めの木材があればいいだろう。三本の木材の交わったところを藤蔓《ふじづる》でくくる。藤蔓をネジキの上を通し、両側のハバギを下から巻くように上に持ってきて、三本の木材をくくる。そして、挟み込んだ土台を抜き、浮いている二本の材木を抑え込み、筏とくくる。すると先程の木材をくくった藤蔓が締まり、三本の木材がある程度固定される。土台をネジキとハナの後方部の間に挟み込み、ネジキと土台と筏とを一緒にくくりつける。この場合、一旦、ネジキを左に振りくネジキの右側を藤蔓でくくり、次に右に振りネジキの左側をくくる。そうすることで藤蔓がしまり、しっかり固定されるのである。ここをしっかり固定しておかないとネジキがゆるみ、うまく筏を操れない。ネジキの高さは中腰で舵を操るため腰よりも低めとする。

次に二番目のネジキ、二番矢を取り付ける。これはワキからソウにかけて取り付けられる。二番矢は一番矢の補助的な役目を担い、一番矢より低く、膝より低く設定する。ワキの右から四本目辺り（筏の中央よりやや右側）にネジキを取り付けるため、ネジキを基準に左右のワキの木材にカンを縦に打ち込み、藤蔓で固定する。ネ

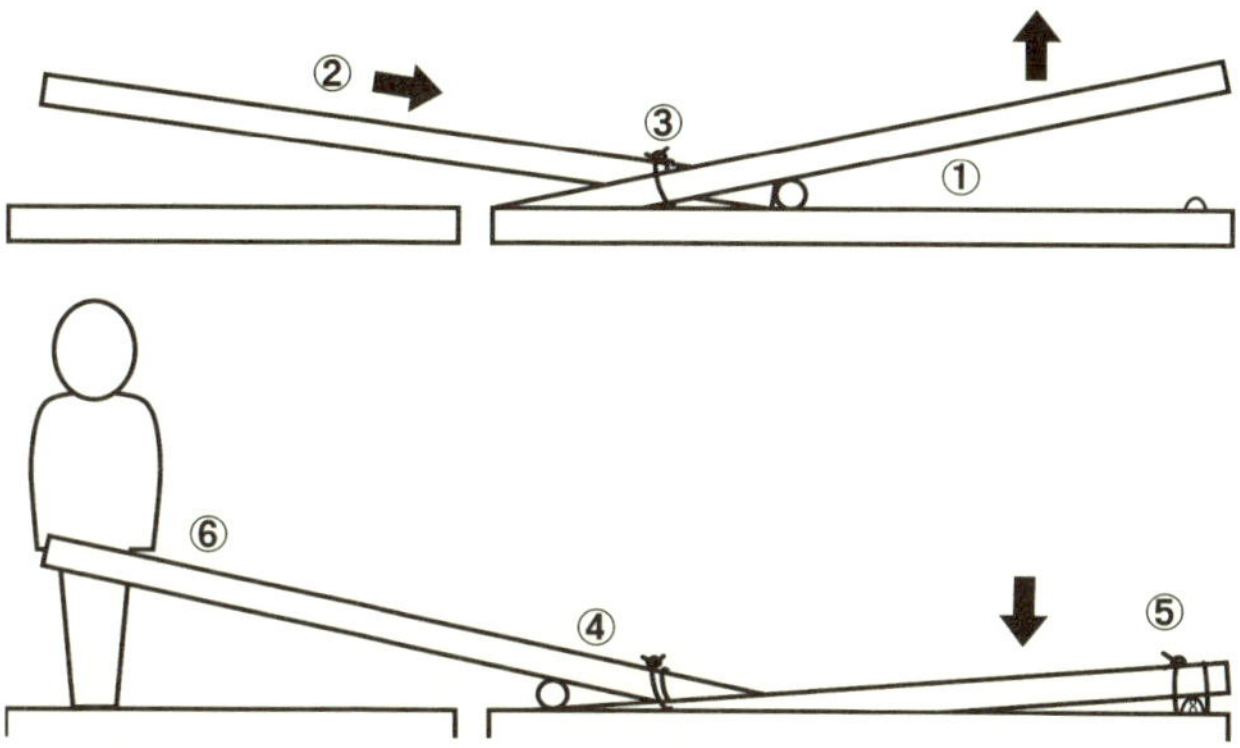

一番矢の取り付け方
①ハバキを持ち上げ、土台をかます。
②ネジキを２本のハバキの間に差し込む。
③ネジキとハバキを藤蔓でくくる。
④土台をネジキの下に敷き、ハバキを押さえ込み、藤蔓のくくり口を締める。
⑤ハバキの先方部をハナ先のコウガイとくくり固定する。
⑥ネジキの高さを股の高さに調整する。

図 12・17　一番矢の取り付け方

ジキとワキの後部の間に土台となる細めの木を挟み込み、一番矢と同じ方法で固定する。ソウにはネジキの右側にカンを一本打ちこみ縛る。二番矢は手で操るのではなく、棹《さお》を筏の木材の間を支点にネジキにあてがって、梃子《てこ》の原理で左右に動かすことで舵をとる（図12・18）。

一番矢を動かすことでハナ全体が（図12・19）、二番矢を動かすことでワキ全体が連動して動き、左右上下に動かすことで筏の動きを制御する。筏の操舵は、川の流れを判断することもさることながら、常に筏全体の動きを判断しながら、操舵しなければならない。

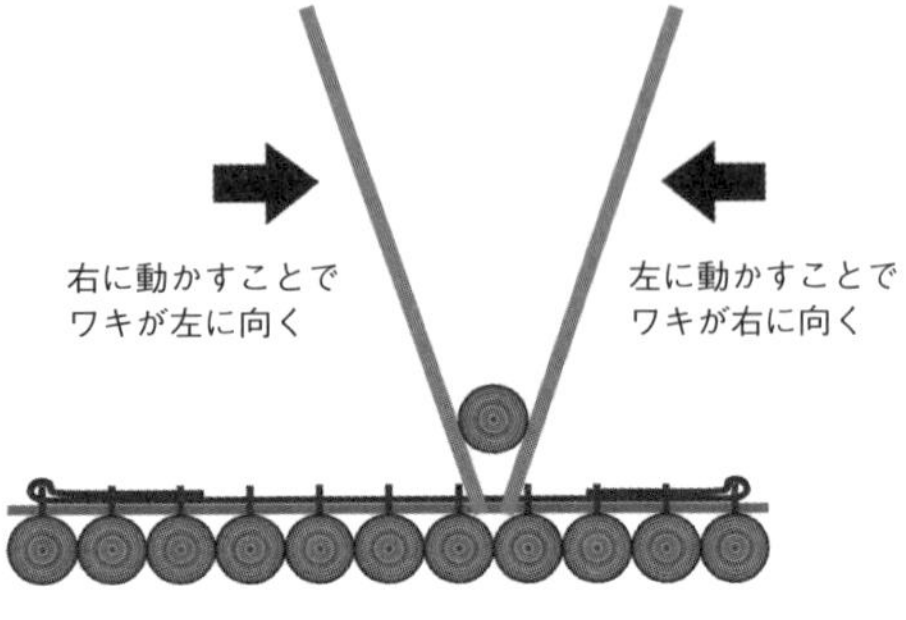
右に動かすことで
ワキが左に向く
左に動かすことで
ワキが右に向く
図12・18　二番矢の動かし方

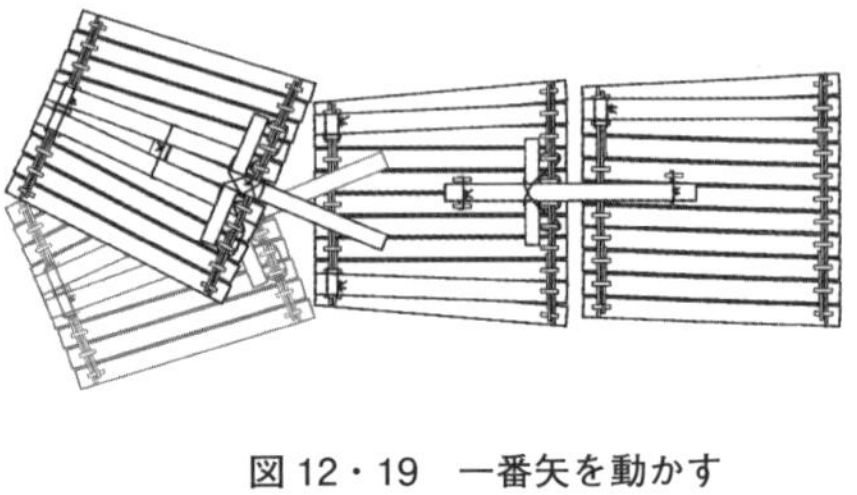
図12・19　一番矢を動かす

第六節　カセギを取り付ける

カセギ（図12・20）とは、筏の右側に各連をまたがって取り付けられる、筏の背骨的役割を担うものである。このカセギを取り付けないと筏が曲がりすぎて連と連の間で折れてしまう恐れがあるためだ。元筏士から聞いた話では、負荷がかかりすぎて途中でカセギが折れることもあったそうだ。

カセギはソウから猿尾《さるお》まで取り付けられる（一九四ページの図12・16参照）。ソウから四連目に木材をハバギの左側に這わせ、ハバギとともにくくる。四、五連目に上記と同様にくくり、これを猿尾まで繰り返す。

図12・20　カセギ

第七節　一二連の筏を組む

これまで保津《ほづ》川のカン筏《いかだ》を組む工程を簡単にみてきたが、いざ一二連《れん》の筏を組むとなれば、その全体像を把握していなければならない。図12・2の大堰《おおい》川筏絵図面は江戸初期（延宝期）以来のスギ材で組まれた筏の標準を示したものである。この図面を読み解き、筆者で筏図にしたのが図12・21である。

筏流しをする場合、一番重要な首の部分ワキが他の連よりも細く短いのがよくわかる。歪曲する川の流れに対応するため急な方向転換を余儀なくされた場合に一番矢を瞬時に動かしハナの連をスムーズに方向転換できるように考えられているのであろう。またソウ部分の幅は極端に狭くはないが長さはワキよりも短い、これも一番矢や二番矢をスムーズに動かすことを目的としているのであろう。

二〇一四年二月一六日、保津川で初めて一二連のカン筏（図12・6に設計図）を組んだ。約五〇メートルのカン筏である。江戸初期の筏絵図面や元筏士《いかだし》の話を参考にワキの連を細くしたが、来年以降も同じ木材で筏流し（筏イベント）を行う予定であったので、長さはあまり考慮しなかった。実際、二〇一四年二月のカン筏は保津川の急流を流れることはなく、保津川遊船《ほづがわゆうせん》企業組合の舟の係留場で浮かべただけであった。そのことで、私が設計した筏が実際に保津川の流れに耐えられるの

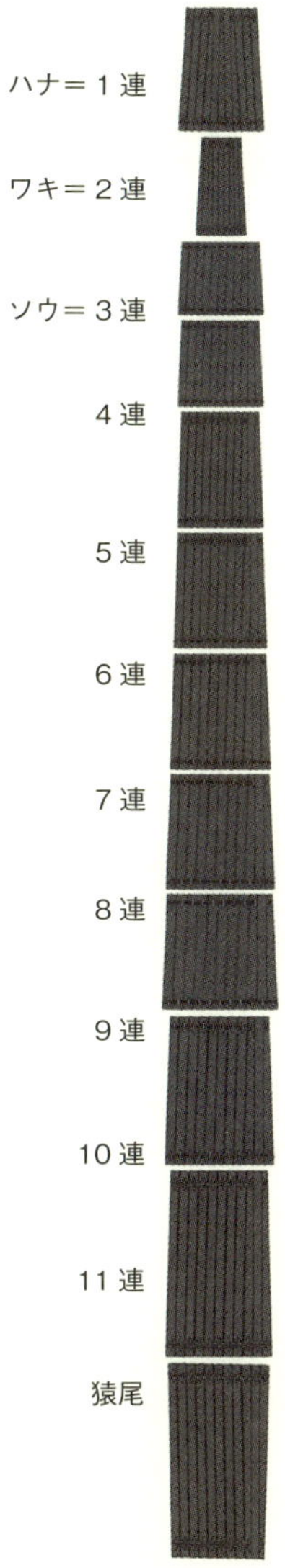

図12・21　筏図

かは未知数であった。

二〇一四年一二月に再度チャレンジした一二連筏流しは、先述したように悪天候の中でおこなわれた。二月の設計図を参考に再度同様の筏を組んだ。第十一章の「筏を操る」で詳しく述べてあるが、筏流しが川岸への座礁《ざしょう》という結果に終わった原因として、筏流しを担当した船頭の筏士としての技術の未熟さも一つの要因であったとは思うが、この筏組みも一つの原因であったのかもしれない。

また元筏士から教わった技術は六連までの技術であった。江戸期と昭和期そして現在、保津川の川の状況は全くことなっているであろう。現に元筏士は現在の川は荒れていて筏流しが難しいと話していた。かつての筏士が川の状況や木材の質をみて筏組みを臨機応変に変化させていたように、基本の筏の形を保ちながら、現在の川の状況に変化、適応させていくことが必要なのかもしれない。

【引用・参考文献】

藤田叔民（一九七三）『近世木材流通史の研究』新生社
島田錦蔵（一九七四）『流筏林業盛衰史』林業経済研究所

図12・22　組み上げた12連筏

第十三章　筏を操る

手塚恵子・河原林洋

第一節　伝統的筏の復活

大堰川《おおい》（保津川《ほづ》・桂川《かつら》）の流域で、保津川の筏士が筏流しを受け持っていたのは、保津・山本浜《やまもとはま》から嵐山《あらしやま》までの区間であった。京筏組《きょういかだぐみ》による伝統的筏の復活は、二〇〇八年に保津（保津川下り乗船場）から山本浜までを六連筏で、二〇〇九年に落合から嵐山までを六連筏で、二〇一四年に保津（保津川下り乗船場）から山本浜までを一二連《れん》で下った。

保津から嵐山までの区間を難易度の易しい順に並べると、①保津—山本浜間、②落合《おちあい》—嵐山間、③山本浜—落合間となる。川の流れに従えば、上流から①、③、②の順となる。

①の区間はこれといった大きな瀬もなく、両岸は開けた「平川」で、操船は難しくはない。③は渓谷の中で瀬と瀞が交互に現れる「谷」で、「奥の段」と「大瀬」という荒瀬を越えて、再び両岸の開けた嵐山に入る。この区間は昭和三〇年代まで筏流しが行われていた区間であり、聞き書きをした酒井さん上田さんの仕事場でもあった。②は上流から来た筏を保津で「谷」用に組み替えた理由である荒瀬《あらせ》の連続する区間で、現在でも保津川下りの船頭の棹《さお》さばきの見せ場となっている。

京筏組の伝統的筏の復活で用いた筏の長さは、六連《れん》（二〇〇八、二〇〇九年）と一二連筏（二〇一四年）である。筏は短すぎても長すぎても扱いづらい。長すぎると、瀬の連続する保津峡を筏が上手く下ることができないのである。一方で、筏は水の流れを利用しながら下るため、ある程度の長さで水を筏に受ける必要があったので、極端に短い筏でも都合が悪かった。この両者の兼ね合いから、桂川を下る筏は一二連と定められてきた。

　京筏組の筏士は保津川下りの船頭が務めており、彼らがふだん扱う船の長さが一二メートル（およそ筏三連分）であることから、いきなり一二連（およそ五〇メートル）は難しいと考え、筏が筏として機能し船頭にも扱える大きさと考えられる六連筏で復活事業を始め、その後に一二連筏を復活することにした。

　二〇〇八年の六連筏による保津・山本間の筏流しはさしたる問題もなく行われた。二〇〇九年の六連筏による落合・嵐山間の筏流しは筏士の間では技術的問題が議論されたが、その他のメンバーは問題があるとは気がつかなかった。二〇一四年度の一二連筏による保津・山本間の筏流しに問題があったことは傍目にも明らかだった。この章では、二〇〇九年度の落合・嵐山間および二〇一四年度の保津・山本間の筏の操船について、技術的な検討をおこなう。

第二節　奥の段

図13・1は奥《おく》の段《だん》を下る六連筏《れんいかだ》を写したものである。

　奥の段では上流からきた流れが右岸にあたって、直角に流れを変えている。このような場所では、本流は外側に外側にと流れようとする。船が川の本流を

図 13・1　奥の段を通る筏（2009 年 9 月 9 日）

下っていこうとすると、川の流れと遠心力でどんどんと押されていって、右岸の「水寄せ」の岩である②にあたってしまう。

図13・1の三角形をした岩①は「印岩」である。「五人水《ごにんみず》」の水量になってはじめて水中から顔を出すことから、保津《ほづ》川下りの船頭が水位の増減を測る目印にしている岩となっている。

船はこの三角岩にできるだけ近づくようにして進む（図13・2）。しかしそうしてもなお流れは船を外側に押していくから、この流れを利用しながら、保津川下りの遊船《ゆうせん》はカーブを曲がっていく。

六連筏復活の日（二〇〇九年九月九日）は水が少なく、③（図13・1）に波が立っていた。③にはタタラという隠れ岩があって、水位によって見え隠れするので、保津川下りの船頭は「五人水」の時は岩の上を滑るように乗っていき、「三人水」の時は、岩を避けるように、船をかわしていく。したがって「三人水」の時は「五人水」の時よりも、船のコースは若干外にぶれることになる（図13・3）。

六連筏復活の日の水位は「三人水」であった。筏は「三人水」の時に船が通るコースを進んだ。船の喫水《きっすい》は四〇センチ、この日組んだ筏の喫水は八センチメートルであったから、筏は「五人水」のコースで行くこともできた。しかし筏士はそのような選択をとらなかった。いやとることができなかったのである。

「三人水」のコース取りは「五人水」のコース取りよりも、外に大回りにな

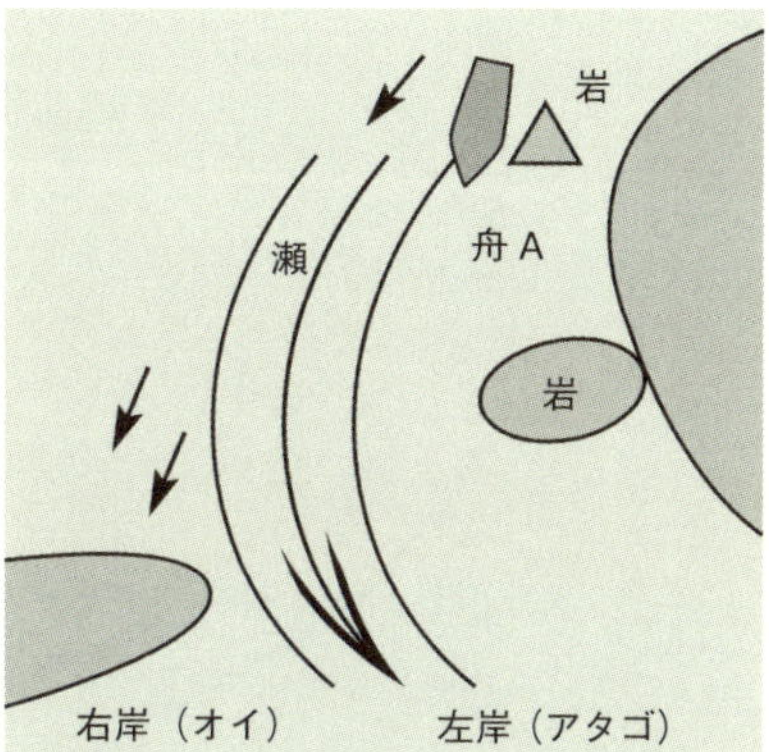

図13・2　奥の段での遊船の航路1

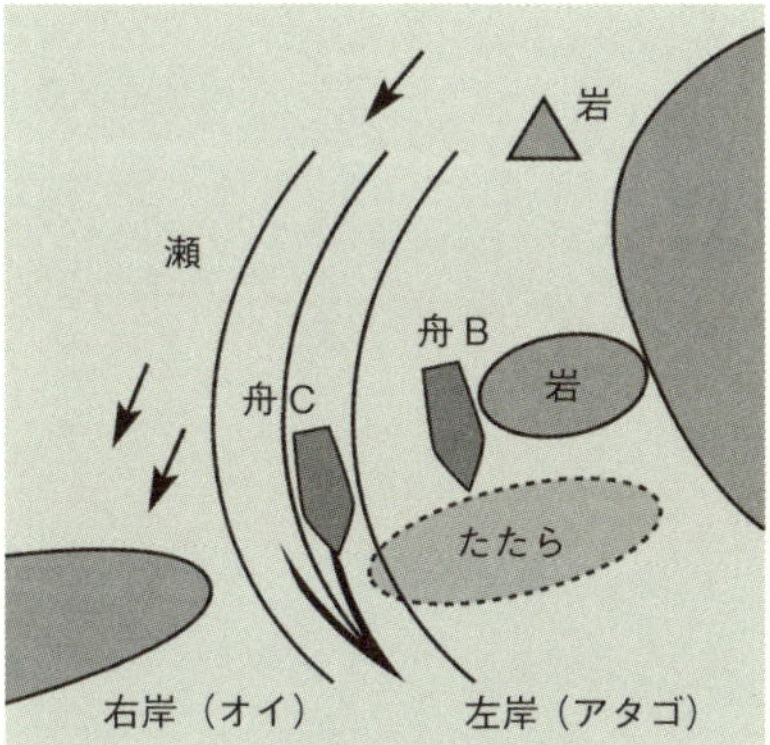

図13・3　奥の段での遊船の航路2

るほど、船腹は外側に向かって流れようとする水流の流れを受けることになる。それでも「三人水」の水量ならば、船はもちこたえることができる。

しかし筏はそうはいかない。保津川下りの船の長さは一二メートル弱、筏三連分（約一二メートル）とほぼ同じ長さである。この日の筏は六連であったから、保津川下りの二倍の長さである。長さが二倍ということは、筏が受ける水流は、船の二倍の量になる。

筏は外側に行こうとする水流に徐々に押されていき、右岸に突き出た「水寄せ」に、いままさにぶつかろうとしている。図13・1はその瞬間を捉えたものである。

写真には、筏の後方にいる二人の筏士が棹《さお》で「水寄せ」の岩を、懸命に突いている姿が写っている。船は岩にぶつかりそうになっても、岩に棹を挿して踏ん張るだけで、岩から離れていくことができる。さらに船には後部に舵《かじ》があって、それで方向転換をすることができる。残念なことに筏の後ろに舵はない。棹に頼って対処するしか術がない。

昔の筏士なら、このような事態に陥った時には、岩に棹を挿したまま筏の上を船尾に向かって歩いていただろう。筏の流れる方向とは逆の方向に歩くことによって、棹は川に対して同じ場所に留まる。棹で支えながら支点を持つことで、岩をかわすことができる。しかしこの日、筏士が筏の上を歩くことはなかった。

幸運だったのは、岩に当たっている部分が、筏の全長からすれば短いものであったことである。筏自身もまた全体を下流に引っ張っていく力をもっているから、筏は岩を離れて、辛うじて本流に戻って来られた。

図13・4は図13・1と同じ場所を同じ角度で舳先《へさき》を向けて下る一二連筏の航

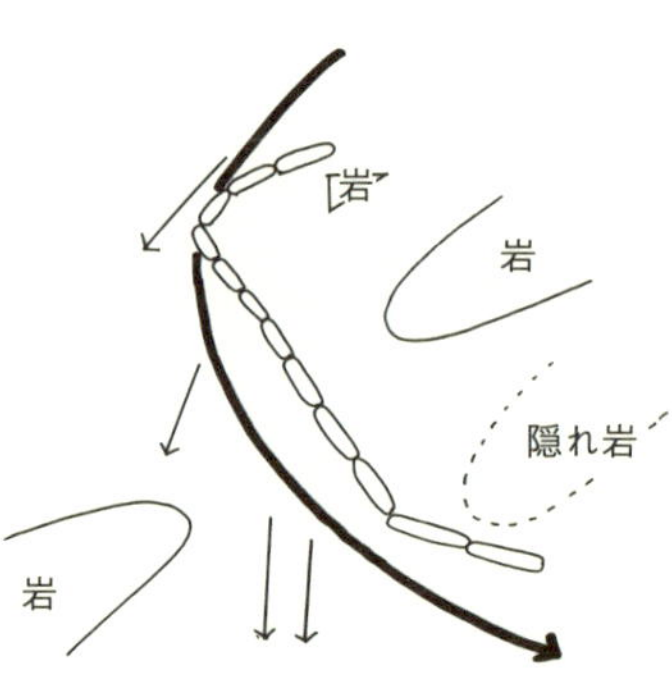

図13・4　12連筏航路模式図A

路模式図である。図13・1と同じように、筏の一連目が瀬を抜けたところである。さて筏の一連目が瀬を抜けると、筏の先端の連が全体を引っ張っていく力よりも、筏の後の連が筏を押してくる力の方が強くなる。瀬の中の水流は瀬を抜けたところの水流よりも強いからである。筏士が上手く筏を操作してやらないと、筏は弓なりになっていき（図13・5）、やがて輪を描く（図13・6）ようになる。こういう状態を指して、昔の筏士は「ねずみ取り」と呼んでいた。

筏は瀬（本流）の裏に出てしまうと、戻すことはできない。瀬とエディ（「だま」）の間にはエディラインが生じ、強力な瀬であればあるほど、水が壁のように立ちはだかるので、船であっても筏であってもエディから瀬の方向に横切ることはできないのである。

昔の筏士は「ねずみ取り」を警戒し、そのような事態になる前に、筏の舳先を川の進行方向とは反対側に向けることによって、筏を左岸側に戻しておくという処置（図13・7）をしておいたとい

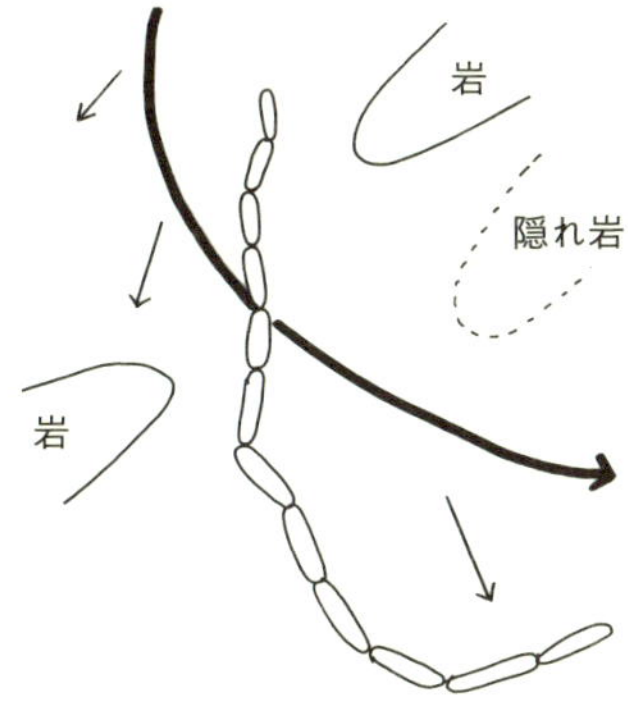

図13・5　12連筏航路模式図B

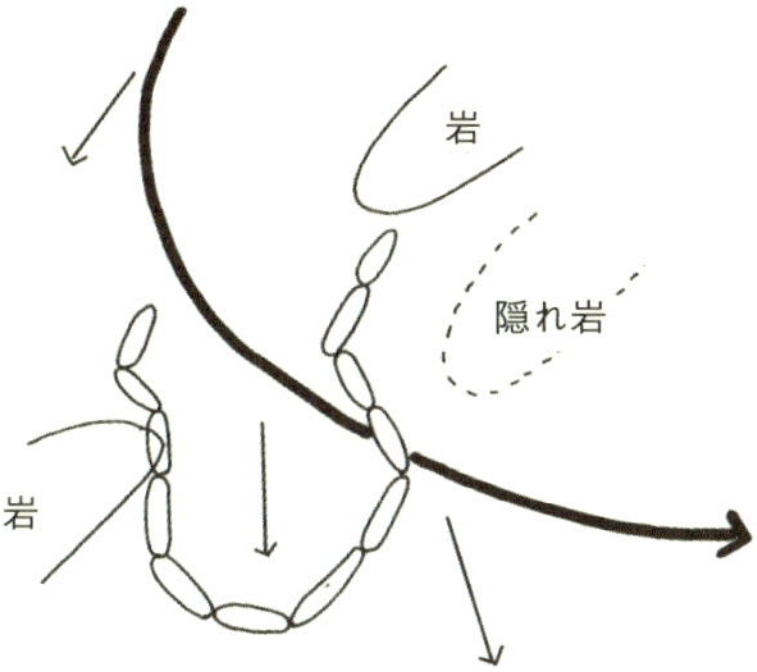

図13・6　12連筏航路模式図C

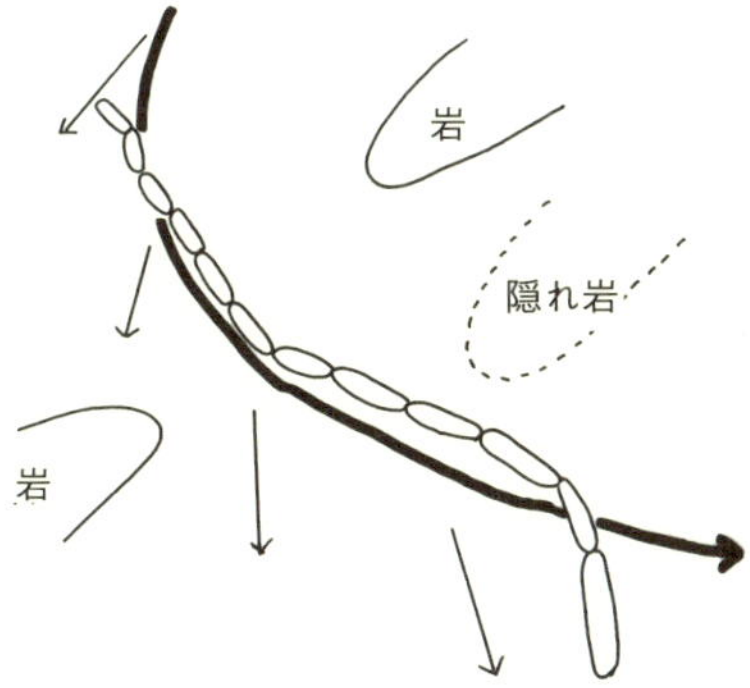

図13・7　12連筏航路模式図D

う。

川の流れは強力で人間の力は微々たるものであるから、筏士は水の力と向きを利用しながら、筏を本流に乗せていく。本流に乗っていくのではなく、筏を蛇のように蛇行させながら、本流に乗せていく。それが筏流しの基本である。

船の下り方と筏の流し方は全く違うと酒井さんは繰り返し言っていた。上田さんは図13・1を見て「六連だから岩にあたって、これぐらいで済んでいた。一二連だったら、ここにこうつくんで、ここにあたって座礁していた」と指摘した。

今回筏を流したのは保津川下りの船頭である。何千回も保津川を下ってきた経験をもつ船頭は、保津川の水の流れを熟知している。それゆえに、頭では船ではなく筏を流しているのだということは理解していたにもかかわらず、水の上での振る舞いは、船頭の振る舞いになってしまっていた。

船頭である彼らには「三人水」の水位であっても「五人水」のコース取りでいくという判断ができなかったし、棹を岩に挿しながら筏の上を歩くという動きができなかった。また「水寄せ」を越えたところで逆ハンドルを切るという発想（図13・7）をもたなかった。

この日、筏は奥《おく》の段《だん》と大瀬《おおせ》という難関を乗り越え、嵐山《あらしやま》に無事にたどり着いた。六〇年ぶりの快挙であった。しかしそれは筏流しのやり方ではなく、船のやり方で成功したにすぎなかった。筏の操船技術の確立は一二連筏の復活に委ねられた。

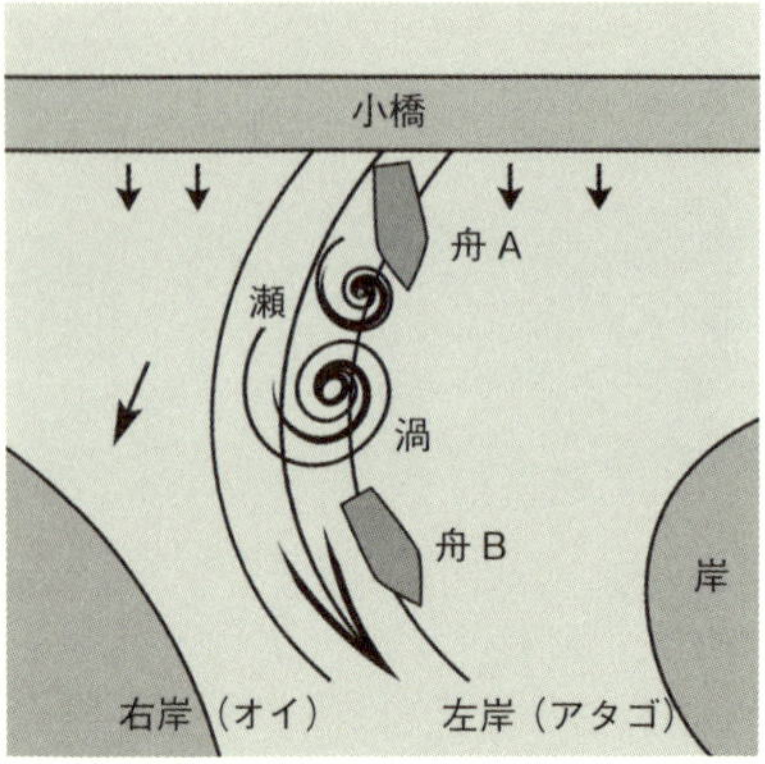

図13・8　小橋周辺の流れ

第三節　二連筏

小橋《こばし》は保津《ほづ》町にある沈下橋《ちんかばし》である。小橋の真下には小さな瀬があって、これが保津川の「平《ひら》川」における唯一の瀬になっている。

図13・8は小橋周辺の流れを概述したものである。本流は小橋の真下の瀬を通り、ややアタゴ側からオイ側に蛇行しながら流れていく。瀬のパワーは大きくはなく、保津川下りの船頭は航路の中で一番易しい瀬だという。

保津川下りの船は、渦の所で、「とも（舟の後部）」にだけ「水を抱く」ようにして、アタゴ側に向かっていく。船の「鼻（舟の先端）」先だけ、瀬から外して進んでいくのである（舟A～舟B）。

この日、筏士《いかだし》たちは船と同じように筏《いかだ》の鼻先を瀬から外そうとした。アタゴ（左岸）側に向かおうとしたのである。図13・9は小橋の瀬を筏士たちが越えようとしている場面である。先頭の筏士はオイ（右岸）側に棹《さお》をさし、舵《かじ》持ちの筏士も同じように舵を操作している。川の中では、流れの右側に棹を入れれば舟や筏は左側に向かって進み、左側に入れれば右側に進む。自分の行きたい方向と反対側に棹を入れるのである。

筏の鼻先はアタゴ側に向いたと筏士は思った。一方、朝からの雨で思いの他水量が増え、水位は「三人水《さんにんみず》」と「四人水」の中間ぐらいになっていた。筏士の思いとは異なり、強い水流は筏を瀬の流れに完全に乗せてしまった。

腹部に多量の水を抱えた筏はオイ側に押しやられていく（図13・10）。このような場面では、棹をオイ側に差して筏がアタゴ側に戻るように助け

図13・9　小橋の瀬を下る筏士（2014年12月20日）

てやらなければならない。図13・10でも、三番目の筏士がオイ側に竿《さお》を挿している。竿を挿している行為自体はこの場に適った行為であるが、棹の差し方が適切ではなかった。この棹の差し方は、筏の棹の差し方ではなく、舟の棹の差し方である。

図13・11は図13・10とほぼ同じ場所を保津川下りの舟が下っていく様子である。保津川下りの船頭は舟に沿わせるようにして、棹を川底にさす。舟を進めるために棹をさすのである。

一方、筏は支点を作るために棹をさす。図13・12から14はその原理を示したものである。図13・12は棹を挿していない状態の筏で、腹部に水を抱えてオイ側に押されている。図13・13は棹を挿した筏で、筏の支点ができた状態である。図13・14は棹という支点を持つことによって、筏が支点の下を通っていく状態を示している。棹という中心点があれば、筏はオイ側の岸辺に押しやられることはない。

筏士は筏に支点を与えるために、棹をぐっぐっと挿しながら、筏の先頭から後部まで歩かなければならない。この日、先頭の筏士は、歩こうとしない筏士（図

図13・10　筏（小橋下手）

図13・11　保津川下りの舟（小橋下手）

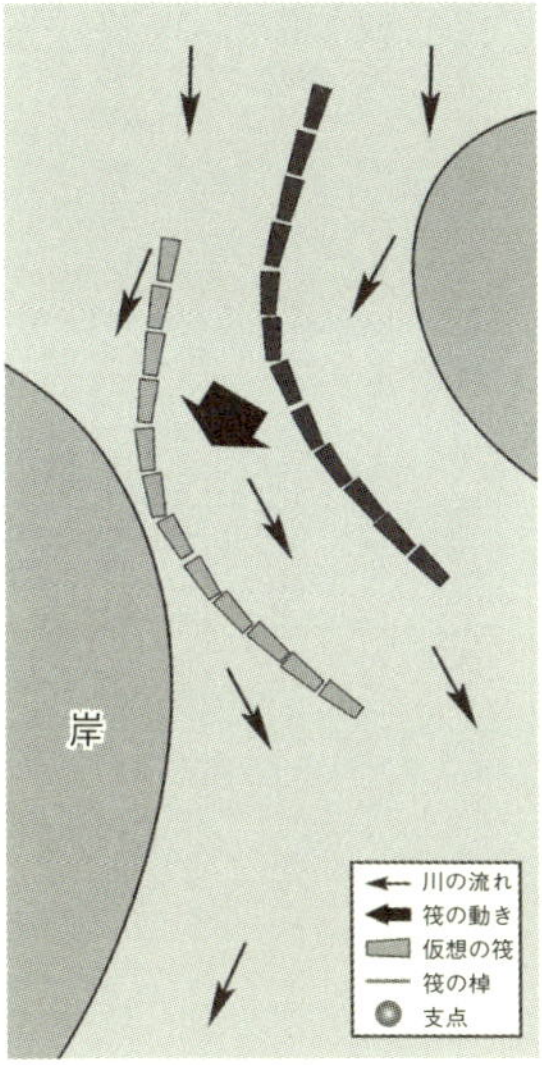

図 13・12　筏の動き想定図
支点なし

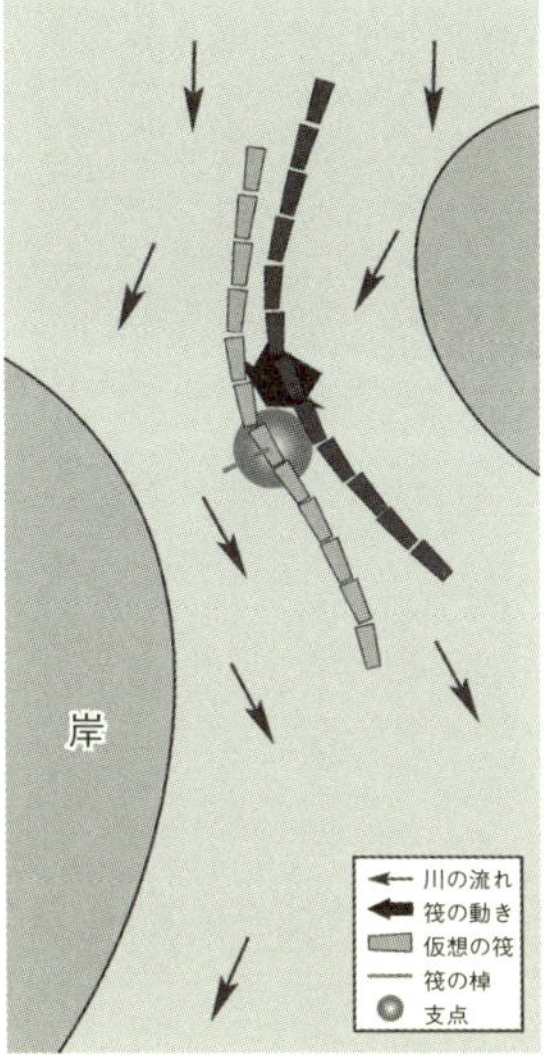

図 13・13　筏の動き想定図
支点あり

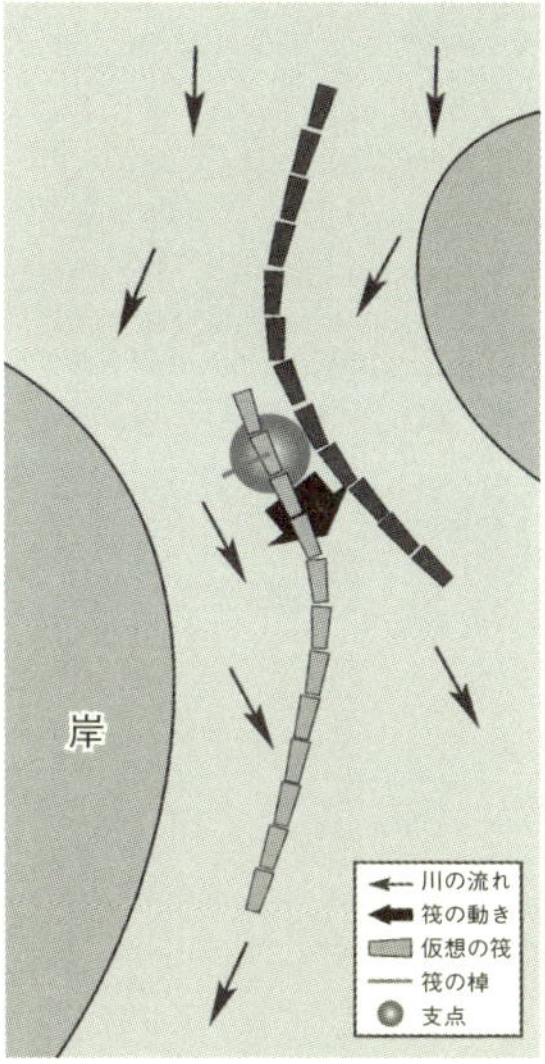

図 13・14　筏の動き想定図
支点通過

図 13・15　筏の上を歩く筏士

図 13・16　座礁する筏

13・15）に向かって「歩け」と叫んだ。我に返った筏士たちは、すぐさま筏の後部に向かって歩き始めた。

筏の後方は水を抱いているが、前方は水を抱いていない、筏がオイ側の岸辺から少しでも瀬に出てきてくれたら、筏のオイ側に水を抱いて、筏の後方が出てくるかもしれないと思いながら、筏士は筏の上を歩いた。しかし時すでに遅く、筏は座礁《ざしょう》してしまった。

筏士は一二連《れん》の筏を切り離し、九連筏と三連筏にすることにした。水を真横に受け、動けなくなった状態で座礁した後部の三連を切り離すことによって、三連を砂州《さす》から救出し、二枚の筏としてしばらく流した後で、また繋ごうとしたのである。昔日の筏士もまたばらけた筏を繋ぎ直して下ったこともあったと聞いていたからである。

二枚の筏として川を下ってしばらくすると、再び三連筏が座礁し、岩に乗り上げてしまった。二枚の筏にしたときに、三連筏に「首」を作らなかったためである。

舟には舵《かじ》があるから、一二メートルの長さであっても、船体の動きを制御できる。筏三連は保津川下りの舟とほぼ同じ長さであるが舵がない。その代わりに、舵と同じような働きをする「首」という仕組みをもっている。

図13・17は、筏の連と連を連結した箇所を拡大したものである。連と連は藤蔓《ふじづる》によって三箇所で結ばれている。それぞれの連が自由気ままに曲がりすぎないように、三箇所で結んでおくのである。ただし一連目と二連目の連結は、一箇所でしか藤蔓を結ばない。方向を決め、筏をコントロールし

図13・17　連と連の連結

ていくためには、一連目が自由に折れ曲がらないといけないからである。

三連筏が岩に乗り上げたところで、筏士はそれを二連筏と一連筏に切り離し、さらに二連筏の連結部分の二箇所の藤蔓を解き、「首」を作った。

一二連の一枚筏は、九連筏、二連筏、一連筏の三枚の筏となって、山本の浜に辿り着いた。激しかった雨風が止んだのもちょうどその頃だった。

第四節　口頭伝承から身体知へ

一二連筏《れんいかだ》の筏流しが上手くいかなかった要因は複合的である。いくつかをあげると、

（一）当日の激しい風雨（この日午後から保津《ほづ》川下りの遊船《ゆうせん》は「川止め」になった）により、予想していた以上に水量が多かったこと、（二）筏材の一部に乾燥していない生木《なまぎ》を用い、なおかつそれらを筏の最後尾に用いたことなどが考えられる。

とはいうものの、これらはそれほど大きな要因ではない。昔日《せきじつ》の筏士《いかだし》の時代でも、作業の途中で急に水量が増えたこともあっただろうし、重量のある松だけのゴンタ筏を流していたこともあったからである。

最大の要因は、筏の扱い方を身体知のレベルで身につけていなかったことにあった。筏士には、保津川という自然環境に関する知識は充分にあった。一二筏復活に参加した筏士たちは、船頭として日々保津川を下っている、下った回数も数千回に及ぶ。どのくらいの水量なら、ここのカーブは

図 13・18　切り離された筏（山本浜）

こういう流れ、この瀬の流れはこういう流れになるといった、保津川についての経験値は充分にある。

その一方で、筏が流れの中でどのような動きをするかについては、充分に理解していたとはいえない。筏士も酒井さん、上田さんからの聞き書きに参加していたし、またこれとは別に、上田さんと一緒に保津川のビデオを見ながら、「こういうところはこう通ってこうなるのや」と細やかな指導を受けていた。それでも、瀬自体の流れはイメージできても筏がその瀬の中でどのように動くかをイメージできていなかった。

筏の「先乗り」と「舵《かじ》持ち」は、今自分が通過している箇所を何十秒か後に、筏の「猿《さる》尾《お》（最後尾）」がどのような軌跡を描いて通るのかを予測しながら、棹《さお》と舵を適切に使わなければならない。また「舵持ち」以外の筏士は、筏が常に支点をもって動くように気を配り、必要なら棹をさしながら筏の上を歩かなければならない。そしてこれらの行為は誰かの指示によるのではなく、自然と為されなければならない。酒井さんや上田さんが言うように、「こうなったらこうするもんやて、体が勝手にうごくもんなんや。アイコンタクトなんて遅いんや。舟と違って、（筏は）そんな悠長なものやない」のであった。

その川の流れを知っていることと、自分のフネが瀬の中でどのような動きをするか、この両方が揃っていれば心強い。川下りの船頭や筏流しの筏士は特定の川で活動することが多いから、川の流れと舟や筏の動き方の両方を熟知しているといえよう。

仮に「川の流れ」と「フネの動き」のどちらを知っていることがより重要かと問うとしたら、それはいうまでもなく後者である。たとえば、カヌーイストはホームグラウンドではない川にも出かけていく。自分のまだ下ったことのない川でも、自分のフネが流れのどのように動くかを知っていれば、いままでの経験をもとにして、眼前の川の流れにフネの動きをシミュレーションしながら、下ることができる。筏士でも、和歌山県の熊野川の筏士は、戦前、満州《まんしゅう》（中国東北部）に出稼ぎに行き、満州の川で筏流しに従事していた。筏の動きを熟知していたから、川の流れの様子を確認し、それにあわせて身のこなし方を瞬時に調整することができたゆえに、異国の地でも活動できたのだろう。残念ながら、この日の筏士は、保津川の自然を読む力はあっても、自然と筏をマッチングさせる技量がなかったということだ。

酒井さんも上田さんも鬼籍に入ってしまわれた。直接の指導は仰げない。筏下りが現役の頃は、先輩の筏士から直接指導を受けながら、それを身体知に練り上げていくということができたかもしれないが、現在ではイベント以外で筏が川を下ることは難しい。

保津川の平成の筏士たちは、先輩の筏士から、ぎりぎり話だけは伺えたというところである。今後は酒井さん、上田さんに伺った話を参照枠にして、そこから筏下りの技術を作り上げていくほかない。身体知を口頭伝承で表現されたものを、再び身体知に戻していく作業である。それが保津川の筏の伝統なのかと問われれば、そうではないのかもしれない。しかし、保津川下りの船頭の技術であっても、四〇〇年全く変わっていないのではなく、伝承されてきた基本の筋に、それぞれの船頭が自分なりの何かを付け加えてきて、今日を迎えたのである。筏もそれと同じではないだろうか。

【付　記】
勇猛果敢に一二連筏流しにチャレンジしてくれた大森秀樹・林真・豊田覚司・石田亮太・市原寿郎の各氏に感謝するとともに、再び共にチャレンジしてくれることを期待する。

【コラム5】「北山の樵」

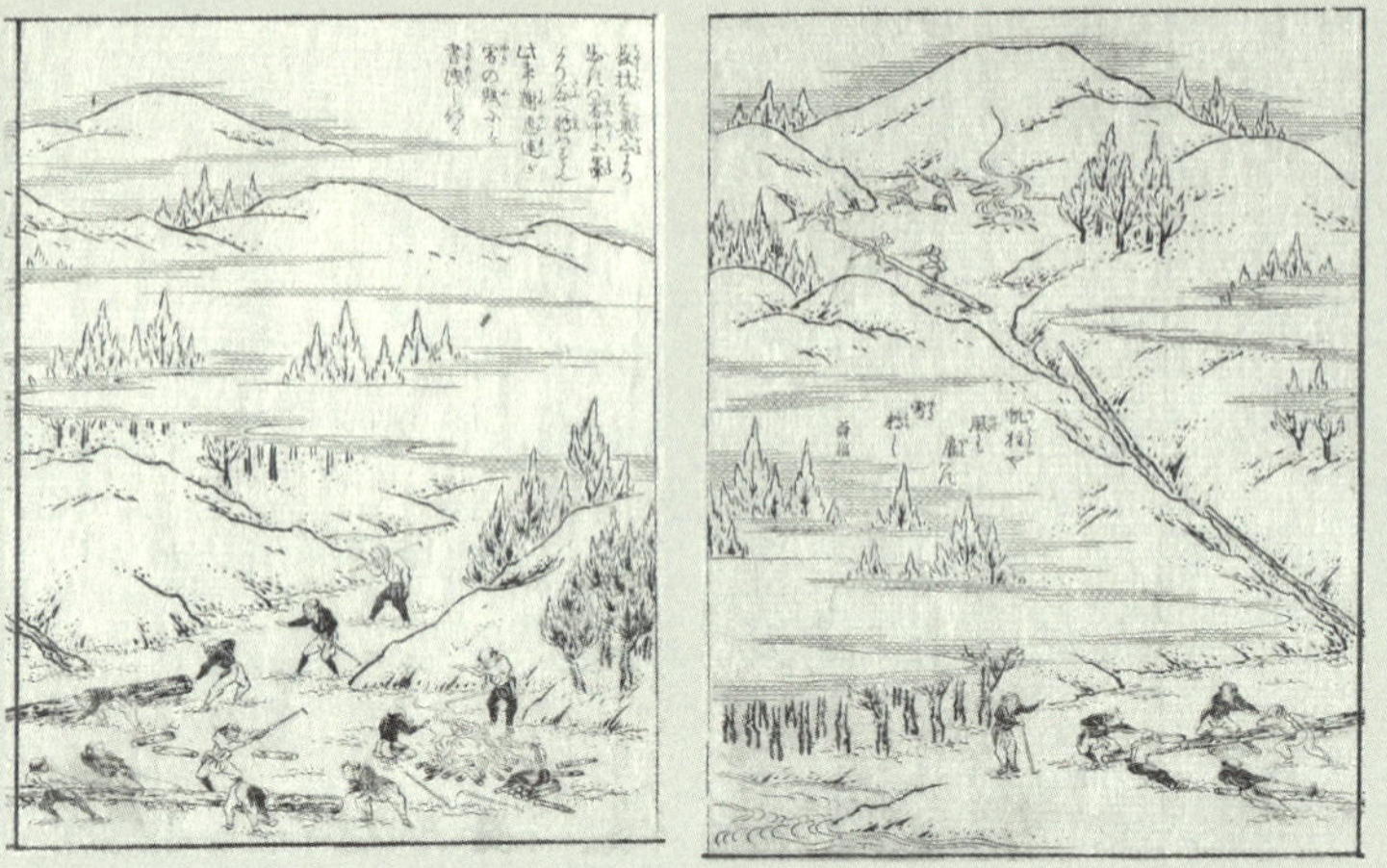

『拾遺都名所図会』巻三（国際日本文化研究センター蔵）

「長材を奥山より出すは、雪中に峯より谷へ転ばす也。此事謝恵連が雪の賦には書洩し侍る。」（国際日本文化研究センター「拾遺都名所図会データベース」翻刻文）

「謝恵連が雪の賦」とは、中国南朝宋《なんちょうそう》の詩人、謝恵連《しゃけいれん》（四〇七-四三三）の「雪の賦」のことで、『文選《もんぜん》』に収められている。

京都の北山では、雪が降ると、伐採した材木を、雪中を滑らせて、谷まで落とすところを描いている。

左の歌は「帆柱や風も雇はず雪転し／舜福」とあり、舜《しゅん》福《ぶく》というのはこの『拾遺都名所図会』の著者、秋里籬島《あきさとりとう》の名。図版の絵師は竹原春朝斎《たけはらしゅんちょうさい》で、大阪の書林《しょりん》河内屋《かわちや》から一七八七（天明《てんめい》七）年秋に刊行された。江戸でも同時刊行されたとのことだ。

（堀田　穣）

第十四章　筏材の活用

原田禎夫

かつて保津川《ほづ》を流れた筏《いかだ》の材は、京都の御所《ごしょ》を造り、寺社を造った。それだけではなく、近世以降は多量の商業材として市中に流通し、町屋の建築材としても用いられてきた。

しかしながら、全国の多くの産地と同様に、京都府の林業を取り巻く状況は厳しく、かつてのような住宅用建材として材木を販売し、収益をあげることは難しいものとなっていた。さらに、筏流しから鉄道、そしてトラックへと運搬手段が変化するとともに、材木商や製材所はより産地に近い上流域へと移り、現在では筏流しのゴールである嵐山周辺には製材所は皆無となっていた。

こうした状況をふまえて、この筏復活プロジェクトでは単なる材木流通手段の復活ではなく、むしろ筏流しという伝統的な輸送手段を民俗文化財的な観点から見直し、その価値を高められるような材木の活用方法を検討することとした。

第一節　車折神社の玉垣

二〇〇九年の筏流し《いかだ》（落合《おちあい》・嵐山間《あらしやま》）では、筏に用いられた材木のうち、ヒノキ材一三本を、車《くるま》折《ざき》神社（京都市右京区）に寄進《きしん》した。車折神社のある嵯峨《さが》一帯は、筏が流れていた頃には、製材所や貯木場の立ち並ぶ材木の集積地であった。場所柄、車折神社の造営や修繕には、かつては筏材が使われていた可能性が高い。そういうこともあって、京筏組《きょういかだぐみ》から神社に寄進を打診したのである。車折神社では、京筏組の寄進を受けて、筏材のヒノキ材を用いて、境内に鎮座する大国主《おおくにのぬし》神社の玉垣《たまがき》を新調された。

残念ながら、かつて材木の集積地であった京都市右京区嵯峨一帯には、すでに製材業者などはなく、二〇〇九年の筏流しでは、筏の終着地である嵯峨・嵐山で製材をすることができなかった。そのため嵐山に到着した筏をいったんトラックで引き上げ、材木の産地である京都市右京区京北町まで再度運搬し、製材するというルートを採らざるをえず、すでに過去のような上流から下流へという材木の物流ルートは再現ができないことも明らかになった。

しかしながら、そうした課題が明らかになったものの、何百年もの間、連綿と受け継がれてきた「地域の文化＝個性」を次世代に残すことが重要であると関係者の理解も進み、保津川の筏で流した材木を筏のゴールである嵯峨の地で活かすことができたのであった。

第二節　ベンチ

車折《くるまざき》神社への玉垣《たまがき》の奉納《ほうのう》がきっかけとなり、その後、さまざまな形での材木の利活用の提案を受けるようになったが、その中でも加工が比較的用意な木製ベンチは数多く制作されている。

二〇〇九年の筏流しでは、車折神社への玉垣の用材の寄進に加えて、嵐山《あらしやま》観光の窓口である京福《けいふく》電車嵐山駅のベンチが試験的に制作された。

また、材木の供給地の一つである亀岡《かめおか》市の長尾《ながお》山では、毎年、筏《いかだ》流しを終えた材木を引き取っていただき、市民ボランティアの手によってベンチに加工され、山中の展望台などに設置されている。

二〇一四年五月には、京都府や亀岡市が中心となって進める保津《ほづ》川かわまちづくり計画の一環として行われてきた保津川下り乗船場周辺の公園整備事業において、筏流しに用いた材木を使ったベンチが設置された。これは、京筏組《きょういかだぐみ》のメンバーでもある京都府南丹《なんたん》広域振興局からの申し出により実現したもので、加工は材木の確保に協力いただいてきた亀岡市内の製材所が担当した。このベンチの制作にあたっては、できるだけ筏をイメージしやすいものを、と極力風合いを残したデザイ

図 14・1　長尾山でのボランティアによるベンチ設置作業

図 14・2　保津川下り乗船場近くの公園に設けられたベンチ

ンとされた。

第三節　無印良品京都BAL店内装

筏《いかだ》流しに用いた間伐材《かんばつざい》の利活用に向けたさまざまな実験的な取り組みの結果、現在、筏流しの再現に用いているスギやヒノキの間伐材は、材そのものが細いこともあり、ある程度の割れなどは避けられず、むしろそうした材木の特性を活かした利活用のあり方が課題となっていた。

そうした中、京都を代表するファッションビルである京都BALを運営する中澤株式会社より、内装材として筏流しに用いた材木の活用を申し出ていただいた。幾度かの協議ののち、無印良品京都BAL店の内装材として活用されることとなった。施設側では、京都市地球温暖化対策条例により義務付けられている地域産材の利用基準をクリアすることを主眼に、筏材の活用を検討いただいていたが、協議を重ねるうちにむしろ内装材として積極的に店舗デザインに取り入れたい、と考えていただけるようになった。

この内装工事には、二〇一四年の一二連筏の再現時に用いられた丹波《たんば》産ヒノキ材二四本が用いられた。当初は、カンなども活用した筏を直接的に模したデザインも検討されたが、間伐材という特性上、割れや反りの問題をクリアすることが難しく、むしろ素材のもつ良さを前面に打ち出すデザインが検討された。結果、これまではレンガなどで表現されてきた壁面を、タイル状に加工したヒ

図14・3　無印良品京都BAL店の内装

ノキ材で覆うデザインが採用された。

京都BALにおける筏材活用が実現した背景には、京都BALのそばを流れる高瀬川《たかせ》は、保津川と同じく角倉了以《すみのくらりょうい》によって約四〇〇年前に開削された川であること、またその高瀬川を利用して保津川の筏で運ばれた材木が京都市内まで運ばれ、そのちょうど店舗が立地するあたりがその集積地であったことなど、材木のもつストーリー性に注目していただけたことがあった。

第四節　コースターとスプーン

筏《いかだ》流しの再現にあたっては、流域住民の関心をいかに高め、協力者を増やせるかどうか、が大きな課題であった。特に、次世代を担う子供たちに筏を実際に見てもらい、体験してもらうことが重要であるという考えから、試乗体験イベント「いかだにのってみよう！」を二〇一〇年より毎年開催している。このイベントでは参加者に前年度に筏流しに用いた材木を加工した記念コースターを製作し、配布している。

コースターからさらに一歩進めた企画として、二〇一五年に「筏材を使って、スプーンをつくろう」というワークショップを、かめおか財団（公益財団法人生涯学習かめおか財団）と共催した。これはかめおか財団の二〇一五年の筏プログラムの一環で、長尾《ながお》山で筏材を切り出し、保津川で筏を作り、その材を使ってスプーンを作るという一連のプログラムを、親子で体験してもらおうというものである。

図14・4　いかだにのってみよう！コースター写真

保津川での筏復活プロジェクトは、単なる伝統技術の伝承だけではなく、「流域のつながり」の再生も当初からその目的としてきた。

一つは、昔日と同様に、筏で運んだ材木を下流の京都で、商用として活用してもらうことである。現在では筏材を材木として単に提供するというよりも、筏材を使う用途そのものまでプランニングする必要があると考えている。この取り組みはまだ端緒についたばかりで、商業的な成功にはほど遠いのが現状であるが、徐々にではあるが一歩ずつ、確実に毎年の取り組みを進化させている。

いま一つは、保津川の地元の人たちに、筏材の産地である丹波の山や筏を流した保津川に興味をもってもらい、川を介して近隣の地域と交流してもらおうというものである。そのための仕掛けとして、身近に使ってもらえるコースターやスプーンを、筏イベントで配布・頒布している。

京筏組では、これからもさまざまな企画で筏材を活用しながら、流域のつながりをつくっていきたいと考えている。

【引用・参考文献】

丸山俊明（二〇一四）『京都の町屋と聚楽第』昭和堂

【付　記】
本研究にあたっては京都学園大学共同研究助成の他に次の研究助成を受けた。ここに記して感謝したい。
平成二六年度河川整備基金助成事業（二六-一二一一六-〇〇二）。
大阪商業大学アミューズメント産業研究所研究プロジェクト「水運文化の再生と地域における文化ツーリズム振興に関する研究」（二〇一四年度二〇一五年度）。

第十五章　保津川の筏流し技術

最後の筏士、酒井さんと上田さんに聞く

口述：酒井昭男・上田　潔／整理編集：手塚恵子

京筏組《きょういかだぐみ》（保津《ほづ》川筏復活プロジェクト）では、二〇〇八年に保津《ほづ》川に筏流しを復活させるにあたって、保津川における筏流しの技術について、かつて保津川で筏流しに従事されていた酒井昭男《さかいあきお》さんと上田潔《うえだきよし》さんから聞き書きをおこなった。聞き書きは二〇〇八年度に六回、酒井さんと上田さんに亀岡《かめおか》市立文化資料館および京都府南丹《なんたん》振興局の会議室に来ていただき、プロジェクトメンバーの質問に答えていただくという方式で進められた。

本章はその聞き書きのテクスト（書き起こし資料）を、筆者が項目別に整理編集したものである。

第一節　ライフヒストリー

酒井　私、昭和二［一九二七］年生まれで、今年でもう八〇歳になったんですけども、学校あがって一六から。おじいさんが筏士やったんで、それからず

図 15・1　上田さんと酒井さん
2008 年の筏復活プロジェクト成功を祝して

っと筏《いかだ》の上の仕事ばっかり、終戦後までぐらいでしたかね。その当時は、おっさんも皆、兵隊に行ったはって、おじいさんと二人で「うこうの浜［鵜飼《うかい》ヶ浜《はま》］」から毎日。冬も夏もあらしまへん、毎日二人で、筏の仕事ばっかりです。それで、一六から一〇年間ほどは毎日でした。一年中、筏仕事ばっかり。

それから一〇年あまりしてからまた、もう筏もあんまりのうなってきて、舟にお世話になりましてね、遊船《ゆうせん》の。遊船のほうでだいたい七五歳まで、約五〇年間ほど、世話になりました。一六から七五歳まで、もうずっと川の仕事ばっかりしてきました。その他には、生コンの運転手をやったこともあるんやけど、それはいとこが三煌《さんこう》産業［亀岡《かめおか》市の建設会社］やってましてね、それで来てなということで暇なときだけ。それもだいたい二〇年間車に乗ってたけどね、今はもう何もせんと暮らしとんのですわ。以上のようなことです。

上田　私は、保津《ほづ》町生まれの上田潔《うえだきよし》といいまして、大正九［一九二〇］年に生まれましたんです。それから、普通の生活で、大きなってきまして、昭和九［一九三四］年に保津《ほづ》高等小学校を上がりました。あの時分はなかなか舟曳《ひ》きということはできない。親類とかいろいろありまして、その関係で舟のほうに世話になりまして、一六、一七、一八、一九歳と四年間舟の曳き上げをしましたようなことです。それで、五年目のときに身体を壊しまして入院したようなことで、これで一応曳き上げ舟はやめたようなことでございます。

それから昭和一五［一九四〇］年に、徴兵検査は［昭和］一四［一九三九］年でございますけど、一五年に入営をしま［し］て、満州《まんしゅう》［中国東北部］の新疆《シンキョウ》陸軍病院の衛生兵として入りまして、そこで現役三年間。新疆からチチハル、ハルピンの病院を転々としまして、これで三年間。帰れると思ったら、その時に東亜《とうあ》戦［太平洋戦争］が始まりまして、それからすぐ、南方のサイパン島へ引っ張られまして、そのサイパン島へ行く時に、アメリカ軍がサイパン島へ上陸するというので、また内地の東京湾の近くまで、引き返しました。

そこで、半月ほど居まして、それから今度はパラオ島へ行けというので、パラオ島のアンガウルへ渡ったわけでございます。それからずっとパラオ島の守備をやりまして、それで［昭和］一九［一九四四］年の三月にパラオ島が艦砲射撃と総攻撃をやられまして運よく死なんと済んだようなことでございます。

［昭和］二一［一九四六］年の正月に帰ってきて。私の家も農業だったんで、それに関連した家の仕事をやっとったわけでどざいます。それで、その時分やったなあ、酒井さんに、こういう仕事やけど来やへんかと。川のことやし、私も世話になってやろかと、もうしまいのほうでございましたけど、酒井さんがやっておられる筏のほうにお世話になったんです。

それから保津川遊船《ほづがわゆうせん》へ。その当時に一緒にやって、七五歳まで保津川の船頭をしたわけでございまして。ま、今振り返ってみますと、わしゃ何のために生まれてきたかなあ、という感じもしますけど、この川にはいろいろ縁がある人生やったなぁ、と思っております。

第二節　筏のしくみ

一　筏の構造

上田　筏は長い方がよろしいです。

酒井　長い方が流しやすい。

上田　「鵜飼《うかい》ケ浜」とか「廻《まわ》りケ淵《ふち》」、あそこは流れが渦を取るのですわ。初めは渦を取ったらんことには、こっちの壁に衝突しに行きます。そやけど三連《れん》ぐらいやったら、そこでもうてしまいますわ。渦をちょっと取ってまた真っ直ぐになって、流れとの中間にスーッと進まなあきません。

酒井 三連ぐらいやと舟と同じくらいやし、短いとすぐもうてしまいますわ。

上田 舟やったら、艫《とも》［船尾］でかいて操船しますさかいね。あんな棒［筏の舵］ぐらいでは、くるっと舞うてしまいますわ。

酒井 筏は普通一二連やね。

上田 一連あたり一〇本か一二本の木を使います。それぞれの連というのは、一つの筏でだいだい四メートルの長さで、幅は広いとこでも四メートルくらいです。

酒井 連一つ、幅が四メートルぐらいありますさかいね。木の太さにもよりますけど。素材のよって大きさが違いますさかいね。普通やったら一〇本あるとこを、細かったら増やします。大体幅でいきますさかいね。

酒井 木の太さは、まあだいたい太さは揃えとかんとね。太いやつや細いやつがあると底がつかえます。それでだいたい太いやつやったら太いやつばっかり。

上田 昔は筏の連のはじめと後ろには「目《め》」っていいまして、くぎを通す穴が開いとったんです。この写真の筏はもうそんな形が開いてないんで、それで八木あたりで止めて、そこで貨車積みしたんじゃないかと、私は思います。

酒井 この筏は「かん筏」やね。

二　筏の各部の名称

酒井 一番最初が「はな［鼻］」やね。二連目が「わき［脇］」。三連目が「そう」。四連、五連といって、一番最後が「さるお」、猿の尾ですわ。

上田　筏全部を一枚《まい》といいます。筏が日吉《ひよし》の方から、中継所の保津町《ほづ》まで来ました時に「今日は上から一〇枚来た」というのは、筏全体が一〇来たということです。それで一枚の筏の中の一つひとつを連《れん》といいます。

酒井　それで、今日は何連作ろかてなもんやね。一〇連でいこか。今日は軽いさけ一四くらい行こか、てな具合で。木によって違います。材質はそんな変わらへんけどね、木の太さによって違います。太さと重さによってね、乾き具合が違いますさかいね。

一枚の筏で、あの時分は何石《こく》［一石＝一〇立方尺（約二七八リットル）］いきましたかね。一石、二石、一才《ざい》［一立方尺＝約二七・八リットル］、二才、三才いうてね。みなもう「才」で数えましたさけね。末口が三寸あったら、さざんが九才、そういう感じやったんやね。

三　筏の材

上田　昔は木はね、全部皮むいて、山に置いといたんです。山で木切るのが冬の仕事やった。冬山で木を切って皮むいて、夏を越したら乾きます。そして二間《けん》［一間＝六尺（約一・八二メートル）、三間の長さに「管切《くだき》り」します。三間は滅多になかったですが。そして［上流の川幅が］狭いところは堰《せ》きをして、そこまで山の木をみなずらして浮かべて、十分木を溜めたらその堰を外して、また下の堰で溜めました。そんな風にして日吉《ひよし》の方はやってこられた。

今はね、貨物に積んでますな。あれは山で伐って「管切り」して、すぐに運んでいるものですな。昔は株だけ伐《き》りましてね、枝を打ちまして、そして皮を剥《は》いで、そのまま乾かしていました。山の中に、べたーっとこうしてね、それでよう乾くように「そうま」っていいますねんけど、伐ったら地べたにつくはずやけど、一本伐ったら、そいつにかかるようにこう重ねて、よう乾くようにして、皆、山の木伐る人はそういうことをやってたわけです。今は二間三間伐ってしまいまっしゃろ、乾かへんですな。最近は木を伐っとるとこがないんとちがいますか。

酒井　ヒノキは皮剥かへんだんですわ。柱にせんなんさけね。傷つくわね。ヒノキはほとんど伐ったきりで、乾かすんですわ。ヒノキは案外浮きます。

上田　木が乾いてへんかったら、この写真の筏［二〇〇七年日吉ダムで製作した筏］では、保津川を下って嵐山までは持って行けまへん。乾いてたら、これだけの幅があったら行けます。

酒井　乾いてないと浮かへん。生では全然あきまへん。

上田　杉は水分が多いさけ、乾いてへんかったら沈みます。自分の重みだけで、こんだけの木やったら、こんだけほどしか上へ出やしまへんな。まだ松はまし。

上田　人が筏の上で操船しますね。［保津峡《ほづきょう》］は急流だから、横から波が来たらここら［胸］まで水が入って、人間が流されます。［乾いていない木の筏は］浮き上がる力がない。

酒井　鼻の人は［そんな場合］逃げます。

上田　乾いた木の筏でも、腰あたりまで水につかります。「ねそ」にしがみついていると、どんだけ［水に］入ってもまた浮きます。

酒井　その時は竿を、おてんとうさんについて、つっかい棒にしてできるだけ、こけんようにします。そうせんと「だんぶり」[1]では水に滑りこみます。

四　かせぎ

上田　急流を流れる筏には、筏の芯《しん》ですね、「かせぎ」っていうものを通すんです。連と連との中間を、みな芯になるように丸太を通します。それで急流をくねくね回るようになっています。

［保津峡より上で使われていた「かせぎ」のない］「かん筏」やったら、急流は流れしまへん。

酒井　一つも流れへん、いっぺんにばらばらになる。あのねぇ、これをねえ、連としますわな、一連、二連、三連……真ん中に同じ丸太が入るんですよ。両方に分けて、これを全部動かんようにするんです。

上田　同じ長さの丸太を真ん中に入れまして、こっちにも入れまして、それをつなぐんですわ。半分半分。

酒井　三連目からは「鼻」の「ねじ」と同じようなもので固定するんです。三連目から後半、それを固定して動かんようにあるんですよ。

上田　三連目からずーっと下まで。

酒井　筏は「かせぎ」がなかったら、絶対に流れまへん。「かせぎ」を入れるのは、だいたい端です。これ「かせぎ」で固定するんです。この写真の筏は「かせぎ」が入ってしまへんわね。普通はこれ［かせぎ］がこうずっと入っとるのやけど。結局これが入ってへんと急流では、いっぺんに筏が傾いてしまいます。一本だけでよろしいのやけどね。「鼻」は連になりますわな。二連目もありますわね。三連目からずっと、全部の連の連結に「かせぎ」を入れていきます。そうせんと急流でカーブやったら、バラバラになります。折れてしもて。「かせぎ」のおかげで、筏がぐりーっという具合に回っていくんです。うまいことカーブができるんです。「かせぎ」がなかったら、筏は絶対に流れません。

上田　これはね、仕事にも関係するんです。この上木《うわき》ちゅうて、上乗せする木がなかったら、

---

［1］　落差があって水の落ちるところ。

ぶかぶかですわ、みんな。この「かせぎ」の上をずーっと竿さして端まで走るんです。
　もう一つ言いますと、「かせぎ」というのは、いろいろな役に立っていますんです。上側ってさっき言いましたけど、上側ですと、そんな急流ちゅうのはあらしまへんので、そのさき「鼻」が流れた後、「尻［尾］」が押してきても、ぐにゃぐにゃしやしまへん。急流に行きますと、今、先が引っ張って急流かかって、半分かかったと仮定しますとね、その急流の「尻」[2]は「のろ」っていいまして、どろーんとしたところがあるんですわ、どこの急流でも。その時、先はもう利かないんですわ。勢いがない。そうしますと後ろがまだ急流の真ん中にある、これが押してきたら、ここで半分にくにゃっとなってしまうんです。たたんでしまいます。そういうこともあるんです。それを先三連で始末するんです。

酒井　難しいんです。

上田　さっきもちょっと言いましたけど、はじめは、後ろから押してきますさけ。渦を取ってね。今仮に、ここからここまでが急流と仮定しますわね、こんだけ。そしたらここを流れて急流に来ます。ほな今度は、ぐりっとこう、回りますわね。ほな。ここはもう淀んでますんですわ。そしたら、尻は押してくる、前はもうどろーんとしとるさけ、そこで渦ちゅうのは、ここで、水はこっち当たってまた向こうへ行きますんやけど、ここで瀬がすんだとこで、渦を一つちょっと先取って、また返すんです。これが返さなかったら、ここで「鼻」を「尻」が押してきますさけ、くりんと返ってしまうんです。そういうとこが、筏は難しい。「鼻」が返ってくるんです。渦をとって、その瞬間また元の方向に返さんとあかんのです。そしたら「尻」もそれについてくる「かせぎ」がありますさけ、それにほぼついて、ぐるーっと回る。

酒井　［「かせぎ」がなかったら］連と連の繋ぎ目で、足がぼこぼこぼこぼこしまっしゃろ。歩けへんし、竿もさせへんしね。
上田　［「かせぎ」を入れるのは、］私らは右側にやってましたな。
酒井　進行方向に向かって右側です。真ん中ではなくて、せいぜい三本くらい中［内側］に付けます。

五　こうがい

酒井　今回［二〇〇八年の筏復活プロジェクト］は乗ったことがない人が乗らはんのやしね、「こうがい」入れといたげんと、バタバタしてよう乗らはらへんのでね。そうやなかったら、こんなん［こうがい］入れんでよろしいのや。普通は、「はな［鼻］」から二連しか入れへんしね。「こうがい」は「はな［鼻］」と「わき［脇］」だけ。後ろはもう、ばさばさです。その上は細かい「のせ木」がある。その上をぱ、ぱ、ぱと走る。「こうがい」はどんな木でもかまへんのでね。強い木やったら。そら樫《かし》が丈夫でよいけど、榊《さかき》でもなんでもかまへん。二メートルほどあったら充分です、幅だけ。

六　かん

酒井　留める道具では、「かん」と「ねそ」と。それと「番線」やね。この三つがあれば充分です。
上田　保津小学校の時分［筏体験プログラムを上田さんたちが保津小学校で実施していた頃］

---

［2］急流の終わる部分のこと。

には、鍛冶屋がまだ亀岡《かめおか》にありました。

酒井　今は作ってくれるところがあらへん。鍛冶屋があらへんでね。

上田　「かん」の材料は、普通の鉄やね。曲げてね。先だけこしらえますんです。ほんで古い「かん」になってきますと、形はもう変わってしもてます。

酒井　何回も使うさかいね。筏曲げてまた抜いてくるさかい、何べんも使えます。かんの数ですか？　木の本数によりますわな。

上田　[かんの数は]　木が一〇本やったら、片方二個やさかいに二〇個。昔、日吉から来てお った時分には、「め」っていいましてね。五〇セン、五〇センに「め」ちゆうのが彫ってあるんですわ。そこへ藤を通して筏を作ったものです。木に穴開けるんですわ。日吉のそういう職人さんが、昔はおられたんだと思います。日吉から来てましたんが、昭和一九［一九四四］年。私が兵隊に行くときの、もっと前ですな。保津峡でも昔はそればかりやった。

酒井　「ちょうな」やね。

上田　世木《せき》ダム[3]ができてからはもうなくなりました。

酒井　「め」で一本一本組んでいったんです。

上田　「かん」の代わりです。

上田　私らの時分には、もう上から筏は来やしまへん。山陰線の貨車がどんどん来るようになりました。私らは「め」のある筏には、乗ったことない。

その当時は「め」を開ける人がいはったんやと思います。私はその時小さかったですが。筏士がそれを開けたということじゃあないと思います。山の木馬曳きと一緒で、それを仕事にしてはる人がおられたんだろうと思いますね。

「かん」でもね、筏を組むのは自分でしますけど、それを外すのは専門がおるんですわ。嵐山まで行きますと専門の［外す］者がおりますんで、その者が「かん」をはずして、それを持って帰ってまた使うんです。嵐山から持って帰るのは、自分の竿と、明日使う藤ですな。あっこからは急流も何もあらしまへんから、どうなっとひっついとったらええんやさけ。明日使える藤はみなそこで外してしまいます。

上田　「かん」は個人所有です。道具から何から、個人所有です。

酒井　嵐山《あらしやま》まで来たら、そのまま帰るんです。自分の「かん」はわかります。保津渓谷でやっとるのはこの組しかおらしまへんのやさかい。次の日、その「かん」は持って帰ります。

七　ねそ

上田　藤は乾かしたらあかんのです。日吉の方で筏に使うの［ねそ］は、乾かしておいといても、使う前に一晩水に漬けといたら使えるんです。藤はそういうことはできないです。

酒井　日吉では「ねそ」[4]です。そればっかりです。

上田　ねその木っていうのがあるんですわ。雑木《ぞうき》ですけどね。いっぱい生えています。それを伐りましてね、火で炙《あぶ》ります。

酒井　ねじって炙ります。「かじお」とまったく一緒です。保津峡流すときも、ねそを使って

［3］一九五一年に竣工した南丹市日吉町天若にあるダム。一九九七年の日吉ダムの完成によって、世木ダムの大半は水没した。

［4］ねそはマンサクの枝のことをいう。筏に用いられる他、多くの用途で使われてきた。たとえば岐阜県白川郷では、合掌造りの棟組みに使用されている。

ました。藤は使ってません。

上田　その当時は上から「ねそ」を使った筏が来ますさかい、藤を使う必要がなかったんです。嵐山行きましたらもう、いらんさけ。使える「ねそ」は持って帰って、明くる日またそれを使うんです。

八　藤のツル

酒井　保津小［学校］でした時［筏体験プログラム］は、「ねそ」じゃなくて藤でした。

上田　その時は、私が山で伐ってきました。足が弱って、今は山行けしまへん。藤は、花が咲き葉が出る時期は一番旬が悪いんですわ。竹と一緒です。

酒井　伐ってすぐ使うさけ、別にいつ伐ってもどういうことない。

上田　一週間や一〇日、一ヶ月ぐらいは、それはいいんです。

酒井　川流そうと思ったら、そこそこ丈夫にしとかんと。藤の太さは、指ぐらいなかったらあかんね。指の太さぐらい。それ以上太くてもかまへんけど、あんまり太いのもまた扱いにくい。

上田　木が細いからね。最低はこのくらい［小指］のものも必要になります。

酒井　この「かん」、最低「かん」ぐらいの太さでよろしい。これよりあんまり太かったら、また扱いにくい。

酒井　長さは一ヒロ［約一・八メートル］ないし一ヒロ半［約二・七メートル］、それより長いのはかまへん。一メートルもあればええ。何本いるかは、藤にもよりますけど、一連に一本、二本、三本、四本、五本、六本、平均六本づつぐらいいりますやろ。五〇本あったら。だいたい一束。だいたいこれぐらいが束やね。八の字に曲げて、だいたいこのぐらいずつ。浮かせるだけやったらなんやけど、そこに人が乗らはるんやったら、やっぱりあんまり細うてもあかんしね。

九番線

上田　「番線」[5]はね、三、四連くらいからもう、端と後ろに番線をひくんです。それで一応留めまして。「かん」にその番線を通して。

酒井　四連目からは番線にしてまんのや。「かん」をずーっと通すだけや。これで連結した。

上田　番線は通すだけでしてね。こっちとここを輪にしたところを、ここで始めまして、一〇本なら一〇本、一五本なら一五本あったら、ここで打ち込んだら、こっちでぐっと引っ張るんですね。それでこれに引っ付くようにしまして、それでこれ番線だから、くりんと曲げてそれを一緒にまた、「ひる［かん］」でこう打つんですわ。それを藤で連結する。前の連と後ろの連とを。そういう風にしていました。

番線と違うて、木でやったらガタガタしやへんさけ、良いのほよろしいのやけどね、やっぽりそうしますと、毎日横棒伐ってきやなんしね。

酒井　三メートルか四メートル、それぐらいは［番線は］入ります。普通の番線やね。今も昔も変わらしまへん。番線やなかったってかまへんですけど。藤でもかまへんのやけどね。藤がなかなかあらしまへんやろ。それで番線やったら何回も使えるけど、藤やったらいっぺんきりやしね。藤伐るのがなかなかたいへんやけどね。

[5] 針金のこと。太さを表す号数があることから、番線と呼ばれる。

第三節　筏をつくる

一　浜で連を作る

上田　鵜飼《うかい》ヶ浜《はま》には、上流に水尾《みずお》がありますし、水尾の両側、愛宕《あたご》さんの北側から、［材木が］みんなそこ［鵜飼ヶ浜］へ来るのです。水尾からは、［材木流しは］できなかったです。水尾からは木馬《きんま》と、そこに車が通る道がありました。木馬で山からそこの道までおろして、そこから車に積んで、牛で引っ張らして車で浜まで来ました。それで、その人は帰りました。あこは、口はちっさいけど、範囲は大きかったんです。

酒井　鵜飼ヶ浜で水尾から来た木材を筏に組むときは、七時か七時三〇分ころの山陰線に乗って、保津峡《ほづきょう》で降りて、[6]浜で一服です。だいたい二時頃までかかって筏を組みます。それで二時頃から筏で下り、それで嵐山《あらしやま》で四時か五時になります。冬ならもう暗うなります。

上田　八時半ぐらいから筏組み初めて、二時ぐらいまでに一二連《れん》か一三連組みます。

酒井　組むのは三人やら四人、五人やら、それはいろいろです。まあだいたい四、五人やね。

上田　「鼻《はな》」から連をこしらえまして、一番先に一人乗って、それを岩のとこ、たまりの下のとこまで待って行きます。次ができたら、それに食らいつける。また次ができたらそれに食らいつけ、ずーと縁に並べるんです。

図 15・2　筏関連地図

酒井　それは、一人の人が専門にやりました。
上田　組む者と繋ぐ者と、木材を上から下ろす者とがいました。
酒井　材木を川へはめる者とそれを組む者と、筏を作る者とそれを繋ぐ者とだいたい四、五人でやってました。

二　急流で連を作る

上田　その当時は、保津《ほづ》川本流、保津峡の上流の木でも、筏をやってました。鵜飼ヶ浜まで材木を運ぶのではなく、その場で筏を作れるようなとこを考えました。ひどいとこは、急流で連《れん》一つしか作れんところもありました。連ができたら、一つの瀬を越さんならんようなとこもありました。それで、ちょっとましなとこで、筏を作るということもありました。
酒井　たとえば、今の「こや滝[7]」の鉄道の下、ちょっと上にガードレールがありまっしゃろ。あこら辺の木はそこへ全部来て、こや滝の瀬で筏を組んだんです。瀬の「老いべら[8]」ですわ。その当時は舟がないさけね。今やったら舟が通るから作れへんけどね。

[6]　現在の嵯峨野観光鉄道トロッコ保津峡駅のこと。現在のJR嵯峨野線の嵐山・亀岡間が開通するまで、同路線は馬堀駅から嵯峨駅の間は現在の嵯峨野観光鉄道の経路を走行していた。
[7]　小鮎の滝のことであろうか。小鮎の滝は落差が約二メートルあり、保津峡最大の落差をもつ難所の一つである。
[8]　右岸のこと。保津峡の右岸側には老いの坂峠があるためそう呼ばれた。一方、左岸側は、愛宕山にちなんで「愛宕べら」と呼ばれる。筏や舟の上では、後ろ向きに作業するときなど、左右を混同してしまわないようにこう呼ばれる。また、保津峡だけではなく、上流の京北や日吉の筏士たちも同様の呼称を用いた。このことからも、流域が一体となった水運のあり方が伺える。

上の方からは、みなそういうとこから材木が出たんです。「鴎谷《かもめだに》」でも谷ありまっしゃろ。あそこ、みな木馬道がついていたんです。そこへみな谷の上の材木は、持ってきたんです。

上田　木馬曳《ひ》きは専門で、山から木馬で道へりまで運ぶ。そこから車の人は、車で筏を組むと［川端まで］運んでいました。その山で［筏］一枚の木を運び切るまで木馬で引き、下がったら車で運んだんです。

酒井　筏が最後［を受け持つの］やね。最初は杣夫《そまふ》［きこり］、その次は木馬曳き、木馬で川端まで来れない時は車、最後は筏ですわ。昔は木馬道はようけありましたな。

上田　もう木馬の跡はないでしょう。あの谷は桟橋《さんばし》ばっかりだったんです。台をこしらえて、そこに木を置いていました。手前が済んだら、上から木馬で木材を引っ張ってきたんです。山の道には、木馬道がほとんどあったんです。それで、人が通るのにじゃまになるようなとこは、つぶしていました。人が通れんとこを通した桟橋なんかは、ほっといたんです。山縁の道を歩くとこは横木に引っ掛かったらあかんので外したりしました。必要になったらまた設置したはりました。

　木馬道というのは、鴎谷とか、今日見たらこんなとこに木馬で木ぃ引っ張ってきたんか、と言うようなとこです。連はそこで作ったんです。連一枚ができるような場所があるところで作りました。それ一枚ができたらちょっと川の下の広いところへ持っていく、というような場合があったんです。今言ったような鴎谷みたいなところは、そういうことをしとったんです。もう作った

図15・3　木馬
木馬に木をのせて木馬道をすすむ 山国村にて
（京都府立総合資料館　京の記憶アーカイブより）

ところで連にして、［筏の］恰好《かっこう》できるというようなものではなかった。できた連を、もっと下のちょっと川幅の広いところへ持っていく。また次にできたらそこへ持っていくと。というような場所まわしをやったんです。連を長い「藤蔓《ふじづる》」で繋いで、ずーっとその川を探して、二〇メートルでも三〇メートルでも、下のちょっとでも連を作れるところがあったら、そこで連を作りました。

酒井　筏作る者は作る者、連作る者は連作る者、川へはめる者は川へはめる者、と分けてました。連ができたら連を繋ぐ人に預けて、その人が全部鼻からずーっと繋ぐんです。三、四人でやってました。

筏を組んだのは「鵙谷」のほんまの出口あたりです。川の流れは、結構きついけどね。くくりもって、岩からくくりもって作っといて、一連できたら次と作っていった。

三　急流仕立て

上田　昔は主に日吉《ひよし》の方から来た筏を、保津村まで持って来ましたんですわね。今はもうだいぶ変わってますけど、筏を着けた浜は、「山本《やまもと》の浜」の上やったんですわ。

酒井　「亀《かめ》の甲《こう》」言いましてね、入りこになっているところです。「あかば［赤場］」と書いてあるところです。

上田　「宇津根《うつね》の浜」と「内膳《ないぜん》」、そこらが浜やったんやけどね。筏の中継所の最も下《しも》やったところです。そこからは、急流を流れんならんので、保津川の、保津の筏士さんは、そこで筏を組み替えるんですわ。藤も弱っとったらそこでもういっぺん締めなおす。それで、この峡谷《きょうこく》の間は、全然そんなことはしません。

上側［亀岡より上流］の来られるのは、そういう簡単な、そんなこと言うたらあかんと思いますけれど、この間［二〇〇八年九月の筏復活プロジェクト］で下ってもらったぐらいなとこがきついとこで。ここから嵐山まで待って行く人は組み替えっていいますか、藤も修理して、皆この峡谷が下れるような筏に作って持って行きます。

酒井　日吉ダムがあらへんかったら、なんせ、川幅が狭いさけね。くるくる回せるとこなんてあらしまへん。

第四節　筏の上で

一　筏を流す期間

酒井　筏流《いかだ》しは、その当時は、年中やってました。

上田　急流［保津峡《ほづきょう》］の分ですわ。もともと上《かみ》はね、田を植えましたら、堰《せ》き止めて田へ水を入れんならんのです。だからその間は、筏は全然来ないんです。

酒井　保津《ほづ》より下《しも》やね。そこは年中やってました。

上田　山陰線《さんいん》が明治にできましてね、それからは客車が一日二回ほど走ったら、貨物は三回も六回もそれくらい走ったんですさけね。それでもう亀岡の駅にしろ、園部《そのべ》の駅、八木《やぎ》の駅にしたかて、「仲仕《なかし》さん」といいましてね、米をかついで、貨車に積む人やら、木を貨車に積む人やら、割り木を貨車に積む人ら、それを仕事にして、皆いやはったんです。ほんでもう、それから［鉄道開業後］は、そういうこと［筏流し］はしてないんです。亀岡より上《かみ》からの木材は全然来なかった。

二　竿

酒井　舟は流すさかいに、竹の竿《さお》でいい。筏は固定するさかいな、竿にぶらさがるんで、今の舟の竿ではいっぺんに折れてしまう。筏では、竿にぶら下がるのはしょっちゅうでね。ぶらさがりもって、ずーっと筏をこう流して。

上田　竿にぶら下がって、筏は流れていきます。

酒井　舟は流す、そやけど筏はこでる。片膝ついて、竿ささんなんけね、ほんなん、中腰ではぜったいあらへん。竿さしてこでてからは、あんた、弓にくるでな。ほんではまることもある。

酒井　アスナロの木としたんな、これ［『日吉町郷土資料館資料』］。ここらの木やないですな。

上田　昔の筏士《いかだし》さんほ、そういうのを皆使うてましたけどね。よそから持ってきた人は持って帰らんと、ほっときますさけ。ここらでは檜の間伐材ですな。当時は現地で、山で伐って乾かしましたんですね。そんで乾いた木を持って帰って、先を竿になるように尖らせた。

酒井　生やったら、具合悪い。長さは三メートルほどですな。

上田　筏で嵐山《あらしやま》まで行きましたら、今日使った竿を置いておいて、明くる日の朝、取りに行って、それを担いで線路を歩いて、筏作るとこまで移動させてました。

三　仕事着

酒井　「うちがい」はしてました。「うちがい」は、だいたい帯の代わりにもなるというものでした。それで帰りしなは、肩に掛けてね、地下足袋《じかたび》に履き替えて、草鞋《わらじ》と一緒に、はすかいに肩に掛けてね。

筏の時は地下足袋は腰に着けてました。濡らさんように。良い筏やったら濡れないけどね。

上田　これは「うちがい」といいました。それで、「行李弁当《こうり》」に飯いっぽいに入れまして、またこっちも飯いっぱいいれまして、で、おかずは間に入れて、きゅっとこう合わせて、それでこの中にこうして入れてましたんですわ。それを腰にくくってました。

酒井　腰にぶらさげとかんとね、あんた、筏に置いておくと波に濡れてお茶漬けになって食べられしまへん［笑］

上田　上は半纏《はんてん》っていいまして、「とび半纏」っていいまして、紺の生地で刺し子［糸で縫いこまれた幾何学模様等の図柄］にはしてなかったけど。下は自分らがやった時分はもう普通の［今と同じような］ズボンでやってましたけどね。うちの親父らの時分は、バッチ［パッチ］やったんです。家を造るまでは、うちにもええ「バッチ」がありました。その時に、いらんいらんゆうて捨てまして、なんにもあらしまへん。

バッチは女の人が暇な時に刺し子をバッチにするんです。こうして刺したんですわ。こういうような具合にしまして、丈夫になるんです。膝とかねそういうところには。

酒井　そやね。ズボンやったけど、履物は草鞋と足袋やったね。刺し子の足袋。足袋もこういう風に刺してあるんです。

上田　刺してあってね、紐でくくるようになってるんです。

酒井　足袋は金《かね》でかかとを留めるんとちごて、ここに紐が付いてね。足袋の底はきれ。

上田　木綿《もめん》で。木綿ばっかしです。何枚か合わせて、それを刺し子にして。ほんで、家によってこの模様が違うんですわ。いろいろと。「あんたとこの人はこんなんやな、わしんとこはこん

図 15・4　うちがいとバッチ
（亀岡市文化資料館蔵）

なんしとんや」なんてことで、いろいろ形が違いました。

酒井　これは、細かい模様やな。こんなんみなあったんやけどな。こんなん残してへんな。

上田　この写真は、世木あたりでの上側の船頭さんの装束だったんとちがうかいなと思います。私とこの親父はこんな風はしてしまへんでしたね。腰蓑《こしみの》なんてものは、やってなかったですね。これは、やっぱし、急流へ入りますと、腰辺りまできますさかいな、水が。それを何とか防除するために、腰蓑しはったんとちがうかいなと私は思うんですけどね。私らの記憶では、世木《せき》から来られた人が保津の「内膳浜《ないぜん》」まで筏を持って来はりましたけど、こんな風した人はあんまり記憶ないですね。

酒井　頭は寒い時は、ほおかむりでした。

四　川の様子

上田　この川は変わりどうしです。川削りしますし［舟を通すには］低いところへ溝をつけたらええもんですけど、あかんのです。高いところを上げるようにせんことには、［舟下り・上りは］でけへん。

酒井　特に上りは、高いところへ流すようにしませんとあきまへん。高いところに水路をつけんことには、低いところに水路を作ると川が荒れるんです。

上田　これが川ですね［保津川のカーブ部分を指しながら］、こっちから流れてこういうふうにカーブすると、ここは浅そうなるんですわ。こっちは山ですから深くなってきて、高いところに道［航路］つけんと、ここ行くと難しいんです。ほんで、こんなとこには、石垣や木工沈床《もっこうちんしょう》こしらえてありますねん。

高いところ、インコースの方が流れがゆるいんですね。今の保津川でも［そこを通るために］カーブのインコースに溝が作ってあります。筏も舟もそこを通るんです。

酒井　筏は冬寒かったので、濡れたらかなんので、浅瀬を通るんです。なんぼ寒うても、草鞋と足袋だけでしたし、手袋もはめへんしね。

上田　そういうところ［浅瀬を通る航路］では濡れない。

酒井　筏が急流に沈み込む時は、後ろに逃げます。濡れたらかなんさかいしね。冬やし、特に冬の仕事やし。

上田　「ねじ」持ってる人、舵取りは、後ろに逃げられないので、筏がどぼんと沈み込んだら、ざぶんと水かぶってましたわ。

酒井　この写真見てもらったら、「鼻」から逃げてはりまっしゃろ。舵持ってる人だけは逃げられへん。

上田　もう「五人水《ごにんみず》」[9]の時分やったら、［水は］入りました。両側から、そらどこにおっても入りました。

酒井　その当時はそんな「だんぶり」では、鮎《あゆ》がちょいちょい取れましたよ。「鼻」がすくり［沈み］ますやろ、すると鮎が捕れることがありました。

上田　「だんぶり」は「段の淵」ということですな。そこまで三メートルの高さできて、両岸に岩があるから、ドンッと落ちなしゃあないんです。

五　筏を操る

上田　この前［二〇〇八年］筏で下ってもらったところは、上側の平穏なところです。谷へ入りますと、筏が引っ張るのと押すのとが半々ぐらいあるんです。その場その場で判断できるまでなかなかやと思いますけど、この上は鼻先だけ行ったら、ええんです。

酒井　舟はね、一二メートル程やけども、後ろの高いところから舵取るんですよ。筏は何メートルあろうとも一番先の「鼻」で舵取っていくんですよ。そこが違いますわね。

舟の方が簡単やと思いますよ。私も筏一〇年ほどやってましたさかいね、普通やったら舟に入った当初から舵は絶対持たしてもらわれへんけど、入った年から五人水の舵持ちさしてもらいました。流れがわかっとるさかいね。

上田　舟は小さいのと軽いんで、どっちでも風が怖かったんです。筏は風の影響はありません。筏は一連が四メートルか五メートルですな、あれが一二連ほど作ってありますんで、先の舵取りは、流れによっては、後ろの反対に持っていかなんこともあるんですわ。くにゃくにゃしてますさけね。舟はこんだけほどですけど。

これがこっち向いてるときには、瀬では尻から押してくるさけ、あんまりこっちばっかり向いとったら、ぐれーんと回ってしまうんです。ほんで、そこそこ渦をとってまた、元に戻すという、ほんでこういうような、蛇が動くような式を考えことにはいかんのです。そういう動きが必要でした。

どこぐらいまで曲げといたら、今度は返すというような、そのタイミングを覚えるのがたいへんなんですわ。その日その日によって違いますさかいね。それは呼吸やさけね。舟の一二メートル

---

［9］川の水量を表す言葉。保津川下りでは水位によって舟に乗る船頭の数が変わる。保津川下りでは平常水位を三人水、やや増水したときを四人水といい、舟が航行できる最高水位が五人水であり、それを超えると川止めとなる。

ルのもんでも、渦かけたら回す人がおる。クルンと回るんですよ、渦かけたら。筏はそれ以上に押しがあるさかいね。舟はじきに戻るけどね。筏はグリーッと回ったまま。それを「ねずみを捕る」と言うてね。この間も「保津小橋《ほづこばし》」で「鼻」に乗ってはったら、「押し」がありましたやろ。長かっても、直線やったらよろしいけどね。まっすぐやさけ。あれがカーブやったらピーと回ってしまいまっせ。

酒井　行く時はいいんやけど、行く時は引っ張るから。ある程度行ったら、今度は後ろから押される。引っ張るのと押すのとね。ざーっと後ろから波切って来ます。「ねずみ捕り」は、まあ失敗やね。滅多にそんなことはないけどね。それまでに戻すさけ。

六　水の大小と操船

酒井　そうやね。舟が川止めくらいの水やったら、筏もやっぱり大水でね、休みました。やっぱりね。水のかさがあんまり多いのは、あきまへんしね。逆に水の少ない時は舟よりはまし。

上田　筏は「水が」少ない方がましやった。筏は長いので、引っ張ったり押したりで、案外ましやったな。

酒井　舟は水が少なかったらどうにもならんけど、筏は水が少ないほどよろしい。

上田　仮に水が少なくて、瀬の真ん中で、筏が止まりますね、でも水が流れとるんやさけ、それが越して、越して、ずーっと待っとったら水が増えてくるんです。

酒井　仮にね、岩のないところで筏が止まるとしますわね。そうすると両方に「羽《はね》」を出すんです。「羽」を。

上田　これを。一番端を両端にはる、前はおいといて。

酒井　これを順番に、そしてこれが何本か、これを一本引き揚げるんです。こっちに一本こう。これをひらけてしまう。こうやって外して、両方ばーっと開けてしまう。その後が難しいんやけど。

上田　また寄せて、藤でくくりなおす。

第五節　筏で運ぶ

一　材木の受け渡し

酒井　その時、材木屋［水尾《みずお》の人］が現場に来はるんです。そこで送り状を書かはるんです。それでその送り状を、私らに渡さはるんです。ええ、毎日来られます。送り状なかったら、何才持ってきたかわからへんしね。

上田　たとえ送り状がなくても、鵜飼《うかい》ヶ浜《はま》ならそこへ木馬《きんま》なんかや車で材が来ますね、これがどこの材木屋が買うた木とわかったら、それは何十石《こく》、何百石と括《くく》っておけば、嵯峨《さが》へ行けば誰のものとわかりました。マークをつける業者もありました。

酒井　嵐山《あらしやま》では、その浜で受ける人が待っているんです。浜の上がったとこに小屋があって、一服して、それから帰りしなに、嵯峨の駅前で一杯飲んで帰りました。それが毎日の仕事でしたね。

上田　その当時はもう嵯峨に着くと夕方になっていましたので、すぐ「かん」や藤などを集めて明日の準備に取りかかり、嵯峨駅に持って行くのが精一杯でした。毎日、朝暗いうちから家を出て、夕方暗くなってから帰るということでした。

そんなことで、向こう［嵯峨地域］の方とのやり取りはあまりなかったです。その当時

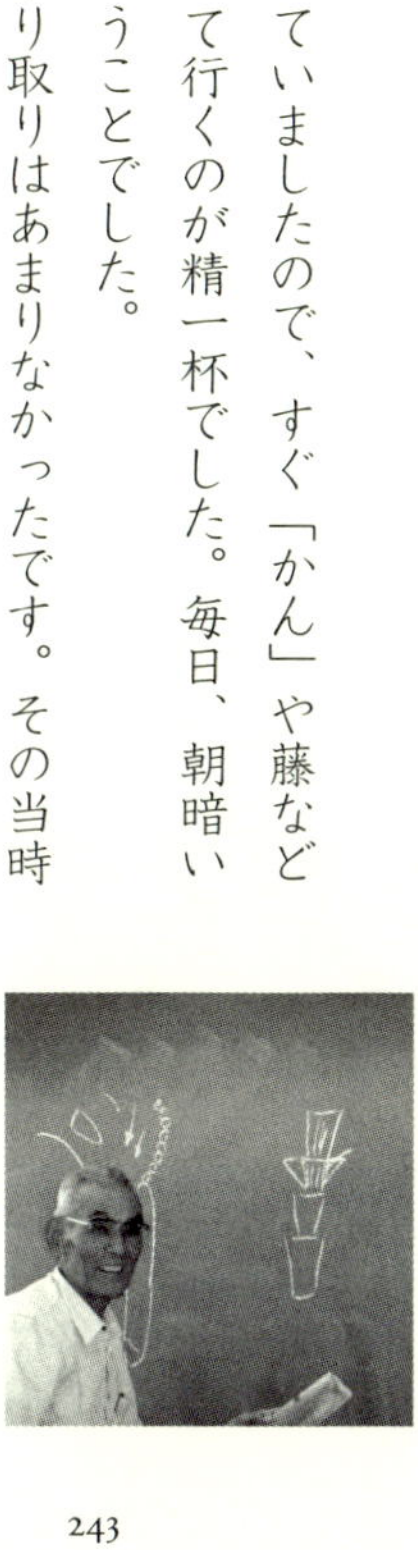

図 15・5　羽の出し方を説明する酒井さん

はあの通り［嵯峨美術大学あたり］は製材所ばっかりでした。今はもう製材所は全然ないですわね。そんなんで、製材所のいつも木材を運ぶ人を見た程度です。

酒井　そうやね、冬やったらもうほとんど暗うなるしね。

上田　昔は私の親の家も［筏《いかだ》の］問屋《とんや》やっていまして、日吉《ひよし》からの筏《いかだ》士《し》さんは、そこへ伝票をもってはよく来られました。それで帰れなくて家で泊まられたことも一、二回ありました。旅籠《はたご》町［亀岡《かめおか》市］には、筏士さんがよく泊まられた宿［小原《おはら》］もありました。川関《かわぜき》［南丹《なんたん》市八木《やぎ》町］のところにも、筏士さんの小屋があって、今日帰れんと思た人はそこで泊って、明くる日に帰られたんです。

酒井　私らは、嵐山の角倉《すみのくら》で泊まったことがちょいちょいありました。角倉から筏［の手伝い］に来てもろてましたからね。それで、遅なったらそこで泊まったことがあります。嵯峨の［遊船《ゆうせん》相手の］売店やってますやろ、細川《ほそかわ》が。今やってるのは息子ですわ。二人やってまっしゃろ、親子で。あれのおやっさんが筏に来てくれてましたんや。それで、その細川さんとこへ泊まったことがあります。御陵《ごりょう》さん[10]がありますね。角倉《すみのくら》町、あそこの近所でした。

上田　臨川寺《りんせんじ》の裏です。

二　手伝いさん

酒井　筏士《いかだし》の手が足ら［な］いでね。嵐山《あらしやま》でも、［筏を手伝ってくれる人は］その当時五、六

図 15・6　筏と遊覧船　嵐山にて
（京都府立総合資料館　京の記憶アーカイブより）

人はいはりましたね。その人らは、遊船《ゆうせん》と屋形船《やかたぶね》やったはる嵐山通船《つうせん》と契約していました。今はそんな人、誰もおらはらへんです。冬場、遊船の仕事のないときに筏の手伝いをしたはった。遊船の船頭と筏［組み］を五、六人がかけ持ちしていたんです。その当時は藤やらそういうものは、一緒に待って帰れるけど、竿《さお》は長いさけ、山陰線で持って帰れへんかったんです。それで、竿は嵐山から歩いて、そういう人が待って来てくれはりました。鵜飼《うかい》の浜《はま》までです。三〇分ぐらいですわ。ほかの道具は全部列車で持って帰ったけど、竿だけは長いさけ乗らへんさけね。忙しい時はそうでした。その当時五、六人いやはった。

上田　手伝いの人は嵯峨《さが》から汽車に乗って保津峡で降りて、筏で下るんです。

酒井　上側の私らは保津峡《ほづきょう》まで汽車で行ってました。ほとんど毎日、鵜飼ヶ浜から［嵯峨へ］行っていました。ほかから［筏を流すこと］もありましたけど。嵯峨から保津峡までは、三〇分か四〇分あれば行げます。近いです。朝、自分たちが仕事をするまでに、持って来てもらうんです。嵯峨の人が筏に来てもらわへん日は保津峡で降りんと、一人嵐山まで行って竿を取りに行くんです。四〇分もあれば帰ってきました。

上田　竿を担ぐのは、まあ五本です。

図 15・7　嵐山に着いた筏
（京都府立総合資料館　京の記憶アーカイブより）

［10］長慶天皇嵯峨東御陵のこと。

酒井　一人で五、六本ですね。そらこんなんやからね。竿はヒノキです。
上田　乾かして、先を尖らして使いました。
酒井　ヒノキの間引《まび》いた、海布《かいふ》丸太[11]の丈夫そうなのを伐《き》って竿にするんです。山で皮剥《む》いてあるから、［使う時は］だいたい乾いてます。今やったら皮剥かへんけど、昔は全部皮を剥きました。太いやつは乾かへんけど。細川《ほそかわ》さんらは、本当の筏士とは違うし、材木を運んだり、そういう仕事をしたはったんです。筏作ったりするのは、慣れたはらへんさかい。

三　筏に積むもの

酒井　その当時は割《わ》り木がようけあったので、筏《いかだ》で割り木、積まなあかんとこもあったし。みな［その他の物も］筏で積んで運んでいました。杉のよう乾いた筏やったらね、割り木四〇〇束載せたんです。トラック一台分くらい。割木は筏の組むとこまで持って来てもらったんです。割り木とも一つ、杉皮《すぎかわ》も運びました。その当時はみな杉皮をとりましたさけね。杉皮はちゃんと束にしてありました。それを筏に何十と乗せてね。杉皮乗った筏は歩きやすい。もちろん割り木かて、ずぅーっと一面に並べますさかい、歩けるんですけど。
上田　だいたいが鵜飼《うかい》ヶ浜《はま》、その当時の水尾《みずお》の「むかいおばた」。
酒井　鵜飼ヶ浜がだいたい主でした。ほかの谷も「宮ノ下」もだいぶ行きましたけどね。
酒井　当時［一九四二（昭和一七）年頃］はね、マツタケがようけ出ました。おたくら知ってはるかどうか「しんどかご」、大きさはね、たしか四斗樽《よんとだる》くらいかな。あれに一〇杯も二〇杯も毎日マツタケを筏に載せていきました。そんな時分に車なんて自家用車なんてあらしまへん。三輪のバタバタがあったくらいで、その当時に水尾から六丁峠《ろくちょうとうげ》歩いてみな行かはったんでね。マツタケやら割り木は、みな筏で運んだんです。筏が終わってからは舟で運びました。他には、そやねえ、保津峡《ほづきょう》あたりからでもちょいちょい、その当時ハイキングが多かったさけねえ、ハイキングの方が。その人たちをちょいちょい乗せたことはあります。

上田　私の親は筏士やってまして、筏の問屋《とんや》です。その時分に私は小学校の時分でしたけど、春にいっぺんは筏の上に台をこしらえてもらいましてね、乾いた木があったら。そこで近所の子どもたち一〇人ほどが乗せてもらって、この渓流《けいりゅう》を下った思い出ですわ。一年に一回ぐらいはあったんです。それで嵐山《あらしやま》へ行きますとパンやジュースを買ってもらうのがね、一番の旅行やったんですね。

酒井　それでその当時はね、藁《わら》・稲葉《いなば》、あれは、「によう」言うて田に積んでありましたやろ。今は全部コンバインで切ってしまいますけど。昔は全部藁があったんです。それを束に切って筏に積んでもろて、そこに乗せてもらうんです、子供時分に。

上田　[運搬のためとは] 違うんです。急流へ入って、筏に水が上がらんように、上がっても藁まで来やんように木で台をこしらえてもらって、その上に藁を敷いてもらってましたんですわ。

四　運　賃

酒井　材木によってね、運賃もみなちごた。木のかさによってね。才《ざい》何ぼでね。一才流して何ぼ、何ぼ。まあ普通の筏やったら、四千から五千才ぐらいはありました。末口が三寸ぐらい細い木やったら、三千才くらいしか流せなんだ、一枚の筏でね。その当時ね、才が一円。一才流すの

[11]　軒先などに用いる小径の丸太のこと。垂木。「海部丸太」とも表記する。

に一円。筏一枚流して三〇〇〇円ですわね。

あらかた午前中に筏を組んで、まあだいたい四人が、一日かかってね、組んで流して。藤《ふじ》［蔓《づる》］に一日かかるんですよ。藤採るのが。藤とそれから「かん」、それが一日です。藤が一人と「かん」と道具立てが一人ですやろ、組むのに四人かかったら結局六人　ですわな。一枚の筏流すのに。三〇〇〇才の筏一枚作って、三〇〇〇円ですわその当時。三〇〇〇円を六人で割ったら一人五〇〇円です。一日の日当が。寒いめして。その当時は、それでよかったんです。

酒井　［給料は］だいたい月一やね。月で勘定しとるもんでね。給料はその者［材木問屋］が寄って、［世話人が］勘定して、その時もらいました。

上田　酒井さんらの親類のおっさんらが責任をもってやってはって、私らがそこへ世話になっとったんですわ。そんで、勘定しはる人は、そのおっさんの家へみな持ってくるんですわ。それを一〇人おったら一〇人がもろたものを分けると、いうような式やった。問屋《とんや》がそこへ持ってきはるんです。

酒井　親方やね。親方のところへ全部寄って、それを何人かに分けるんやね。

上田　現在でも一緒ですわ。これは草履《ぞうり》代、これは何々代というようなものを取ってね、その残りをもらいました。

酒井　今の遊船《ゆうせん》も一緒ですやん。五五パーセント取ってはるさかいね、一緒ですわ。

上田　給与は若い人も経験積んだ人も、違わしまへん。関係あれしまへん。私らが一番最初のおりは、六分もろとったんです。一人前になるまでは六分。

酒井　一人前になるまでは六分やったね。けど、舟の船頭さんは入ったときから一人前もろてはったんです。私ら筏は違いましたが。

上田　［舟の］曳《ひ》き上げやっとった私らは、三年間は、同じようにもらいましたけどね。それでも一回でも世話になった船頭さんには、餅をついて正月前に配る。また、うちの組に四名いましたが、その四名の人には、そこでご馳走して接待します。近所の船長にも。そやさかい、こんだけ、もろてましたかて、［筏士さんと］家に入る収入は変わらへん。そんなことやったんです。

酒井　筏はそれと反対やったね。人が一〇〇〇円もらったら六〇〇円そこら、それはもう筏は最初から六分しかもらわへん。

上田　［舟かて］結局六分になっとったか、三分になっとったかわからしまへんわ。

第六節　船と竹筏について

一　舟が筏を追い越せない

上田　私らね、小学校上がって、舟引っ張って帰っていた時分はね、上で山本《やまもと》の浜のところで、筏が先行っとったら、追い越せへんだんですわ。［舟を］追い越せる場所が二つしかなかったんです。

　筏は長いからね、ずーっと瀬にかかるまではゆっくり行きまっしゃろ。せやけど、もう瀬にかかるさけ、舟は横から行くちゅうわけにはいかしません。瀬かかったら、筏は速いんですよ。舟よりもまだ速いんですわ。

　またその次は「のろ」いいましてどろんとしたところでございました。舟がそこで抜かそうと思ったら、また［筏の］「鼻」が瀬に

図15・8　筏の後方に舟が迫ってきている
（京都府立総合資料館　京の記憶アーカイブより）

かかるんですわ。昔の川はそんなとこばっかりで。ほんでもう「女ヶ渕《おんなぶち》」ゆうとこと「朝日ノ瀬《あさひのせ》」の上と、そこ二つでしか、舟が横から抜かすとこがなかったんですわ。

筏と舟はあんまり仲がようないんですわ。川によっては筏の向こう側で舟、停めなんとこがあるんですわ。筏の悪い人は鎌《かま》持ってますさけね、鎌で切られたんですわ、ロープを。そんなこともあったんですわ。数は少なございましたけどね。

二　竹　筏

酒井　見たことありますよ。

上田　やっておられた方も知ってますんですけどね、もう亡くなっておられますけどね。保津《ほづ》の方です。

酒井　竹の筏は、亀岡《かめおか》から嵐山《あらしやま》まで。上流はないです。

上田　車がないので、筏に組んだんです。竹は家の壁下地やとかね、そういうことが主やったんですわ。

酒井　ほとんど真竹《まだけ》です。

上田　それと破竹《はちく》言いましたけどね、かご細工に使われる竹をやったはったんは、知ってますけどね。

酒井　［竹筏の］作り方は、筏と変わらしまへん。

上田　こういうふうに竹がきたらそれに重ねてまた、次、重ねてやりますんで、束《そく》そのままを筏に組むんですわ。竹は皮肌が大切ですさけね、あんまり岩にドンドン当たったりせんようにせんなんので。木の筏のような長いものじゃなかったんです。

酒井　藤で止めてはったね。

上田　簡単なんですけどね。やっぱし一本になってしまうんですわ。あれはね。

酒井　あれは、藤ばっかりやさけね。束は竹で止めます。

上田　そいだ皮、それが藤の代わりになるんですわね。

酒井　竹で竹をくくったんです。

上田　それをこれとおんなじように一〇枚［連］にして筏にする。長いから、重ねてあるんですわ。

酒井　重ねてね。一番最初の連《れん》だけ動くようにして、「ねじぎ」いうのも竹一束ですよ。筏が連につけるように、おんなじようにつけて、それは手でやればいいんやけど藤をつけてあるんです。それで藤をひっぱってかえっとるんです、竹の束で。竹は長いもん違うしね、重ねてるしね、生ですよ、竹は。青いやつです。

上田　それでね。私ら子どもの時分にそれを見てますと、筏そのもの、竹筏そのものがあんまり見えないんですわ。水の中にやっぱり沈んで。空気は入ってますけどね。それで、あんまり長い筏は作れへんだんじゃないかなと思いますけど。

あとがき

本書は京都学園大学の共同研究「保津川の筏下り技術の再現—亀岡と京都をつなぐ自然・文化・経済の回廊の再興」（二〇一三・二〇一四年度、代表手塚恵子）の研究成果をまとめたものである。ここに記して感謝したい。

二〇〇七年の展示用筏の作成から始まった京筏組の活動は七年の時を経て、保津川をかつて流れていた一二連の大筏を実際に保津川に流すところまできた。かつて筏のコモンズが広範囲の人々を巻き込むことで成り立っていたように、京筏組の筏復活プロジェクトも、多くの方々のご協力により成り立っている。ここに改めて感謝したい。

最後に太陽の照りつける夏にも木枯らしの吹きすさぶ冬にも「筏やります」の呼びかけに応じて、毎年、保津川に参集し「いかだにのってみよう」の運営や筏復活プロジェクトの記録作成にその若き力を充分に発揮してくれた歴史民俗学専攻の学生たちに感謝したい。ありがとう。五〇年後も頼んだよ。

さ

た

索　引

執筆者紹介（* は編者）

手塚恵子 *（てづか けいこ）
京都学園大学人文学部教授　文化人類学・民俗学　時々カヌーイスト

大西信弘 *（おおにし のぶひろ）
京都学園大学バイオ環境学部教授　動物生態学・地域研究

原田禎夫 *（はらだ さだお）
大阪商業大学経済学部准教授　NPO 法人プロジェクト保津川代表理事　経済学

鍛治屋倶楽部（かじやくらぶ）
松尾展利　奥田恭崇　平原慎也　石井辰弥　柴田晃太郎　宮崎慎太郎　青木孝文　菊池稜太
京都学園大学人間文化学部歴史民俗専攻　民俗学

河原林洋（かわらばやし ひろし）
保津川遊船企業組合船頭　実践型地域研究

黒川孝宏（くろかわ たかひろ）
亀岡市文化資料館館長　博物館学

坂本信雄（さかもと のぶお）
京都学園大学経営学部名誉教授　NPO 法人プロジェクト保津川初代代表理事　経済学

志方隆司（しかた たかし）
京都府立林業大学校教授　林学

下村泰史（しもむら やすし）
京都造形芸術大学通信教育部芸術教養学科准教授　天若湖アートプロジェクト実行委員会前実行委員長　環境論・緑地計画学

堀田　穣（ほった ゆたか）
京都学園大学人文学部教授　図書館文献学

吉田　実（よしだ みのる）
NPO 法人ふるさと保津

京の筏
コモンズとしての保津川

2016年3月31日　初版第1刷発行　定価はカヴァーに表示してあります

編　者　手塚恵子
　　　　大西信弘
　　　　原田禎夫
発行者　中西健夫
発行所　株式会社ナカニシヤ出版
〒606-8161　京都市左京区一乗寺木ノ本町15番地
Telephone　075-723-0111
Facsimile　075-723-0095
Website http://www.nakanishiya.co.jp/
Email　iihon-ippai@nakanishiya.co.jp
郵便振替　01030-0-13128

印刷・製本＝ファインワークス／装幀＝白沢　正

ISBN978-4-7795-1054-0